가슴 뛰는 삶의 이력서로
다시 써라

Title of original German edition : Die Zukunftsmacher

by Joanna Stefanska & Wolfgang Hafenmayer ⓒ 2007 oekom Verlag,
Waltherstrasse 29, 80337 München, Germany. All rights reserved.

Korean Translation Copyright ⓒ 2009 Bada Publishing Co. Ltd., Seoul
The Korean edition was published by arrangement with oekom Verlag, München, Germany
through Literary Agency Greenbook, Korea

가슴 뛰는 삶의 이력서로 다시 써라

인생의 롤모델을 찾아 떠난 인터뷰 세계여행

요안나 슈테판스카 ● 볼프강 하펜마이어 지음 | 김요한 옮김

바다출판사

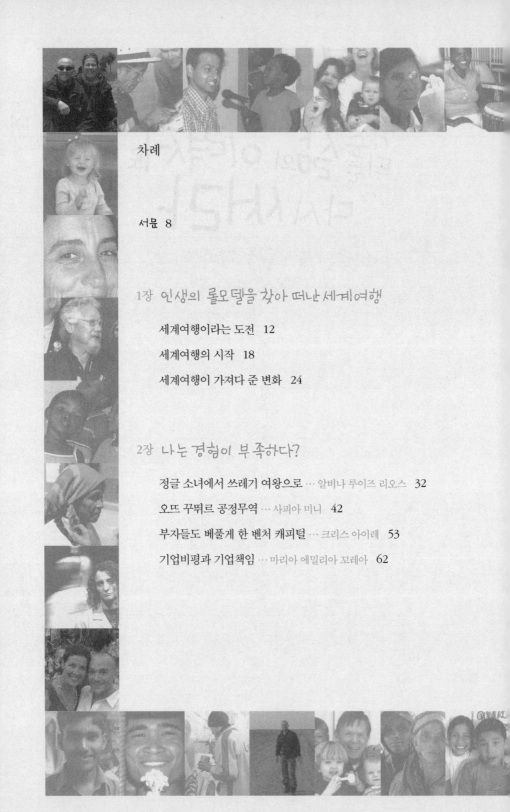

차례

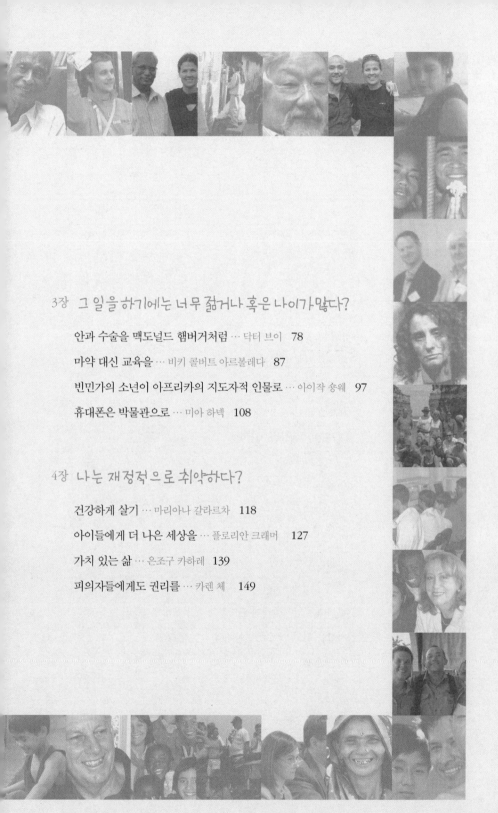

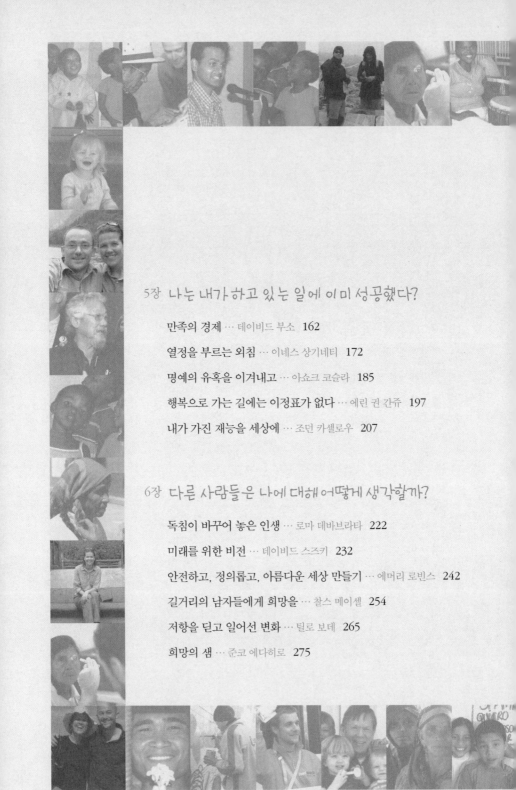

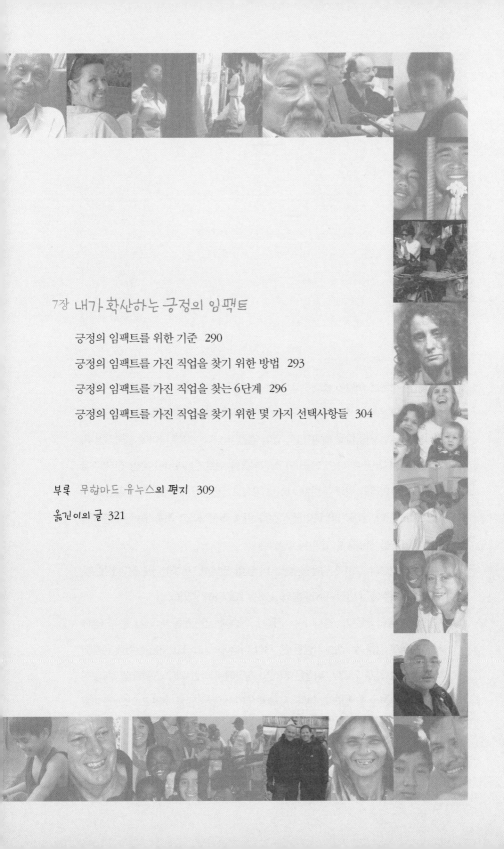

7장 내가 확산하는 긍정의 임팩트

✈ 서문

우리는 여러분을 여행에 초대하고 싶어 이 책을 쓰게 되었다. 이 여행의 목적은
자신의 직업 활동을 통해 세상을 변화시키는 아주 특별한 롤모델들과의 만남이다.
우리는 그러한 사람들을 찾아 정처 없이 길을 떠났다. 30대 나이에 성공적인 커
리어를 쌓아 가던 우리는 그동안의 직장생활을 뒤로 한 채, 1년 동안 전 세계를
돌아다니며 미래를 위해 뚜렷한 자취를 남기고 긍정적인 기여를 한 인물들을 만
나 보기로 했다. 21세기의 위대한 도전을 위해 혁신적이고 지속가능한 해결책을
준비하고 있는 사람들을 찾아 나섰다.
우리는 생각보다 그런 사람들을 훨씬 더 많이 만났다. 세계여행을 끝마쳤을 때,
오대양 육대주에서 만났던 사람들의 숫자는 230명이 넘었다.
사업가, 컴퓨터 전문가, 엔지니어, 무용가, 예술가, 인권운동가, 의사 등 '인생에
서 롤모델로 삼을 수 있는 사람들'은 세상 어디에나, 그리고 모든 분야에 존재한
다는 사실을 알게 되었다. 이들은 자신의 직업에 커다란 기대와 희망을 건다. 성
공해서 충분한 돈을 벌려고 한다. 동시에 무언가 좋은 일을 하려고 하고, 즐거움

을 얻으려 하며 행복해지고 싶어 한다. 이 책은 우리가 만난 많은 롤모델 중에서 23명을 상세하게 소개한 책이다.

여행 중 겪었던 많은 만남과 경험은 우리 자신을 변화시켰다. '롤모델로 삼을 수 있는 사람들'의 자화상은 여러분의 인생에도 자극과 영감을 불러일으킬 것으로 확신한다. 때때로 여러분은 스스로에게 다음과 같은 질문을 던져 볼 것이다. 내 직업이 돈을 버는 것 이외에 어떤 의미가 있는가? 도대체 무엇 때문에 소중한 시간과 정력을 투자하는가? 이 책을 읽고 나면 현재 자신의 직업에 대해 좀 더 깊은 성찰과 비판적 관찰을 하게 될 것이다.

여러분이 지금보다 더 나은 삶을 찾는다면, 그 비전이 실현될 수 있도록 이 책이 안내자가 되어 줄 것이며, 여러분을 좀 더 행복하고 좀 더 만족스럽게 만드는 직업이란 무엇인지, 롤모델의 삶을 통해 지속적인 발전과 새로운 방향 설정에 대한 아이디어를 제공해 줄 것이다.

이 책이 새로운 삶을 찾고자 하는 여러분에게 큰 도움이 되기를 진심으로 기원한다.

요안나 슈테판스카, 볼프강 하펜마이어

1장

인생의 롤모델을
찾아 떠난 세계여행

세계여행이라는 도전
세계여행의 시작
세계여행이 가져다 준 변화

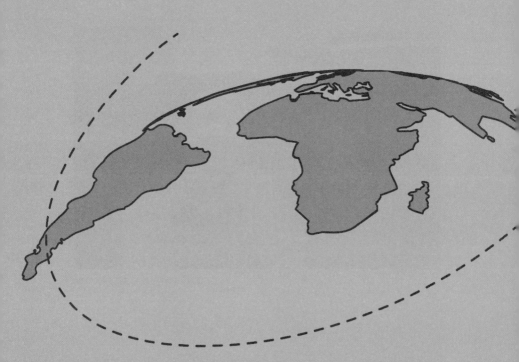

세계여행이라는 도전

그 모든 것은 그해 여름 세계여행을 해야겠다는 결심과 함께 시작되었다. 가족, 친구, 꽤 괜찮은 직장, 집과 자동차 등 그동안 우리가 쌓아 놓았던 모든 것을 잠시 접어놓기로 했다.

기업에서 성공적인 직장생활을 보내고 있던 우리는 한 걸음 더 나아가고자 했다. 주변의 보통 사람들과는 전혀 다른 인생의 목적을 가지고 있는 사람들을 만나고 싶었다. 적극적으로 커리어를 쌓으면서도 더불어 사는 세상을 위해 기여하고, 긍정적인 영향을 미치는 사람들, 자신의 삶으로 뚜렷한 족적을 남기고 있는 롤모델을 만나고 싶었다.

"무슨 소리 하는 거야? 도대체 어떻게 된 거야?" 우리의 결정에 대부분의 친구들이 놀라워하며 보인 반응이었다. 친구들에게 우리의 결심을 알아듣게 설명하기란 쉽지 않았다. 우리는 단지 여행만

하려는 게 아니라 일도 하고자 했다. 사회 정의를 위해, 생태 문제의 해결을 위해, 지속적으로 삶의 질을 높이기 위해 저 멀리서 자신을 헌신하고 있는 사람들을 만나고자 했다. 우리의 의도에 대해 직장 동료들의 반응은 자유롭고 자립적인 결정에 대한 부러움에서부터 고개를 흔들며 전혀 이해가 안 간다는 반응까지 다양했다. "인생의 가장 중요한 시기에 그렇게 모든 걸 걸고 여행을 떠나다니, 혹시 직장생활을 포기한 것 아니야?" 우리를 알고 있는 대부분의 지인들은 우리를 아주 적극적이고 성실하며 능력 있는 사람들로 알고 있었다. 그런 우리가 어떻게 그 모든 것을 뒤로 하고 떠날 수 있었을까?

우리 스스로는 이러한 과정을 그렇게 대단하다거나 모험으로 생각하지 않았다. 대신 지금 하지 않는다면 무엇을 놓칠 수 있는가를 생각했다. 우리 두 사람은 유럽 최고의 대학 중 하나인 스위스 장크트갈렌 대학을 졸업했다. 볼프강은 경제학 분야에서 경영정보학을, 요안나는 국가학 분야에서 국제관계를 전공했다. 실습 과정을 성실하게 마쳤고, 대체로 학업과 병행해 여러 가지 일을 해왔기 때문에, 어렵지 않게 좋은 보수를 받는 직장도 찾았다.

졸업 후 요안나는 2000년에 스위스의 한 통신회사에 입사했는데, 이 회사는 새로운 통신 기술의 발달과 미국 투자가들의 도움에 힘입어 1년 만에 종업원 수를 100명 이상으로 늘리며 빠르게 성장한 회사였다. 하지만 2001년 봄, 미국 투자가들의 자금이 부족해지면서 스위스를 비롯한 10여 개 나라에 투자가 중지되어 요안나의 회사는 파산절차를 밟아야 했다. 회사가 파산절차를 밟으며 종업원을 정리할 때, 요안나 역시 그 과정을 따를 수밖에 없었다. 위기의 시기에 경영 능력과 관련해 좋은 교훈을 얻을 수는 있었지만, 요안나에게는 매우 혹독한 시기였다.

그러나 다행히 요안나는 곧 매우 유명하고 탄탄한 회사인 마이크로소프트MicroSoft에 일자리를 얻었다. 요안나는 마이크로소프트에서 일하던 몇 년 동안 능력을 인정받았다. 스위스 마이크로소프트의 마케팅 담당자로 채용되었고, 28세의 나이에 주력 제품 가운데 하나를 책임지는 생산 매니저로 승진했다. 그리고 스위스 마이크로소프트에게 있어 전략적으로 매우 중요하게 여겨졌던 IT 보안 분야를 구축하는 기회도 얻었다.

장기간에 걸친 매우 집중적인 작업 이외에도 매년 미국 뉴올리언스에서 마이크로소프트의 직원 수천 명이 모이는 회의의 준비, 그리고 이를 위한 차량 조달 역시 그녀의 책임이었다. 여러 가지 일들이 믿을 수 없을 만큼 빠른 속도로 생각할 겨를도 없이 이어졌다. 그렇게 1년 반 동안 정신없이 일을 하고 나자, 마이크로소프트의 이름으로 빌 게이츠로부터 상을 받기도 했다. 모든 일이 잘 되어 가던 바로 그 순간, 요안나는 동료들에게 1년 동안 세계여행을 떠나겠다고 알렸다.

같은 시기 볼프강은 세계적으로 유명한 투자전략 회사인 베인 앤 컴퍼니Bain & Company에서 80시간의 컨설턴트 교육과정을 수료했다. 그러나 이곳 스위스 사무실에서 일을 한다는 것은 주말 비행기를 타고 취리히로 갔다가, 그곳에서 다시 월요일 새벽에 돌아온다는 것을 의미했다. 주 중에는 전 유럽의 고객들에게 자신의 부족한 경험은 강력한 투자와 재빠른 교육으로 쉽게 보상 가능하다는 확신을 심어줘야 했다. 이로 인해 볼프강은 공항에서 고객의 사무실을 거쳐 다시 호텔로 가는 길을 빼고는 도시가 어떻게 생겼는지조차 알 수가 없을 정도로 바쁘게 일해야 했다. 일하는 장소가 헝가리의 부다페스트, 이탈리아의 밀라노 혹은 영국의 런던 어느 곳인지는 전혀 중요하지 않았다. 교육과정은 매우 빡빡했고, 여러 나라의 사람들로 이루어진 팀 속에서 볼프강은 매일 까다로운 임무를 부여받았다.

볼프강은 베인 앤 컴퍼니에서 집중적이고 까다로운 교육시간을 수료하고 바로 일을 시작하고자 했다. 그래서 컨실레온Consileon이라는 컨설팅 회사를 설립한 유능한 기업 컨설턴트들과 IT전문가들로 구성된 작은 팀에 합류했다.

당시 큰손 고객 중 한 명이 컨설턴트를 기다리고 있었기 때문에, 볼프강은 이전에 베인 앤 컴퍼니에서 그만두었던 일을 새로운 고객과 계속해 나갔다. 그러나 이번에는 좀 더 책임감이 따르고 회사를 성장시켜야 하는 숙제가 주어졌다. 29세의 나이에 스위스 지부의 지사장으로 승진한 볼프강의 과제는 새로운 고객, 그리고 조금 까다로운 고객을 관리하는 일이었다.

볼프강의 회사는 어려운 시장 상황에도 불구하고, 3년 만에 종업원의 수를 7명에서 70명으로 늘리며 성장했다. 크리스마스 파티에서 회사 지도부는 최고의 경영 실적을 알리며, 앞으로 계약 한 건 없어도 최소한 2년 동안 월급을 줄 수 있을 정도로 재정이 탄탄하다는 점을 자랑스러워했다. 젊은 회사가 이루어낸 이러한 성장과 발전은 회사 특유의 겸손한 기업철학과 문화가 있었기 때문이다. 이러한 겸손함은 무엇보다 회사 설립 파트너의 경험에서부터 나온 것이다. 이들은 지난 몇 년 동안 지나친 욕심과 독단이 회사 전체를 몰락하게 만들 수 있으며, 그렇게 되면 직원의 가정 또한 파국에 빠질 수 있다는 사실을 경험했다. 성공에 성공을 거듭하던 컨실레온은 지나친 욕심과 독단에서 멀리 떨어져 있었다.

볼프강은 직장에서의 일을 즐거워했고, 이미 대학 다닐 때부터 자신이 원해 왔던 매일매일의 도전을 즐겼다. 이런 상황에서 볼프강은 어떻게 세계여행을 떠나겠다는 생각을 할 수 있었을까?

성공적인 직장생활과 더불어 모든 일에 부족함이 없었다. 보수도 좋았고, 일도 재미있었다. 경력을 잘 쌓아 나갔고, 이전 세대에서 대체로 50대 정도는 되어야 맡을 수 있었던 중책을 젊은 나이에 맡게 되었다. 먹고 사는 데 걱정 없이, 필요한 것 이상으로 물질적으로도 이미 많은 여유를 누릴 수가 있었다.

그러나 우리는 그것이 전부가 아닐 수 있다는 생각을 갖게 되었다. 지금까지 해왔던 것처럼 그렇게만 계속 살아간다면, 인생 말미에 스스로에게 만족할 수 없으리라는 확신이 들었다. 매일매일 생활 속에서 찾을 수 없던 무언가 중요한 것이 부족해 보였다. 주변 사람들을 돌아봐도, 우리만 그렇게 느끼는 게 아니었다. 동료들 중 많은 이들이 좋은 보수를 받는 괜찮은 직장의 임원까지 이르고, 성실하고 진지하게 그 책임감을 다하지만, 그들 중 대부분이 정말 행복하다는 느낌은 별로 받지 못했다. 이들은 '스트레스'라는 단어를 항상 입에 달고 다녔다. 대체로 직장생활에 대한 불만족은 '소비'

를 통해, 혹은 경쟁에서의 성취감이나 급여 상승을 통해 잠시 동안 잊힌다. 그렇다고 해서 동료들이 끔찍하게 불행하다거나 삶의 반려자를 제대로 찾지 못했다는 얘기는 아니다. 오히려 그 반대다. 대부분 결혼해서 아이도 낳으며 건강하게 잘 살고 있다. 그러나 자주 불만과 탄식의 목소리가 들려온다. 그러면서 곧 다 잘 될 거라는 희망을 입버릇처럼 이야기한다.

가끔씩 우리 자신에게 다음과 같이 묻곤 한다. "한 가지 일에만 전념하면 모든 게 다 잘 될까?" 이렇게 묻는 이유는 무엇일까? 비싼 수업료를 물었으니 지금 하고 있는 일을 계속 해 나가야 하기 때문에? 고정적으로 들어가야 하는 돈 때문에 일을 쉴 수 없고, 또 돈도 많이 벌어야 하기 때문에? 중책을 맡았으니 정말 내게 필요한 게 무엇인지 깊이 생각해 볼 시간이 없어서?

세계여행의 시작

이런 생각들에서 벗어나지 못한 채, 책을 읽기 시작했고 스스로에게 많은 질문들을 던지기 시작했다. 현재, 지금의 삶을 방해하는 요소가 정확히 무엇일까? 일과 삶의 균형을 찾으라는 일반적인 조언은 효과적인 해결책이 못되었다. 우리가 느끼는 불만족은 좀 더 깊은 원인이 있었다. 그것은 우리가 하는 일 자체의 의미와 관련되어 있음이 분명했다. 우리가 일에서 찾는 의미, 그리고 일이 우리에게 줄 수 있는 것이 실제보다 더 많을 수 있으리라는 느낌과 관계되어 있었다. 그래서 다음과 같은 좀 더 근본적인 질문을 해보았다. 어디서부터 잘못 되었을까? 우리가 죽고 나면 친구들과 가족들은 우리에 대해 뭐라고 말할까? 혹시 이렇게 말할까? "그 친구는 돈 많이 벌려고 매일같이 사무실에서 밤낮으로 사투를 벌인 사람이라고." 지금 하고 있는 일이 의미와 성취감을 주는 일이 아니라면, 어떤 대안들이 있을 수 있을까? 관례적인 분야에서 얼마나 멀리 벗어나야만 우리의 내면 깊은 곳을 만족시키는 직업을 찾을 수 있을까?

얼마 지나지 않아 우리는 '기업의 사회적 책임Corporate Social Responsibility', '기업 시민정신Corporate Citizenship' 이라는 표현 아래 논의되고 있는 기업의 사회적 책임과 관련된 인상적인 문제의식들을 접하게 되었다. 또한 '정치, 경제, 사회의 생태적 책임, 지속가능한 성장, 청정 기술, 사회적 기업가 정신, 문화 인류' 등과 같은 일련의 윤리적이고 생태적인 주제를 접했다. 여기에 우리를 도와줄 무언가가 숨어 있는 것처럼 보였기 때문에, 그런 주제들은 우리의 관심을 끌었다.

그렇게 자신을 뒤돌아보고 반성하던 차에 '가능성의 실현' 이라는 모토 아래 마이크로소프트 사가 공동으로 개최한 어느 기업 콘퍼런스에 참석할 기회가 있었다. 저명한 경제계의 수장들이 모인 그날 토론회에서 국제적십자사 총장에게 적십자 조직이 숫자에 의해 정확하게 평가받지도 않고, 수익을 올리려 하지도 않는 등 너무나 쉽게 운영된다는 지적이 제기되었다.

그러나 나중에 우리가 개인적으로 대화를 나눌 수 있었던 도리스 피스터Doris Pfister 국제적십자사 총장은 그러한 지적에 대해 다음과 같이 단호하게 대답했다. "우리는 이익을 얼마나 남겼는가에 따라 평가받지 않습니다. 그 대신 다른 사람의 삶에 얼마나 강력한 임팩트를 미쳤는가에 따라 평가를 받습니다. 우리는 많은 아이들에게 예방주사를 놓고, 억울하게 수감된 사람들을 찾아가며, 위기에 빠진 사람들이 그 위기에서 빠져나올 수 있도록 도움을 줍니다. 그게 우리가 해야 할 일들입니다."

인생에서 중요한 것은 이익이 아니라 타인에게 미치는 영향력이다. 그렇다면 우리는 주위 사람들에게 좋은 영향을 미칠까 아니면 그 반대일까? 우리의 존재가 다른 이들에게도 도움이 될까? 개개인의 이러한 영향력은 긍정적일수도 부정적일수도 있다.

우리는 그동안 컨설턴트로 일하면서 상황이 좀 더 좋아질 수 있다는 가설을 세우고, 이 가설을 냉철한 사실들로 밑받침하는 데 익숙해 있었다. 이러한 가설은 "무언가를 통해 다른 사람을 도울 수 있을 때, 그리고 더불어 살아가는 사람들의 삶에 긍정의 임팩트를 미칠 때 행복하고 만족스러운 삶을 살 수 있다"라는 모호한 가설보다는 훨씬 합리적으로 보였다.

그러나 갑자기 그런 모호한 가설이 우리들이 추구하는 것을 단순하고 명료하게 표현해 주는 것 같았다. 그래서 정확히 그런 롤모델을 만나겠다는 것이 우리의 최종 결론이었다. 자신의 일을 통해 더불어 사는 세상에 긍정적인 기여를 하는 사람들 말이다.

책을 읽고 준비 하는 과정에서, 그러한 롤모델들은 우리가 살고 있는 스위스 호숫가 주변에서 찾을 수 없다는 것을 알게 되었다. 그들을 만나려면 세계로, 멀리 있는 나라로, 다른 대륙으로 나가야만 했다. 그러나 어떻게, 언제 그런 사람들을 만나게 될까, 그리고 도대체 누가 우리와 이야기를 나누고자 할까?

다음 몇 주 동안 우리가 여행하며 만나게 될 사람들이 어떤 사람들인가에 대해 처음으로 알게 되었다. 전심으로 무언가를 원하고 그것을 위해 노력한다면, 불가능하게 여겨지는 일도 가능하게 되는 법이다. 베인 앤 컴퍼니에 다닐 때 볼프강의 가장 친한 친구 중 한 명이 당시 1년 동안 스위스 주네브에 있는 '사회적 기업가 정신을 위한 슈밥 재단'*에서 일하고 있었다. 그 친구는 그곳에서 브라질 캄피나스에서 개최되는 슈밥 재단의 '세계 사회적 기업가 대회'를 준비하고 있었다.

　사회적 기업가들, 그러니까 기업 활동을 통해 혁신적이고 실용적이며, 장기적인 안목에서 새로운 사회의 변혁을 위해 노력하는 우리들의 롤모델에 대해서는 이미 다른 책을 통해 많이 알고 있었다. 하지만 그들을 직접 만나 대화를 나눌 수 있는 기회가 없었는데, 이 기회를 절대로 놓치고 싶지 않았다. 그래서 볼프강은 2004년 가을 자신의 생일을 브라질의 캄피나스에서 보냈다. 캄피나스에서 보낸 환상적인 일주일과 이후에 만났던 사람들과의 인상적인 만남은 세계여행을 하면서 사회에 긍정적인 영향력을 주는 사람들을 만나겠다는 우리의 결심을 확고하게 해주었다. '긍정의 임팩트'가 정확히 무엇을 의미하는지 아직 잘 몰랐지만, 우리 두 사람에게는 이번 여행에서 얻은 결과가 의미 있고 소중했다. 여행 비용은 스스로 해결해야 했지만, 앞으로의 만남과 이를 통해 얻게 될 인식에 대

✈ ....

세계경제포럼WEF의 설립자 클라우스 슈밥Klaus Schwab에 의해 세워진 '사회적 기업가 정신을 위한 슈밥 재단'은 스위스와 독일을 포함한 세계 30여 개 나라에서 '올해의 사회적 기업가'를 선정해 수상한다. 이 상은 기업 분야에서 혁신적인 방식을 개발해 사회적, 생태적 문제들을 해결하고자 하는 기업가, 빌 게이츠의 비즈니스 마인드와 마더 테레사의 봉사 정신을 가진 기업가에게 수여된다.

한 기대는 너무나 컸다.

시간은 믿을 수 없을 만큼 빠르게 지나갔다. 브라질 여행 후 5개월이 지나지 않아 우리는 직장을 그만두고 집을 정리했다. 자동차를 팔고, 가지고 있던 짐을 부모님 집 지하실로 옮겨 놓았다. 그리고 세계를 돌아다닐 수 있는 20편의 비행기 티켓, 1년의 여행 기간 동안 필요한 모든 것을 집어넣은 커다란 가방, 노트북과 캠코더, 카메라를 들고 다닐 수 있는 조그만 가방 등으로 무장하고 여행을 시작했다. 그전에 우리는 우리가 찾아가려는 나라마다 적어도 한 명 이상의 인터뷰 대상자를 물색해 놓았다. 전체적으로 인터뷰 대상자를 30명 이상 넘기지 않으려 했기 때문에, 어렵지 않게 마칠 수 있을 것으로 생각했다.

우리는 1년 동안 5대륙 26개국을 돌아다니며 얻은 새로운 경험들을 1만 4000장의 사진에 담았고, 무엇보다 230명이라는 믿을 수 없을 만큼 많은 사람들을 만났다. 우리가 보기에는 정말로 '사회에 긍정적인 영향력'을 미치는 사람들의 모범이라 부르기에 전혀 손색이 없는 그런 사람들이었다. 처음에 30명으로 계획했던 인터뷰 대상자는 마지막에 가서 230명이나 되었다. 하지만 그중 어느 누구도 놓치거나 잊을 수가 없다.

대화를 나눌수록, 그리고 좀 더 깊은 연구가 진행될수록 그만큼 많은 사람들이 인터뷰를 위해 추천되었고, 그에 맞추어 더욱 많은 네트워크와 관심 인물들을 만나게 되었다. 이런 흥미로운 사람들과의 만남은 우리에게 거의 중독처럼 되어 버렸다. 사회적, 생태적 문제들과 그 해결책에 대한 우리의 관심은 폭발적으로 커져 갔고, 여행 중에도 관련 서적을 찾아 탐독하며 일정한 양의 자료가 모이면 소포에 넣어 집으로 부치기도 했다.

인터뷰 대상자들은 여러 경로의 네트워크,* 출판물, 연구소나 개인적 추천 등을 통해 다양한 경로로 찾았다. 그러나 처음부터 사회에 미치는 긍정의 임팩트의 정도나 중요성에 따라 대상자를 평가하지는 않았다. 그러한 것은 누구에게도 공정하게 비교 평가될 수 없다. 우리는 단순히 감동과 영감을 주며 미래에 대한 해결책을 제시하는 이야기들을 찾으려 했다.

✈ ....

슈밥 재단Schwab Foundation, 스콜 재단Skoll Foundation, 아쇼카Ashoka, 아비나 Avina, 세계 지속가능 발전기업 협의회World Business Council for Sustainable Development, 에코잉 그린Echoing Green, 와이즈WISE, 레벨LEVEL 등 관련 기관의 지원에 깊은 감사의 뜻을 전한다.

세계여행이 가져다 준 변화

"여행을 통해 얻는 참된 발견은 새로운 볼거리
가 아니라 사물을 보는 새로운 시각이다."

마르셀 프루스트

　그 무엇도 프루스트의 이 명언 하나만큼 우리의 세계여행과 이
를 통한 경험을 더 잘 묘사할 수는 없을 것이다. 우리는 개인의 관
심사뿐만 아니라, 전 세계와 사회에서 벌어지는 문제들의 해결책을
구하려는 사람들을 만나고자 했다. 그런 사람들과의 만남은 이제
우리로 하여금 세상을 새로운 눈으로 보게 하며, 세상을 훨씬 섬세
하게 인식하고 판단하게 한다.

　무언가를 변화시키기 위한 일상의 작은 노력들은 수 없이 많다.
예를 들어, 예나 지금이나 바쁘게 이곳저곳을 돌아다녀야 하지만,
우리는 대부분 기차를 타고 다닌다. 수명을 다해 폐차해야 될 것처

럼 보이는 우리 소유의 소형차는 거의 타지 않는다.

가구와 마찬가지로 옷이나 식료품 구입도 좀 더 의식적으로 한다. 채소도 이전보다 훨씬 많이 먹는다. 집중적인 가축 사육을 위해 얼마나 많은 양의 물과 귀중한 식물들이 사용되는지 알게 된 이후, 육류 소비는 적당한 한도에서만 의미가 있어 보인다. 우리가 살고 있는 환경에서의 삶의 질 문제가 좀 더 의식적으로 인식된다. 우리는 삶의 질 문제가 중요하다고 생각하며, 제3세계 국가들의 현실을 외면하지 않기 위해 여행을 계속 많이 하려 한다.

우리는 무엇보다 우리가 가진 에너지와 일을 통해 인간 삶의 질을 지속적으로 향상시키는 데 기여하고자 한다. 우리가 상당한 영향력을 끼칠 수 있는 분야에서 많은 일을 집중적으로 하려고 한다. 우리의 경험과 능력과 관심과 관련하여 건강이나 가족과 같은 분야에서의 생활환경과 필요를 고려, 삶의 환경 개선에 긍정적인 기여를 하고자 한다.

"생각하는 것, 말하는 것, 행동하는 것이 서로 조화를 이룰 때 행복하다."

마하트마 간디

우리는 구체적인 시간 계산 없이 세계여행을 시작했다. 여행이 우리를 얼마나 변화시킬 것인지, 여행 이후의 삶에 무엇이 뒤따를 것인지 알지 못했다. 그러나 취리히로 다시 돌아오자마자 1년 동안 아주 긴장된 도전들이 우리를 기다리고 있었다.

우리는 스위스 장크트갈렌에서 개최된 '오이코스Oikos 회의' 기간에 했던 마지막 인터뷰를 통해 앙투아네트 훈지케 에브네터 Antoinette Hunziker Ebneter를 알게 됐다. 그녀는 수년간 재정 분야에서 최고 경영인으로 일한 이후 새로운 프로젝트를 시작하기 위해 마침 그곳에 와 있던 참이었다. 우리의 경험이 그녀의 프로젝트를 위해서도 중요하다는 점이 부각되었고, 몇 주 지나지 않아 경험 많은 금융가들로 구성된 그녀의 팀과 함께 새로 설립될 '포르마 푸트라 Forma Futura' 라는 자산관리회사의 기획안을 작업했다. 이어지는 몇 달 동안 우리는 하나의 혁신적인 기획안을 발전시켰는데, 어떻게 하면 수익성 있는 투자를 통해 전 세계의 삶의 질을 지속적으로 높이는데 기여할 수 있을까 하는 것이었다.

그와 동시에 볼프강은 이미 2006년 6월부터 독일어권에서는 처음 설립된 사회 벤처펀드인 '본벤처BonVenture' 의 투자 매니저 일을 시작했다. 본벤처는 생태적 혹은 사회적 사업 목표를 추구하는 조직이나 회사를 재정이나 컨설팅, 그리고 전문가 집단의 네트워크를 통해 지원하는 일을 한다.

현 경제 시스템 상 생태적 혹은 사회적 사업 목표를 추구하는 조직이나 회사의 사업성은 전통적인 벤처 캐피털 회사의 투자 고려 대상이 될 정도로 매력적이지 못하다. 또 초기 단계에 상존하는 성공에 대한 불확실성은 은행에게도 부담이 된다. 이와 같은 상황에서 미국에서는 지난 10년 동안, 유럽에서는 지난 5년 동안 뚜렷한 성장세를 보이고 있는 사회 벤처 자본 혹은 벤처 자선 분야는 그와 같은 상황을 혁신적으로 해결할 적절한 단초를 제공한다. 본벤처에서 볼프강이 맡은 일은 긍정의 임팩트와 사회 환경의 개선이라는 측면에서 매우 뛰어난 것이었고, 포트폴리오 회사의 투자를 끌어내기에 충분했다.

볼프강은 자신이 최근 새롭게 맡게 된 일을 통해 좀 더 큰 책임감을 느끼고 있다. 2007년 9월부터 리히텐슈타인에 거주하는 귀족가문과 그들의 소유 그룹인 '리히텐슈타인 글로벌 트러스트LGT'를 위해 세계적인 벤처 자선 분야를 구축하고 있다. LGT 벤처 자선 팀은 제3세계 사람들의 삶의 질을 지속적으로 향상시키고, 그들이 지닌 잠재력을 실현 가능하도록 도와주는 기업이나 조직을 찾아내 지원하려 한다. 자기자본 참여, 대부, 기부 혹은 노하우나 올바른 교류에 힘입어 이러한 조직들의 긍정적인 영향력이 커지면, 수백만 명의 사람들이 자신이 하는 일을 통해 이익을 얻게 될 것이다.

오늘날에는 세계적인 거대 기업들이 세계 사회의 계속적인 발전을 위해 핵심적인 역할을 수행해야 한다는 것이 요안나의 확신이다. 따라서 이러한 기업들이 자신들의 사회적 책임을 이해하고 인식하게 하며, 사회적 책임감과 경제적 목표가 조화를 이루도록 하는 것이 중요하다. 그 때문에 요안나는 스위스 마이크로소프트 사에서 최근 새롭게 얻은 기회를 기뻐하고 있다. '조직 혁신과 지속 경영'을 위한 책임자로서 기업의 미래적, 사회적 책임을 발전시키는 일을 함께 해나가려 한다.

우리는 우리들의 여행처럼 사람들에게 영감을 주고 지속적인 삶의 질 향상을 위한 긍정적 영향력이 추구하는 해결책이 무엇인가에 대한 비전을 계속해서 좇아갈 것이다. 이 책에는 우리가 수행한 200여 건의 인터뷰 가운데서 우리가 선택한 23명의 매력적인 롤모델들의 인생 이야기가 담겨 있다. 이들의 이야기는 나이의 많고 적음이, 부와 가난이, 재능의 많고 적음이 자신들의 인생을 바꾸는 데 중요하지 않다는 사실을 보여 준다.

직장생활을 하며 새로운 방향을 잡기 위해서는 용기와 함께 약간의 위험을 감수하려는 자세가 필요하다. 익숙해진 습관을 포기하고 자신의 삶을 새롭게 정리하는 것은 하나의 도전이며 결코 쉬운 문제가 아니다. 때문에 보통은 너무나 빨리 핑계를 대고 새로운 시작을 불가능한 것처럼 만드는, 겉으로 보이는 변명거리들을 찾아 준비해 놓는다.

하지만 이것이 정말 불가능한 것이지 따져 보고, 우리의 인터뷰 대상자들인 롤모델들이 그랬던 것처럼 그 실제적인 내용을 검증해 보는 작업이 필요하다. 이를 위해 우리는 다음과 같은 소위 핑계와 변명거리를 중심으로 다섯 개의 장을 만들어 이야기들을 정리해 보았다.

1. 나는 경험이 부족하다.
2. 그 일을 하기에는 너무 젊거나 혹은 나이가 많다.
3. 나는 재정적으로 취약하다.
4. 나는 내가 하고 있는 일에 이미 성공했다.
5. 다른 사람들은 나에 대해 어떻게 생각할까?

좀 더 나은 삶을 위해 세상에 무언가를 기여하고자 하는 사람은 항상 그 목적을 이루기 위한 방법과 길을 찾게 된다는 것이 각 장의 마지막에서 드러나는 내용이다. 그리고 그러한 길 위에서 그 자신 스스로가 새로운 사람이 된다는 사실은 우리의 마음을 더욱 아름답고 벅차게 만든다. 매일매일 일하는 것이 의미 있다고 생각되고 자신의 일을 통해 세상에 긍정적인 영향력을 미칠 수 있음을 경험할 때 우리의 삶은 행복과 만족을 느낀다.

이제 21세기 '롤모델의 모범'으로 불리기에 손색이 없는 사람들이 들려주는 이야기를 통해 여러분도 새로운 영감을 얻을 수 있기 바란다.

2장

나는 경험이
부족하다?

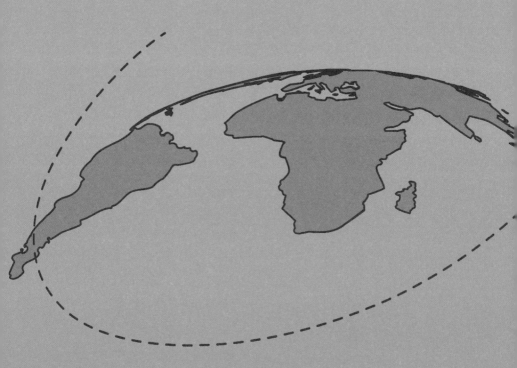

자신의 직업을 가지고 좀 더 살 만한 세상을 만들어 가기 위해서는 어떠한 능력이 필요할까? 세상에 긍정적인 영향을 미치기 위해서는 특별한 교육이나 특별한 능력이 필요한 것일까?

이 장에서 소개하는 롤모델들은 모두가 자신이 지닌 재능과 능력이면 충분하다는 사실을 보여 준다. 자신의 직업을 통해 쌓은 경험은 세상을 더욱 아름답고 살 만하게 만드는 데 사용될 수 있다. 의미 있게 살고 또 일하기 위해서 의사나 환경과학자, 사회운동가가 될 필요는 없는 것이다.

런던 출신의 사피아 미니Safia Minney가 좋은 예다. 그녀는 원래 고급 잡지와 광고 분야에서 일하던 화려한 세계 출신이다. 그러나 오늘날에는 공정무역의 틀 안에서 생태적으로 의미 있는 의류산업을 벌이고 있고, 이를 위해 이전 분야에서 일하며 얻은 경험을 활용하고 있다.

실리콘밸리에서 처음으로 벤처 자본가로 크게 성공한 크리스 아이레Chris Eyre 같은 사람도 좋은 본보기다. 그는 자신의 인생에서 결정적인 전환점을 겪은 이후 돈을 벌고 늘리는 재능과 개인적 금융 네트워크를 공공복지를 위해 사용하고 있다.

또 이 책에는 소개되지 않았지만 우리가 인터뷰를 했던 사회적 기업가인 짐 프럭터먼Jim Fruchterman은 최고의 전문 기술자다. 그는 미군 로켓 시스템의 자동 조정 장치를 만드는 대신, 맹인을 위한 최초의 문자 탐독기를 개발했다. 오늘날 인간을 위한 혁신 기술을 발전시키는 테크놀로지 기업인 베네텍Benethec의 사장으로 일하고 있는 프럭터먼은 다음과 같이 웃으며 말한다. "우리와 관계를 맺고 있는 최고의 기술자들은 자신들이 무언가 사회에 도움을 줄 수 있는 능력을 가지고 있다는 사실에 굉장히 기뻐합니다. 다른 사람을 도울 수 있는 의미 있는 해결책을 찾고, 그 해결책을 우리의 도움으로 실현시키는 것을 즐거워합니다. 그건 정말 우리 모두를 기쁘게 만듭니다. 그리고 나는 아이들에게 내가 만든 로켓으로 얼마나 많은 사람들이 죽었는가를 얘기하는 것보다, 앞을 보지 못하는 사람들과 차별받는 사람들을 위해 무언가 좋은 일을 하고 있다고 말하는 것이 훨씬 즐겁습니다."

정글 소녀에서 쓰레기 여왕으로

알비나 루이즈 리오스 | 페루

"빵을 사기 위해, 혹은
아이들을 학교에 보내기 위해
쓰레기 수거일로 돈을 버는
가정을 볼 때마다 희열을 느낍니다."

알비나 루이즈는 아마존 잉카 지역 어딘가에 있는, 거친 강들과 거대한 나무들이 우거진 정글에서 자랐다. 그 지역의 이름은 산마틴이고, 가장 가까운 도시가 모요밤바인 곳이다. 알비나는 우리가 전혀 상상하기 힘들 정도로 다양한 색깔의 식물과 다양한 종류의 동물이 살고 있는 곳 한가운데서 많은 시간을 보냈다. 농부였던 부모님은 커피 농장을 가지고 있었고, 그래서 가족은 자연과 밀접하게, 자연에 의존하며 살았다. 알비나는 매일 학교에 다녔는데, 이 지역 소녀에게는 정말 흔치 않는 일이었다. 학교는 가톨릭 수도회 학교였고, 수도사들은 배움의 중요성과 다른 사람에 대한 책임감에 대해 어린 시절부터 많은 것을 가르쳐 주었다.

엔지니어가 되고 싶었던 소녀

"문제가 있으면 그 문제의 해결책을 꼭 찾아내야 한다는 것이 항상 내 생각이었어요. 그래서 엔지니어가 되려고 했죠. 하지만 내가 사는 지역에 대학이 없었기 때문에, 아버지는 수도인 리마로 가는 것이 어떻겠냐고 하셨어요. 그렇게 아버지는 늘 나를 응원해 주셨어요."

18세가 되던 해에 알비나는 대학에서 공부하기 위해 집에서 멀리 떨어진 페루의 수도 리마로 갔다. 알비나는 인터뷰 내내 그때를 생각하며 몸을 부르르 떨었다. "그곳은 내가 살던 곳 하고는 정말 달랐어요!" 알비나는 자기 전공 분야에서 유일한 여자였고, 대도시의 크기와 소음에 거부감을 느꼈다. 몇 년 앞서 리마에 와서 살고 있던 알비나의 오빠는 어떻게 해야 끔찍한 일을 당하지 않으며, 버스는 어떻게 타야 하는지를 알려주었다. 정글에서 지낼 때 걸어 다니기만 했던 알비나는 며칠 동안을 오빠 집에서 보내고 나서야 용기를 내어 처음으로 버스를 탔다. 알비나는 오빠 식구들과 함께 엘 아우구스티노에 있는 한 칸짜리 방에서 함께 지냈는데, 이곳은 무일푼의 이주민들이 범죄자들과 함께 벽을 맞대고 살고 있는 가난한 동네였다. 대도시에서 지내던 처음 며칠 동안은 아무도 믿을 수가 없어 거의 집 밖을 나서지 못했다. 빈민가 거리에는 귀청을 때리는 시끄러운 소음 외에도 어느 곳에서나 산더미처럼 쌓여 환경과 건강을 위협하는 지저분하고 악취 나는 쓰레기 더미들이 알비나를 괴롭혔다. 원시림의 때 묻지 않은 자연환경과 비교해 볼 때, 자신의 눈으로 보고 코로 맡아야 했던 것들에 대해 매일매일 놀라지 않을 수 없었다. 늘 이런 악취 나는 쓰레기 더미에 묻혀 살아가는 이곳 사람들이 어떻게 해야 사람답게 살아갈 수 있을까를 생각하던 알비나는 자신이 할 수 있는 곳에서부터 쓰레기 문제를 처리하기 시작했다.

쓰레기를 연구하다

알비나는 스스로에게 다음과 같이 묻곤 했다. "도대체 난 뭘 위해 엔지니어 공부를 하는 거지?" 이러한 질문이 어려운 문제의 해결책을 찾고자 하는 그녀의 화두가 되었다. 알비나는 그동안 어느 정도 대도시 생활에 적응도 했고, 1년의 준비 기간을 용감하게 보내고 전공 공부도 시작할 수 있었다. 어느 곳에서나 보이는 쓰레기 더미들이 젊은 알비나로 하여금 매일매일 습득되는 자신의 능력을 새로운 기계나 장치를 만드는 것보다 조금 다른 것을 위해 쓰도록 했다.

알비나는 1990년대 초부터 쓰레기에 관한 주제를 학문적으로 집중 연구했다. 쓰레기 문제를 시스템으로 이해하고자 했고 그 해결책을 찾으려 했다. 대학생 연구모임을 만들어 빈민가정의 건강비용을 계산했고, 며칠을 도서관에서 보냈다. 더 많은 시간을 리마시의 부유한 지역 쓰레기 운반 차량 안에서 보냈다. 차량 한 대에는 어느 정도의 쓰레기를 실어야 적당한가? 어느 경로로 쓰레기를 치워야 가장 효과적인가? 재활용을 위해서는 쓰레기를 어떻게 분리해야 하는가? 누가 어떤 것을 어떤 단계로 분류해야 하는가? 지금껏 쓰레기를 주워 생활하던 사람들에게 분리수거를 해도 생활 걱정하지 않아도 된다고 어떻게 확신을 심어 줄 것인가? 혹시 그들에게 다른 일자리를 제공할 수는 없을까? 누가 모으고, 언제 어떻게 수당을 지불할 것인가?

"쓰레기는 해결해야 될 문제예요, 나는 이 문제 한가운데서 살아왔어요." 우리가 리마의 시우다드 살루다블 지역 중심지에 살고 있는 알비나를 방문했을 때, 그녀가 고생했던 시간을 떠올리며 했던 말이다. "빈민 지역의 쓰레기 시스템 혁신방안에 대해 졸업논문을 썼어요. 그리고 나서는 이 시스템을 제2의 고향 리마에 우선적으로 적용해 보기로 결심했죠."

알비나의 목소리에는 다른 사람의 마음을 움직이는 애절함이 묻어 있었다. 인터뷰 시간 내내 웃음을 잃지 않으면서도 동시에 얼굴에는 단호함과 굳은 의지가 보였다.

엄마로서의 역할과 경력

알비나는 쓰레기 처리의 사회적, 생태적 영향에 대해 졸업논문을 썼다. 리마 시장은 알비나의 쓰레기 문제에 대한 관심을 인정하고 일자리를 제공해 주었다. 알비나가 개발한 시스템을 프로젝트화 시키는 작업이었다. 쉽지 않은 일이었고, 게다가 21세에 결혼한 알비나에게 딸이 태어난 시기였다. 빠듯한 시간을 적절히 나누어 쓰고, 집안일과 직장일을 조화롭게 한다는 것이 만만치 않았다. 그러나 조교 학생의 도움으로 어떻게든 일을 성공시켰다. "대학 시절 최고의 학생이었던 내가 대기업에 들어가지 않고, 괜찮은 보수를 받지도 못하는 것에 많은 사람들이 의아해 합니다. 하지만 항상 다른 사람들의 삶의 질을 개선시키는 일을 하고 싶었어요. 사람들을 도와주는 일은 돈이나 커리어보다 훨씬 중요한 일이에요. 전 대부분 빈민가에서 살았고, 그래서 그 지역이 더럽다는 걸 잘 압니다. 많은 부분 혁신과 상부상조를 통해 생활을 바꾸고 삶을 살 만한 것으로 만들고자 노력해야 합니다."

알비나는 자신이 개발한 쓰레기 처리시스템이 만족할 만한 성과를 거둔 이후 대학원에 진학해 생태경영, 환경경영을 공부했다. 이어 스위스 바젤에서 특수과정을 밟았다. 동시에 자기 시스템을 리마 인근 지역으로 확장시키는 일도 진행했다.

쓰레기도 처리하고 돈도 벌고

알비나가 고안한 쓰레기 처리시스템의 기본적인 방식은 간단하다.

보통 빈민 지역에 거주하는 사람들은 설사나 다른 질병에 걸리지 않기 위해 매달 4~10달러 정도를 지출한다. 만약 이 비용을 효과적인 쓰레기 수거를 위해 투자한다면, 우선 대부분의 질병을 피할 수 있다. 그리고 다른 한편으로 몇몇 사업들을 구상할 수 있는데, 이 시스템에서는 쓰레기 수거와 재활용 문제가 일련의 수익사업을 가능케 하기 때문이다. 많은 사람들이 쓰레기를 주워 모아 그 대가로 일정액을 받는다. 그러면 다른 이들이 이를 분류하고 새로운 상품으로 재활용하는데, 이런 과정들이 일자리를 만들어 내는 것이다. 여자들이 주로 이런 일들을 맡게 되는데, 예를 들어 쓰레기의 일부를 모아 퇴비로 만들어 이를 자연 비료로 내다 팔면 계속적인 수입이 생긴다. 쓸모없는 것들을 쓸모 있는 것으로 만들고, 그 과정 단계마다 가난한 사람들을 위한 일자리를 만들어 내는 데 성공한 것이다.

동시에 환경문제에 대한 관심이 전혀 없고 이를 위한 정부의 프로그램이 영향을 미치지 못하던 곳에 환경에 대한 의식이 싹트기 시작했다. 더욱 놀라운 사실은 주민의 98퍼센트가 자기 지역의 쓰레기 처리 비용을 낸다는 점이다. 쓰레기에 대한 부정적 부작용

로버트 레드포드를 만난 알비나

이 크게 없어져 생활환경이 상승했기 때문이다. "쓰레기 더미는 처리해야 할 문제일 뿐만 아니라 기회도 됩니다. 플라스틱, 유기물 쓰레기, 종이상자와 같은 것들 모두가 여기서는 돈을 의미하죠." 우리는 쓰레기라는 주제가 그렇게 많은 긍정적인 감성을 유발할 수 있다는 점에 놀라워했다. 하지만 알비나가 열광하는 것은 쓰레기가 아니라, 자신이 개발한 시스템이 인간 삶의 질을 개선시킨다는 사실이다. 리마에 도입된 이 시스템은 최근까지 가난한 사람들에게 5만여 개의 일자리를 제공하고 있고, 일하는 사람의 숫자는 300만 명에 이른다.

아이들에게 깨끗한 환경을

알비나의 구상은 많은 재단의 지원에 힘입어 남아메리카 여러 도시로 확대되었다. 그녀는 전 세계에서 쓰레기 처리에 관한 자문을 받고 있다. 일은 고되지만, 열정적인 알비나에게 때때로 진행되는 장시간의 상담과 토론은 큰 문제가 아니다. "어려운 순간이라 생각되면 숨을 한 번 깊이 들이마십니다. 그리고 하나부터 열까지 세요. 그래도 정말 화가 나거나 목소리가 커질 때가 있어요. 하지만 대체로 만족합니다. 어렵고 힘들지만 멋진 일이잖아요. 빵을 사기 위해, 혹은 아이들을 학교에 보내기 위해 쓰레기 수거 일로 돈을 버는 가정을 볼 때마다 희열을 느껴요. 가난한 사람들은 내가 하는 일이 필요한 거죠. 그들을 위해서도 세상이 변해야 합니다. 많은 사람들은 아직도 침대도 없이 쓰레기 더미 위에서 생활하거든요. 그럼에도

알비나의 구상은 리마의 쓰레기 처리 시스템을 혁신시켰다.

불구하고 매일 아침 일찍 일어나 쓰레기를 모으러 다녀요. 이 사람들이 하는 일이 내 일보다 힘들어요. 내 꿈은 전 세계 모든 곳에 깨끗한 도시를 만드는 겁니다. 아마 살아생전에 그걸 볼 수는 없을지 모르지만, 내 아이들은 분명 다를 거예요. 현재 우리가 개발한 모델은 멕시코와 우간다로 수출될 예정이에요."

쓰레기 사업가의 명암
알비나의 얼굴에는 항상 밝은 미소를 엿볼 수 있다. 우리가 살고 있는 세상에 인사를 하려는 듯한 모습이다. 그래서인지 웃을 때 보이는 눈가의 잔주름에도 딸의 나이로 추측되는 것보다는 훨씬 젊어 보인다. 알비나는 자기가 가야 할 고된 길 앞에서도 마음속 깊은 곳에서는 항상 즐거운 정글 소녀로 남아 있다. 그녀는 어려운 직장생활을 가정생활과 조화롭게 꾸려가는 데 성공했다. 또한 타인에 대한 책임감을 가져야 하며, 이 책임감을 일상생활에서 올바르게 실천할 수 있고, 또한 실천해야 한다는 확신을 자신이 하는 일과 일치시키는 것도 성공했다. 하지만 그렇게 사는 방법은 인내를 요구하고 힘이 들었다. 우선은 쓰레기 처리작업과 관련한 선입견과 싸워야 했고, 관련된 여러 행정부서들의 부패와 늘 제기되는 재정문제도 해결해야 했다. 알비나가 개발한 시스템이 손해를 보지 않고 돌아가기는 하지만, 계속적인 시스템의 개발과 확대, 기록 축적을 위해서는 일정한 비용이 요구되었다. 지난 15년 동안 끊임없이 금전적 지원을 찾아야 했고, 서류를 작성하며 질문에 대답하고 협상을 해야 했다. 그런 것들이 쌓여서 최근에는 여러 사회적 기업가 기관에서 지원을 받고 있다. 2006년에는 사회적 기업가상을 받고, 50만 달러에 달하는 상금으로 본인이 개발한 시스템을 20개 지역에 도입할 수 있었다.

성실과 노력에 대한 인정

간단치 않은 시스템을 개발한 엔지니어 알비나는 자신이 '쓰레기 여왕'으로 불리는 것에 전혀 거리낌이 없다. 그녀는 결국 수백 개의 일자리를 만들고, 수백만 명의 사람들이 질병에 걸려 엄청난 비용을 지불하는 것을 막아 주며, 자기가 살고 있는 도시를 아름답게 만들고 있다. 알비나가 사랑하는 정글 또한 쓰레기 프로젝트로 이익을 보고 있다. 그녀는 그녀의 고향에서 진행되고 있는 공동주택 사업을 비롯한 여러 프로젝트를 지원하고 있는데, 이를 통해 3000여 명의 지역 여성들이 식당, 공장, 관광 숙박업과 다른 여러 분야에서 일자리를 얻었다. 이곳에서도 위생적인 쓰레기 집하장과 아이들을 위한 학교 건설은 반드시 필요하다.

알비나는 전 세계를 돌아다니며 자신의 경험을 들려주고 있다. 언젠가 한번은 영화배우 로버트 레드포드Robert Redford가 상을 수여하기도 했는데, 이런 일들은 동료들을 안내하고, 혁신적인 시스템을 기술적으로 계속 발전시키는 일 등과 마찬가지로 그녀의 생활이 되었다. 우리에게 들려준 것처럼, 페루 밀림 지역 출신의 소녀로서는 정말 꿈만 같은 일들이다.

오뜨 꾸뛰르 공정무역

사피아 미니 | 일본

"돈 그 자체는 별 가치가 없어요.
전 성공한 여성 사업가지만, 돈을 벌기
위해서만 회사를 운영하는 건 지루하고
재미없죠. 정말 의미 없는 일이에요."

사피아 미니는 고급 잡지와 광고 분야에서 일하던 화려한 경력의 소유자다. 런던 사람인 그녀는 17세에 학교에 흥미를 잃고, 어느 신문사의 투자 전문지를 만드는 회사에 들어갔다. 6개월이 지나 벌써 일이 지루해졌고, 이때 한 광고 회사의 제의를 받았다. 제대로 일을 시작하기도 전에 사장 사무실로 호출된 사피아는 회사가 오래 전부터 예비 부부를 위한 잡지 발행으로 인해 많은 돈을 잃고 있다는 얘기를 들었다.

짧은 기간이었지만 잡지사에서 일했던 경험이 있었던 사피아는 수익을 낼 수 있는 잡지를 만들어 볼 기회를 얻었던 것이다. 성실하고 정력적인 사피아는 이 제안을 받아들였고, 실제로 팀원들과 함께 결혼 잡지의 부수를 4년 안에 17배나 늘렸으며, 이를 통해 많은 이익을 올려 주었다. 시간이 지나면서 회사의 다문화적인 분위기를 즐기는 가운데 자신감을 얻자 일과 함께 다시 학교에 다니기 시작했다.

이국땅에서 받은 충격

사피아도 다른 많은 젊은이들처럼 어느 날 갑자기 세계를 둘러보고 오랜 기간 여행을 하고 싶어졌다. 그래서 발리로 떠났고, 그곳에서 다시금 미얀마(당시 버마)로 발걸음을 옮겼다. 그러나 목적지를 정하지 않고 가던 매일매일의 여행은 충격이었다. 서양 세계에서 자란 사피아는 제3세계에 대한 일반적인 편견이 있었기 때문에, 그곳 사람들을 가난하고 불쌍한 사람들, 하루 종일 여기저기 돌아다니며 구걸이나 하고 자선을 기다리는 사람들로 생각했다.

그러나 사피아가 만난 사람들은 수백 년 이상 전해 온 수공업 전통에 따라 아주 좋은 물건을 만들어 내는 재능 있는 사람들이었다. 물론 그들 중 대부분이 비참한 조건에서 작업을 강요당하는 것도 목격할 수 있었다. 하지만 그 이유가 이곳의 소규모 기업들이 자기가 생산한 물건들을 외국에 내다 팔 수 있는 방법도 모르고, 기본 조건도 갖추지 못하고 있기 때문이라는 확신이 들었다. 또한 내수 수요도 굉장히 적었다. 뼈 빠지게 일을 해도 외국 시장에 내다 팔 기회가 없다는 사람들의 얘기를 들을 때마다 사피아는 매우 화가 났다. 이들은 가족들이 먹을 쌀 한 줌을 살 수 있는 1달러를 벌기 위해 매일을 힘겹게 싸워야 했다.

애완견 사료와 굶주리는 사람들

사피아는 1년 가까운 여행을 통해 얻은 인상과 경험을 간직한 채 런던으로 돌아왔다. 그녀는 무엇 때문에 고급 지식인들이 애완견 사료와 다이어트 상품을 팔기 위한 광고 전략을 짜는 데 소중한 시간을 보내야 하는지 이해하지 못했다. 그들은 광고 전쟁에서 승리해 수백만 달러를 버는 것만 생각했고, 그러면서 먹을 것이 없어 굶주리는 사람들의 모습을 외면했다. 런던 사람들의 능력을 좋은 일에 사용할 수는 없는 것인지, 사피아는 처음으로 스스로에게 진지한 물음을 던져 보았다.

마음의 결단을 내린 사피아는 마케팅컨설턴트 회사를 설립했다.

소수 인종과 공동체의 이익을 추구하는 조직에 상담을 해주고, 제3
세계 지원, 페미니즘, 환경생태, 인권과 같이 평소 중요하게 생각했
던 주제들에 대한 지식을 쌓고 책을 내는 데 주력했다. 그러자 태어
나서 처음으로 왜 자신이 매일 아침 잠에서 깨어나는지 알게 되었
다. 한편 당시에는 친구였지만 지금은 남편이 된 제임스가 일본으
로부터 꽤 괜찮은 일자리를 제안 받았을 때, 사피아는 그와 함께 이
제안을 받아들였다. 25세였던 사피아는 새로운 문화적 경험을 기
대했고, 그렇게 도쿄가 새로운 고향이 되었다.

또 다른 세계, 일본

하지만 일본에서의 첫 경험은 충격의 연속이었다. 그것이 단지 언
어와 문화가 달라서 그런 것만은 아니었다. 부자 나라 일본에서 일

현지의 농부들과 대화하는 사피아 미니

본인 노숙자들을 돌보고자 했던 인도와 이탈리아 선교사들을 어학원에서 만나면서 사피아는 놀라운 사실을 경험했다. 최첨단 기술을 자랑하는 일본의 수도 도쿄가 사회 소수자와 약자들을 보호하는 것에 많은 관심을 보이지 않았기 때문이다. 더욱 놀라웠던 사실은, 영국에서라면 쉽게 얻을 수 있는 유기농 식품이나 공정무역으로 수입된 상품에 대한 정보를 이곳에서는 전혀 얻을 수 없었던 점이다. 여행에서 돌아온 이후 영국에서 사는 동안 가능하면 사회적, 생태적으로 가치 있게 생산된 상품을 구입하는 것이 사피아에겐 습관이 되어 있었다. 하지만 일본에서는 사회적 소비, 생태환경을 고려한 소비가 중요한 문제로 보이지 않았다.

첫 번째 시도, 글로벌 빌리지

자신의 기업가 정신에 대해 사피아는 '변화'라고 말했다. 그래서 1989년 친구들과 함께 사회적, 생태적 정의를 촉구하는 비정부기구인 '글로벌 빌리지Global Village'를 설립했다. 처음 몇 년 동안 글로벌 빌리지는 무엇보다 사회적, 생태적으로 가치 있는 소비와 지출에 대한 정보를 제공하는 일에 집중했다.

사피아는 당시 은행에 근무하면서 수입이 괜찮았던 남편 덕분에 대부분 비어 있던 커다란 집을 마음대로 쓸 수가 있었다. 글로벌 빌리지의 본부로 사용하기에 이상적인 곳이었다. 직원들에 비해 상대적으로 부유한 계층에 속했던 사피아는 자신의 큰 집이 무언가 좋은 일을 하는 사람들로 가득 차자 동료들에 대한 마음의 불편함을 덜 수 있었다. 가끔씩은 저녁 늦게 아이를 재우기 위해 팀원들을 딸 아이 방에서 몰아내야 하는 일도 생겼다. 하지만 그런 상황은 오래 가지 않았다. 10년이 지난 1999년 성장을 거듭한 글로벌 빌리지는 사무실을 얻어 옮겨 갔다.

두 번째 시도, 공정무역 회사 피플 트리

글로벌 빌리지를 세운지 6년이 지나자 가치 있는 상품에 대한 직접적인 수요가 높아져 갔다. 그래서 사피아는 1995년 일본에 두 번째 회사인 '피플 트리People Tree'를 설립하기로 결정했다. 그리고 이전과 달리 이 회사에서 자신의 창의력과 커뮤니케이션 재능을 십분 발휘했다.

이후 공정무역 회사를 경영하며 공정무역으로 들여온 소비재가 질적인 면에서나 디자인적인 측면에서 고급 생산품에 전혀 떨어지지 않음을 보여 주고 있다. 매년 수요가 늘어나 지난 10년 동안 60여 명에 이르는 직원으로 구성된 팀을 만드는 데 성공했으며, 이 팀은 현재 일본, 영국, 스위스, 미국, 이탈리아에서 매년 800만 달러 이상의 실적을 올리고 있다. 공정무역으로 들여온 상품을 거래하는 것이 전체 실적의 대부분을 차지하고 있지만, 몇 년 전부터 사피아는 사회적, 생태적으로 가치 있게 생산된 의류사업을 전문화하고 있다.

피플 트리에 거는 기대

우리는 사피아를 도쿄 인근에 있는 그녀의 사무실에서 만났다. 15년 동안의 일본 생활로 거의 완벽하게 일본어를 구사하지만, 전형적인 일본 스타일의 모습은 보이지 않았다. 사피아는 인도-모리셔스계 아버지와 스위스인 어머니 사이에서 태어나 런던에서 성장했다. 우아한 모습은 열정에 가득 차 있었고, 눈에 띄게 잘 차려 입은 검은 옷에 자주 웃음을 보였다. 공정무역으로 들여온 심플하고 우아하면서도 젊어 보이는 스타일이라고 설명했다.

사피아는 피플 트리라는 상표 아래 20개 국가에서 70여 생산자 그룹을 조직했다. 런던의 디자인 센터와 일본에 있는 그녀의 팀이 최신 트렌드의 의류를 기획하면, 그에 맞추어 전 세계에 흩어져 있는 비교적 소규모 그룹들이 생산을 담당한다. 이를 통해 저 멀리 떨어진 라오스나 남아메리카 정글에 사는 봉제사들은 자신이 만든 상품을 세계시장에 내놓을 기회를 얻는다. 품질은 가장 중요한 요소다. 생산된 모든 상품들은 환경을 고려하지 않은 채 관례적인 방식으로 제작된 품목들과 경쟁해 시장에서 살아남아야 하기 때문이다. 사피아는 특히 제3세계 국가에 적절한 로컬 생산 기지를 구축하고, 지속적인 교육을 통해 일본과 세계에서 어떤 옷들을 입고 다니는지를 보여 준다. "페루의 여성 작업자 대부분이 아이들 돌보는 문제 때문에 새벽 4시에 일어나 우리 컬렉션의 일부를 만듭니다. 이들에게는 피플 트리 고객을 위해 옷을 만들 때, 1센티미터 크고 작고가 얼마나 중요한 것일 수 있는가를 분명하게 이해시키는 게 쉽지 않아요. 모든 부분의 옷 색깔이 정확히 똑같아 보여야 한다는 점을 설명하는 것도 힘들죠. 그렇지만 그 여성들은 자기 가족을 부양하고 자녀들을 학교에 보낼 수 있게 됐다는 사실에 아주 만족합니다. 그 때문에 일이 즐겁고 더 하고 싶어져요."

자유 시장

물론 피플 트리도 구심점 없이 생산된 상품의 마케팅을 신경 쓰고 있다. 또한 사피아도 소규모 생산자들이 오늘날의 '자유 시장' 상황에서 홀로 존재하기 불가능하다는 사실을 잘 안다. 그녀에 따르면 자유 시장이란 무엇보다 상품에 대한 완벽한 정보가 제공되는 시장이다. 만약 제품 생산의 사회적, 생태적 과정에 대한 정보가 여전히 엉터리로 제공된다면, 그것은 자유 시장이라 말할 수 없다. 정치와 경제 분야의 최고 결정권자들조차도 자신들이 공동책임을 졌던 결정이 어떤 결과를 낳을 것인지에 대해서는 알 수가 없다. 이는 사피아 자신이 다보스 포럼Davos Forum에서 충격적으로 확인할 수밖에 없었던 사실이다. 그녀의 시각에서 봤을 때 오늘날의 리더들은 결정적인 정보에 거의 접근하지 못하고 있다.

"소비자들 또한 대형 광고회사나 마케팅 전문가들에 의해 조작당하고 있어요. 속임수에 넘어가는 거죠. 공정무역은 그와 반대로 소비자들에게 정확한 정보를 제공하고 주체적인 소비 결정을 하도록 도와주려 합니다."

소규모 생산자들에게 있어 어렵고 힘든 과제

제품 생산에 드는 사회적, 생태적 비용이 제품 가격에 포함되지 않는 한, 자유 시장에서의 자유 경쟁이란 국제적으로 전혀 중요한 문제가 못된다. 사회적, 생태적 규준이 생산과정의 법률적인 기본조건으로서 지금보다 훨씬 많이 정착되어야 한다. 사피아는 면화 생산을 그 예로 든다. 전통적인 면화 생산방식은 많은 양의 물과 살충제를 소비하게 돼 있다. 결과적으로 많은 지역에서 물이 부족해지고, 면화 농장은 저수지의 물이 빠른 속도로 말라가는 것을 걱정하고 있다. 매년 2만 명 이상의 면화 생산 농부들이 아무런 대책도 없이 가족만 남긴 채 독성 살충제로 인해 죽어 간다. 피플 트리는 생태환경을 고려해 생산된 면화만을 수입하며, 그 대신에 좀 더 높은 가격을 계산해 준다. 어려운 사람들을 돕고 오늘날의 경제 시스템이 갖고 있는 이런 저런 문제들을 극복하려는 소망이 사피아에게 최고의 성과를 가져다주고 있다.

공정무역의 가능성

사피아는 공정무역이 현대적 이미지를 얻게 하는 데 일조하고자 한다. 그녀는 확신에 찬 어조로 다음번 컬렉션에 선보일 몇몇 의상들을 보여 주며 다음과 같이 말한다. "10년 전만 해도 공정무역으로 만든 의상은 볼품없고 유행에 한참 뒤떨어졌어요. 하지만 우리는 지금 아주 매력적인 제품을 만들어낼 수 있어요." 사피아와 그녀의 팀은 양질의 공정무역 의류 제품이 합리적인 가격대에 여러 상점에서 팔릴 수 있을 것으로 확신한다. "공정무역으로 얻을 수 있는 뛰어난 제품 소재들이 있어요. 그런데 그런 소재로 섹시한 옷을 만들지 못할 이유가 있나요? 물론 그러려면 전문가가 필요하고, 우리는 그런 전문가를 얻을 거예요. 런던에 있는 디자인 센터에는 자기 일에서 의미를 찾으려는 훌륭한 디자이너들이 많이 모여들 겁니다."

돈보다 원칙과 가치

"공정무역 분야에서 일을 계속할수록, 글로벌 마켓의 상황을 좀 더 깊이 관찰할수록, 피플 트리에서 우리가 하는 일에 확신을 갖게 됩니다. 우리 프로젝트를 통해 사람들에게 긍정적인 변화가 나타나는 것을 보면, 지난 몇 해 동안 열심히 일한 것이 헛되지 않았다는 것을 확신해요. 이런 사람들을 만날 때마다 느끼는 커다란 기쁨과 내면의 만족을 어떻게 표현할 수 없을 정도예요." 사업을 진행하며 사피아는 돈에 대한 자신만의 견해를 갖게 됐다. "돈 그 자체는 의미가 없어요. 나는 성공적인 사업가지만, 돈을 벌기 위해서만 회사를 운영한다면, 그건 정말 지루하고 무가치한 일이에요."

대규모 의류 회사나 유명한 잡지사에서 큰돈을 벌 수도 있지만, 사피아는 그런 것에 관심이 없다. "좀 더 부자가 된다고 해서 더 행복해지지는 않을 겁니다. 내 인생에서는 항상 원칙과 가치 있는 일들이 더 중요했거든요." 사피아에게 있어 무역과 무역을 통한 올바른 정보는 소비자들이 사회적 정치적으로 올바른 판단을 내릴 수 있도록 해주는 중요한 도구다. 하지만 대부분의 기업에서 사회적 책임과 생태경제는 광고에서만 다루어지고 있다. 사피아가 걱정하는 부분이 바로 그 점이다. "이러한 주제들이 중심 사업으로 자리를 잡으려면 아직도 많은 시간이 필요할 겁니다." 자신의 성공을 거울삼아 그렇게 걸리는 시간을 조금 단축시키는 것, 그것이 사피아가 하고자 하는 것 중의 하나다.

부자들도 베풀게 한 벤처 캐피털

크리스 아이레 | 미국

"죽기 전에 뭘 떠올리며 죽게 될지
생각해 보세요. 이건 아주 중요한 문제예요.
누군가가 만약 이렇게 말한다면 어떨 것
같습니까? '이런, 사무실에서
좀 더 많은 시간을 보냈어야 했는데!'"

많은 사람들에게 있어 금융자본 분야에서 성공적인 커리어를 쌓는 것과 세상을 긍정적으로 변화시키는 일은 서로 상극처럼 보인다. 많은 돈을 벌기 위해서 혹은 좋은 일을 하기 위해서 자기의 능력을 사용할 뿐이지, 두 가지를 함께 하는 것은 불가능해 보인다.

하버드 프리미엄

크리스 아이레 역시 한때는 하버드 프리미엄을 확신하는 사람이었고, 그것에 대해 전혀 의심이 없던 사람이었다. 미국 유타 주의 산골 마을에서 태어나 성장한 그에게는 평생 동안 가족과 종교가 가장 중요했지만, 하버드 대학교를 졸업한 이후에는 이 모든 가치들을 저 멀리로 던져 버렸다. 미국 경영계의 엘리트 코스인 하버드 대학교를 졸업하자, 큰돈을 벌 수 있는 특권을 소유하게 되었기 때문이다. 졸업 후 일하던 첫 직장에서 크리스는 곧바로 대박을 터트렸다. 미국에서 가장 큰 은행 중에 한 곳인 아메리카 은행Bank of America에서 동료들과 함께 벤처 캐피털 분야를 설립할 기회를 얻었던 것이다.

리스크 캐피털과 엄청난 수익

당시 벤처 캐피털 혹은 리스크 캐피털은 비교적 생소한 분야였다. 은행이 자기자본을 가지고 젊고 위험성이 큰 기업에 투자하기 때문이다. 하지만 제대로 된 기업만 잘 고른다면, 수년 내에 투자액이 몇 배로 상승해 지분을 비싸게 팔수가 있다. 젊은 기업들 중 몇몇 기업이 예상대로 성장하지 못한다 하더라도, 성공한 기업에서 얻는 수익이 실패한 기업에서 입은 손해보다 많으면 그만이다.

1970년대 초반 크리스는 3명의 파트너와 함께 최초의 독립 벤처 캐피털 회사 중 하나인 '메릴 피커드 앤더슨 & 아이레Merrill Pickard Anderson & Eyre'를 실리콘밸리에 설립했다. 동료들은 젊은 기술 회사들에 투자하기 위해 펀드 설립을 위한 자금을 모았다. 정확한 타이밍에 맞춘 투자와 이후 다가온 기술 분야의 성장세에 힘입어, 회사는 곧 엄청난 이익을 거둘 수 있었다.

그러한 성공의 한편에는 어두운 면도 있었다. 일하는 시간은 늘어만 갔고, 13시간에 걸친 집중적인 회의가 끝나자마자, 수백만 달러에 달하는 새로운 사업 구상을 들고 온 열정적인 젊은 기업가들을 만나기 위해 또 다른 모임에 참석해야 하는 상황도 비일비재했다.

삶의 방향을 바꾼 순간

크리스는 일을 매우 즐겨하기는 했지만, 생활이 너무 일에만 치우쳐있다는 사실을 깨닫게 됐다. 무엇보다 가족이 크리스의 시간에 쫓기는 생활에 고통스러워했다.

인터뷰를 진행하는 동안 크리스는 얼마 전에 있었던 자신의 마흔 번째 생일날에 벌어졌던 결정적인 순간을 떠올렸다. 곧 시장에 내놓을 전자완구에 대해 밤늦게까지 앉아 관련 팀과 논의 중이었다. 피곤에 지쳐 다른 생각을 하던 중에 지난 몇 년 동안 종종 그랬던 것처럼 아들의 농구 경기를 보러 가는 것을 잊어버렸다는 생각이 떠올랐던 것이다.

이때가 바로 크리스가 자기 삶에 변화를 주기로 마음을 먹은 결정적인 순간이었다. 가족을 위해 그리고 인생에 있어 정말 중요한 것들을 위해 조금의 시간도 내지 못하고 죽을 수도 있다는 상상을 하니 참을 수가 없었다. 이런 생각에서 점차로 다른 사람들을 위한 무언가 의미 있는 일을 해보고자 하는 마음이 생겨났다. "죽기 전에 뭘 떠올리며 죽게 될지 생각해 보세요. 이건 아주 중요한 문제예요. 누군가가 만약 이렇게 말한다면 어떨 것 같습니까? '이런, 사무실에서 좀 더 많은 시간을 보냈어야 했는데!'"

동료들은 크리스의 결정에 대해 이해를 할 수 없었다. 머리가 이상해졌다며 모두들 고개를 저었다. 그러나 회사를 그만두겠다는 결심은 확고했다. 여기서 그만 두면 계속해서 수백만 달러를 벌 기회를 놓칠 수 있다는 생각도 그의 결심을 흔들지 못했다.

가족과 함께한 시간

새로운 삶을 시작하는 과정은 쉽지 않았다. 직장에 다니며 흥미로운 사업가들과 많이 만나고 혁신적인 사업 모델을 지원한 그였다. 이를 통해 다른 이들로부터 인정받고 명성을 얻으며 엄청난 보수도 받았다. 이제 한동안 직장에 다니지 않고 지내게 되자, 그러한 장점들이 사라졌다. 그렇지만 새로운 생활에 마음은 아주 편했다. 아들의 농구 경기를 보러 갈 시간이 생겼을 뿐만 아니라, 아들 농구팀의 코치가 되기도 했다. 그 외에도 지역 교회모임에 적극적으로 참여했

아내와 손자들과 함께 한 크리스의 표정이 밝다.

고, 가족과 평소 관심을 두고 있던 일들에 쓰는 시간을 즐겼다. 마침내 시간에 쫓겨 일을 하지 않아도 됐고, 정확히 자신이 원하는 일을 할 수 있게 됐다. 수년 동안 충분히 모아 놓았기 때문에, 그동안 저축해 놓은 돈으로 살아야만 한다는 사실은 크게 문제가 안 됐다.

그러나 오래지 않아 다음과 같은 의문점이 떠올랐다. 내가 하는 일에 내가 가진 능력을 정말 최적화시켜 쓰고 있는가? 크리스는 자주 스스로에게 질문을 던졌다. "나는 내가 하고 있는 일을 통해 이 세상에 최대로 긍정적인 기여

레가시 벤처는 부자들이 좋은 목적에 투자할 수 있도록 도와준다.

를 하고 있는가?" 크리스는 일시적으로 만족감을 얻기는 했지만, 자신이 가지고 있는 지식과 인맥을 통해 좀 더 큰 활동을 해보고 싶은 마음도 있었다. 아이들도 컸고, 옛 사업 파트너 중 한 명이 그동안 비슷한 변화를 경험하고 새로운 사업 아이템을 준비 중이었기 때문에 타이밍도 완벽했다.

완벽한 제안

사업의 핵심은 돈을 벌려는 세계와 세상을 변화시키려는 세계를 지적으로 연결시키는 것이었다. 크리스는 여기에 반대할 수 없었다.

수년에 걸쳐 미국의 벤처 캐피털 회사와 구축한 관계를 이용해 부자들에게 무언가 좋은 일을 할 수 있는 기회를 주는 것, 그것도 아주 전문가다운 방식으로 주는 것이 두 사람의 사업계획이었다. 1999년 이런 목표를 가지고 '레가시 벤처Legacy Venture' 가 설립됐다. 부유한 사람들이 레가시 펀드에 돈을 입금하면, 크리스와 그의 파트너가 이 돈을 최고의 벤처 캐피털VC 펀드에 맡겨 놓는다. 이 펀드는 보통 너무나 인기가 많고 성공적이어서 일반 투자가가 새로 가입할 수 없는 그런 펀드다. 벤처 캐피털 펀드는 모은 돈을 건강과 기술 분야에서 성공 가능성이 높은 젊은 기업에 투자한다. 몇 년이 지나면 지분을 몇 배로 되팔아 이를 통해 높은 수익을 올린다. 이렇게 얻은 수익은 레가시 벤처로 흘러오고 다시 부유한 투자가들에게 되돌아간다. 결정적인 포인트는 투자가들이 사전에 이러한 수익을 세상을 살 만하게 만들고 사회적, 생태적으로 어려운 문제를 해결하고자 노력하는 단체들을 위해 사용하겠다는 약속을 한다는 사실이다. 크리스는 투자가들이 어떤 단체에 도움을 줄지 결정하는 데 도움을 준다. 그러면서 예전 투자 사업을 할 때처럼 엄격함과 전문성을 가지고 각 단체의 프로젝트들을 비교 평가한다. 최근에는 재정적 수익이 아닌 사회적, 생태적 수익을 최대화하려고 노력하고 있다.

투자가들은 이익을 기부하고, 기부한 금액만큼 미국 법에 따라 세제 혜택을 받아 세금을 감면 받는다. 그런 방식으로 레가시 벤처는 특히 지원이 필요한 사회단체들을 위해 매우 유용한 전무후무한 시스템을 만들어 낸 것이다.

인간 네트워크

레가시에서 일한지 몇 해가 지난 후 크리스는 다음과 같이 말한다. "레가시에서 일하며 공익 분야의 최고 기업가들과 함께 일하는 흔치 않은 특권을 갖게 됐어요. 그들은 세상의 참된 기업가들이에요. 세상을 좀 더 좋은 곳으로 만들기 위해 자신의 열정과 신뢰를 사용하는 사회적 기업가들이죠. 이제 그들을 훌륭하고 재능 있는 박애주의자들과 연결시킬 수 있다면, 이러한 조합은 엄청난 긍정의 힘을 얻게 됩니다."

크리스는 자신의 인생관에 따라 스스로를 발전시킬 수 있었던 사실에 기뻐한다. "무언가 의미 있는 일을 하기 전에 우선은 스스로 건강하고 원칙이 있어야 합니다. 내 개인적인 철학은 이렇습니다. 우선 자신에게 오케이 할 수 있도록 확신을 가져라. 두 번째 우선순위는 항상 가족이 되도록 하라. 세 번째 우선순위로 종교적 믿음과 관계없이 가족의 개념을 확대시켜 더불어 사는 사람들을 생각하라."

모두를 위한 이익

크리스는 영리를 추구하는 세계와 비영리를 추구하는 세계 사이를 솜씨 좋게 연결시키는 작업을 통해 소위 '일석사조'의 상황을 만들어냈다. 첫 번째로 레가시 모델은 자연스럽게 자선단체와 자선단체를 돕는 사람들에게 도움이 된다. 두 번째로 레가시 모델을 통한 레가시 투자가들의 자선기금은 하나의 중요한 디딤돌이 되어 좀 더 많은 금액을 모을 수 있게 한다. 세 번째로, 기여도가 확실히 크지 않다 하더라도, 벤처 캐피털 펀드 경영인들은 자신들이 하는 일 가운데 일부가 좋은 목적을 위해 사용되었다는 점에서 만족해한다. 그리고 마지막으로 크리스 자신이 이러한 일을 즐긴다. 자신의 능력과 이상을 연결시킬 수 있기 때문이다. 요즘 크리스는 자신의 경력을 사려는 다른 회사들의 유혹을 이겨낼 용기를 가지게 되어 행복하다.

실리콘밸리의 유명 인사

실리콘밸리의 성공한 사업가들과 함께 일한다는 사실이 크리스에게는 너무나 즐겁다. 이들은 이 세상에 구글, 야후, 시스코를 나오게 한 혁신가일 뿐만 아니라, 대부분이 열정적인 자선 사업가들이다. 이들은 수표에 금액을 적어 넣고 이를 통해 영혼의 평안을 사려는 사람들이 아니다. 자신들이 지원해 준 프로젝트가 활발히 진행되도록 후원하는 것이 이들에게는 훨씬 중요한 문제다. 이들은 가능한 한 효과적이고 효율적인 방법을 통해 자선기관이 성공적으로 성장하도록 돕고 싶어 한다. 크리스는 이러한 사람들과 함께 그리고 이러한 사람들을 위해 일하는 것을 명예로 생각하고, 사회에 긍정의 임팩트를 끼치는 그들의 눈에서 열정을 발견하는 것을 즐긴다.

인터뷰를 마치며 크리스가 말한다. "나는 자본주의 시스템을 아주 많이 신뢰합니다. 나쁜 점 보다는 좋은 점이 많다고 생각합니다. 레가시는 자본주의 시스템에 존재하는 가장 순수한 부분, 즉 선을 행하기 위해 기업가와 참여 자본을 활용하고 있는 겁니다."

기업비평과 기업책임

마리아 에밀리아 꼬레아 | 칠레

"기업의 모든 결정은 사회적,
생태적 결과를 가져옵니다.
진공상태에서 경제활동이
이루어지는 게 아니거든요."

우리는 5개 대륙을 여행하면서 사회적, 생태적 분야에서 세계를 리드하는 기업들의 보다 많은 책임감에 대해 이야기를 했다. 예를 들어 도요타는 미래적인 생산 기지를 도입하고 하이브리드 자동차 개발을 통해 사회적, 생태적 책임을 다하고 있다.

제록스 경영자들과는 특히 아시아와 호주 지역에서 개발해 사용 중인 재활용 시스템에 대해 이야기를 나누었다. 제록스는 현재 모든 프린터 부품의 99.1퍼센트를 자체 공장에서 분해해 재사용하게 한다. 그러한 공정은 원자재와 에너지를 절약하고, 일자리를 만들어 내며 무시할 수 없는 수입원이 된다. 흥미롭게도 이러한 순환적 사고방식은 기업 혁신과 발전을 위한 중요한 동인을 생겨나게 하고, 제품의 질적 향상과 고객과의 관계성 향상으로 이어진다.

전자제품을 생산하는 필립스 역시 최고의 생태적 기준에 따라 제품을 생산하는 완전히 새로운 전략을 펼쳐 성공을 거두고 있다. 오래 전부터 첨단 기술 제품에 전력하고 있는 일본 역시 생태적 혁신 방안에 주도적인 역할을 하고 있다. 그러나 그러한 예를 남아메리카에서 발견한다는 사실은 우리에게 그만큼 더 긴장되는 일이었다. 특히 우리가 방문했던 누에바 그룹Nueva Group은 목재 회사로, 무엇보다 열대우림 지역의 무분별한 벌채와 비인간적인 노동 조건으로 유명한 회사였다.

그룹에 새 바람을 몰고온 부회장

칠레 산티아고에 대형 목재로 아름답게 지어 놓은 누에바 그룹의 본사 건물에서 2000년부터 부회장으로서 그룹의 사회적, 생태적 책임 분야를 담당하고 있는 50세의 마리아 에밀리아 꼬레아가 우리를 맞이해 주었다. 그녀의 사무실은 밝고 현대적이며, 아치 모양의 책상 위에는 요즘 필요한 모든 사무 장비들, 무선 키보드와 함께 노트북과 전화기, 전자수첩과 같은 현대적 기기들이 가지런히 놓여 있었다. 벽에는 현대 회화 한 점이 붉은 조명을 받으며 걸려있었다.

누에바 그룹은 라틴 아메리카 지역에서 활동 중인 지주회사다. 이 회사에는 식수 정화 장비를 만드는 회사, 목재 생산과 목재 가공 분야에서 마시사Masisa와 콘체른을 이루고 있는 건축자재 회사 등이 있다. 그룹은 오래전부터 라틴 아메리카의 지속적인 발전을 위해 활동 중인 스위스 기업가 슈테판 슈미트하이니Stephan Schmidheiny에 의해 설립되었다. 이 사람은 지난 몇 년 동안 마리아 에밀리아와의 꾸준한 대화와 도발적인 문제의식을 통해 대기업이 세상을 변화시키는 중요한 역할을 한다는 사실에 확신을 가지게 된 사람이다. 슈미트하이니는 자신이 쓴 글에서 뿐만 아니라, 실제 사업 활동에서도 지속가능한 발전이라는 컨셉을 남들보다 최소한 10년 이상 앞서 실천한 인물이다. 그가 소유한 자본은 기업이 일석삼조의 의미에서 이익을 낼 수 있도록, 다시 말해 재정적, 사회적, 생태적으로 성공을 거둘 수 있도록 투명하게 관리되어야 한다. 이런 이유에서 2000년 마리아 에밀리아는 지금의 일을 시작하게 되었다. 그 이후 에밀리아는 누에바 그룹의 팀과 함께 예전 환경운동가로서 고향인 콜롬비아에서 기업에 요구해 왔던 가능한 많은 변화들을 실천에 옮기고 있다.

사회학과 사회운동가

마리아 에밀리아는 1970년대 말 보고타 대학교에서 법학과를 졸업했다. 그녀는 이미 그때부터 더불어 사는 삶의 사회적 측면에 대해 관심이 많았다. 사회학을 계속 공부하려고 했지만, 콜롬비아에서 사회학은 혁명으로 인해 악명이 자자했다. 그래서 법률 이면에 숨어 있는 사회적 문제들에 집중하면서, 이후 뉴욕에 있는 뉴스쿨 대학교에서 사회학과 사회사 석사과정을 밟기로 했다. 1984년 다시 고향으로 돌아온 에밀리아에게 뜻밖에 환경 보호를 위해 일해 보라는 제안이 들어왔다. 그녀는 순전히 자연을 사랑하는 개인적인 마음에 그 제안을 받아들였다. 자연 자원과 생물다양성 보호 분야에서 일하던 에밀리아는 특히 자연 관리 위원회와 자연 재단과 같은 기구를 위해 활동했다.

기업이 져야 할 사회적 책임

1992년 브라질의 리우데자네이루에서 열렸던 지구정상회담Earth Summit이 끝난 직후, 에밀리아는 '세계 지속가능발전 기업협의회 WBCSD'로부터 '라틴 아메리카의 지속가능한 발전과 경제'를 주제로 책을 쓰고 세미나를 기획해 주도할 생각이 없느냐는 제안을 받았다. 라틴 아메리카의 지속적인 경제·사회적 성장을 지원할 수 있게 됐다는 사실을 명예롭게 생각하면서, 다음 몇 년 동안 컨설턴트로서 대륙을 횡단하며 여러 나라를 찾았다.

그러면서 리우 지구정상회담을 위해 세계경제위원회를 조직하고 중요한 문건들을 출간했던 슈테판 슈미트하이니를 만났다. 에밀리아는 그때를 다음과 같이 회상한다. "1992년 슈테판 슈미트하이니가 출간했던 《진로 수정》을 읽었을 때, 기업이 긍정적인 변화의 추진력이 될 수 있다는 그의 생각은 완전히 새로운 것이었어요. 이러한 사고는 경제기업을 그 자체로 적으로 규정하는 자연보호자들의 입장과는 정반대였거든요. 최근 내 생각은 이래요. 시민단체나 모든 사회운동가, 자연보호자들의 역할은 여전히 정치가나 기업에 대해 비판적인 주제를 던지는 겁니다. 그러나 그 역할 속에서 실제적인 변화를 이끌어 내기는 힘듭니다. 쉬운 일을 아니지만, 기업 내부에서 긍정적이고 실제적인 변화와 발전을 실행에 옮길 수 있는 가능성이 있습니다." 슈미트하이니의 책에 감동받은 에밀리아는 그렇게 해서 권력과 동시에 사회에 대한 책임을 지고 있는 기업들에 분명한 자세를 갖도록 촉구했다. 기업의 책임이란 좀 더 많은 이익을 얻으려는 것에 제한되지 않는다. 인간 삶의 질을 향상시키고 환경을 적어도 더 이상 나빠지지 않도록 하는 방식으로 기업의 이익을 창출하고 사용하는 것이 기업이 져야 할 사회적 책임이다.

기업 비평가 마리아 에밀리아

마리아 에밀리아의 컨설팅 작업은 콜롬비아의 지속 발전을 위한 세계경제위원회 소장으로서의 5년 활동으로 이어진다. 이 활동 중에 그녀는 개별 기업들에게 다양한 발전 방안을 직접 비판적으로 개진

할 수 있었다. 에밀리아는 세계 지속가능발전기업 협의회의 국제 협력자들과 함께 새로운 구상과 아이디어를 개발하고, 이것을 회원 기업들이 실행하도록 노력했다. 예를 들어 '기업의 사회적 책임'이나 '자원의 효율성'과 같은 주제들을 국제회의의 의제로 올리도록 힘을 기울였다. "환경보호자로서 기업과 이야기를 나누려면, 서로 다른 언어와 문화를 잘 이해해야 됩니다. 그리고 신뢰와 존경이라는 강력한 요소가 필요하고요. 그래야 양쪽 모두의 이익을 위해 노력하는 다른 많은 협상 과정처럼 일이 진행됩니다. 조금 내어주고 조금 받는 거죠."

상이한 언어와 상이한 사고방식을 잘 이해한다는 것이 중요하다는 것을 깊이 깨달은 에밀리아에게 곧 이어 2000년 누에바 그룹의 회장이었던 훌리오 모우라Julio Moura가 찾아와 기업에 신설된 환경과 사회 분야를 담당하는 부회장직을 제안했다.

기업가 마리아 에밀리아

"2000년 이전까지는 표면적으로 기업들을 비판하고, 그들이 무엇을 할 수 있는지를 보여 주려고 노력했어요. 그런데 갑자기 1만 1000명이나 되는 직원들이 근무하는 거대 기업의 주요 의사결정을 해야 하는 위치에 앉게 되자, 아무리 좋은 구상이라도 그것을 실천에 옮기는 것이 얼마나 어려운 것인가를 깨닫게 됐습니다. 누에바 그룹*에서 처음 일을 시작했을 때는 회사 운영에 대해 아는 게 전혀 없었어요. 회칙도 몰랐고, 회사의 도전과 열정에 대해서도 잘 몰랐죠. 지금은 그것들을 이해하고, 회사가 얼마만큼 변화를 감당할 잠재력을 지니고 있는지도 알게 되었습니다."

마리아 에밀리아는 기업 경영의 기초에서부터 미묘한 문제의 해결 방법에 이르기까지 세세하게 가르쳐준 훌리오 모우라 회장의 지원에 감사해 한다. 그 덕분에 에밀리아는 자신의 구상을 훨씬 더 많이 실현시킬 수 있었다. 특히 시간이 지나면서 기업 문화의 변화를 주도적으로 이끌어낼 수 있었다. 지속적인 계몽활동과 커뮤니케이션 이외에도 모든 투자 결정 과정에서 사회적, 생태적 기준을 검증 절차의 중요한 요소로 자리 잡도록 한 것이 변화의 성공 요인이었다. 이러한 기준은 또한 결과적으로 지도부의 전략적인 결정 과정에도 반영되었다. "기업의 모든 결정은 사회적, 생태적 결과를 가져옵니다. 진공상태에서 경제활동이 이루어지는 게 아니거든요. 이상하게도 경영자들은 다른 것보다 재정 지표만 몇 시간 동안 바라보는 데 훈련돼 있어요. 그리고 나서 최상의 조건을 생각하고 가능한 변수들을 생각하죠. 하지만 5초도 안 돼 수많은 가정들의 생활환경을 아주 손쉽게 결정해 버려요. 수질오염, 대기오염, 토양오염 등과 같은 문제는 고려도 하지 않고요. 우리 기업에서는 이런 게 완전히 바뀌었습니다. 이제는 사회적, 생태적 문제를 생각하지 않고서는 그 어떤 결정도 내릴 수가 없습니다."

누에바 그룹은 매출액이 2001년 6억 7400만 달러에서 2006년 17억 달러로 성장했으며, 같은 기간 '세금 · 이자 지급 전 이익EBITDA'은 6200만 달러에서 2억 6000만 달러로 증가했다.

자발적인 기준 지키기

우리는 에밀리아의 구상에 기초한 누에바 그룹의 구체적인 조치들에 대해 알고 싶었다. "예를 들어 포름알데히드가 들어간 목재 칠판을 만들 때, 우리는 가장 엄격한 유럽의 기준을 지킵니다. 콜롬비아 시장에서는 요구되지 않은 이러한 기준을 지키는 데 매년 600만 달러가 들어가는데, 이 금액만큼 다른 분야에서 절약을 해야 합니다. 하지만 우리는 이것이 우리의 고객과 직원들을 위한 최고의 결정이라고 확신합니다. 그 대신 이러한 결정이 사업상 효과를 내도록 하기 위해서 그러한 조치들을 마케팅 분야에서 이용하려고 합니다."

에밀리아의 경험에 따르면, 회사가 스스로에게 부과하는 이와 유사한 제한 조치들은 결코 간과돼서는 안 될 중요한 개혁의 원천이다. 좀 더 개선된 해결책을 통해 다른 곳에서 버는 돈이 점점 많아지기 때문이다.

가치경영

흥미롭게도 누에바 그룹은 환경과 사회 분야에서의 이러한 조치들을 핵심사업의 특별 프로그램에서만 실행하는 것이 아니라, 그러한 원칙을 기업 전체에서 통합하려 한다. 이를 촉진시키기 위해 슈테판 슈미트하이니는 특별한 법률 조직을 만들었다. 누에바 그룹의 주요 주주는 신탁회사인 비바 트러스트VIVA Trust로, 이 회사는 그룹의 모든 회사들이 사회적, 생태적 책임을 다하는 방식으로 운영되는지 확인한다. 그리고 수익의 일부는 라틴 아메리카의 사회적 기업가 네트워크인 아비나Avina를 지원하기 위해 사용한다. 비바 트러스트는 또한 그룹 설립자의 비전과 가치가 모든 조직에서 경험되도록 신경을 쓴다.

핵심 사업으로의 통합

이러한 사고방식은 그룹의 핵심 사업에서 어떻게 나타나고 있을까? 마리아 에밀리아는 회사 사장과 함께 제정한 전략적 규정을 예로 든다. 즉 누에바 그룹의 전 매출액 중 적어도 10퍼센트를 가장 재정이 취약한 고객들의 삶의 질을 적극적으로 개선하는 프로젝트를 수행해 달성해야 한다는 것이다. 그와 더불어 직원들의 창의성을 높이고, 프로젝트 역시 일반적인 수익률을 올리도록 한다. 이러한 규정은 지난 몇 년 동안 수많은 새로운 자극을 가져왔다. 해결책들이 항상 대규모로 적용되어야 하기 때문에, 지난 몇 년 동안 제시된 몇몇 아이디어들 가운데에는 성공적으로 실행에 옮긴 것과 그렇지 못한 것들이 있다.

과테말라 소작농을 위한 물방울 급수시스템이 개발된 것은 성공적인 사례다. 이 시스템은 과테말라의 평균적인 경작면적 크기에 알맞았고, 그래서 일반적인 시스템보다도 가격이 절반에 그쳤다. 누에바 그룹은 농민들에게 대출을 해주었고, 이를 통해 혁신적인 급수시스템이 많은 곳에서 팔리게 되었다. 이것은 한편으로는 누에바 그룹의 투자가들에게 이익을 가져다주었고, 다른 한편으로 과테말라의 물 소비를 크게 줄이고 소작농들의 수익을 높일 수 있게 해

주었다.

좋은 사업을 통한 착한 이익

마리아 에밀리아는 이 사업에 대해 정확하게 기억한다. "모든 사업 참여자들에게 그러한 긍정적인 변화를 갖게 해주는 일은 매일매일을 기쁨으로 살아가도록 해줍니다. 좋은 사업을 통해 얻는 착한 이익은 좋은 일이에요. 사업가로서 우리는 정말 주주들에게 책임을 다해야 합니다. 그들이 투자한 돈은 우리 돈이 아니죠. 마냥 기부할 수 있는 그런 돈이 아니거든요. 환경을 개선시키고 사회적 책임을 다하는 데 쓰는 투자가 한편으로 기업에 있어서는 위험성이 큰 경영입니다. 하지만 그것은 고객의 수요와 이를 통한 시장의 변화를 발전시키는 일종의 경주이기도 합니다. 앞으로 고객들은 사회적·생태적으로 의미 있는 사업들을 제품선택의 결정적인 요인으로 간주하게 될 겁니다. 물론 우리들 역시 이러한 경쟁 구도에서 최선을 다할 것이고요." 마리아 에밀리아의 표정에는 다양한 사람들과 단체들이 정말로 필요로 하는 것이 무엇인지를 이해하고 그들과 언제나 진실 되게 이야기를 나누는 법을 배운 여인의 단호함이 배어 있다.

에밀리아는 거대 기업도 좋은
사업을 통해 착한 이익을 갖게 했다.

사람이 기계보다 아름다워

최고 경영자로서 받는 스트레스는 꽤 크다고 한다. 하지만 에밀리아는 그러한 위치에서 이끌어낼 수 있는 긍정적인 결과들이 다른 많은 것들을 상쇄시켜준다고 생각한다. 또한 누에바 그룹의 직원들이 점점 더 고용주를 자랑스러워하는 일도 생겨난다고 한다. 회사에는 뛰어난 전문 인력들이 모여든다. 누에바 그룹의 직원들이 자기의 양심에 거리낌 없이 일한다는 사실이 에밀리아는 매우 기쁘다.

또 다른 경험들도 에밀리아의 일상을 의미 있게 만들어준다. "수자원 시스템과 관련된 회사인 아만코Amanco에서 일을 시작할 때, 당시 생산과정 중에 발생하는 사고율이 업계 평균 이상이었어요. 그런데 우리가 기획한 모든 프로그램을 실행에 옮기자, 사고발생 건수가 현저하게 줄었고 이제는 사고율도 업계 평균 이하로 떨어졌습니다. 하지만 이것들은 숫자에 불과한 거예요. 숫자 이면에 건강하게 살아가는 사람들이 더 중요하죠. 직원 한 명이 내게로 와서 밝은 얼굴로 이러한 결과를 보고하면서, '태어나서 처음으로 내 자신이 기계보다 소중하다는 걸 깨달았습니다.' 라고 말하더군요. 그때 내가 무엇 때문에 매일 아침 잠에서 깨어나는가를 다시금 깨닫게 되었어요."

마리아 에밀리아의 기본적인 일에 대한 열정은 지난 10년 동안 전혀 변한 것이 없다. "내 일에 대한 기본 방향은 두 가지입니다. 첫째로는, 기본적으로 자연을 사랑하는 마음이에요. 그냥 산과 숲, 바다, 식물과 동물의 세계를 즐기는 것을 좋아해요. 그다음으로는, 우리가 살아가는 환경이 인간 삶의 중요한 토대이며 동시에 많은 사회적 상호작용이 이루어지는 공간이라는 사회적 사고입니다."

미래에 대한 확신

어떻게 해야 마리아 에밀리아가 지난 수년 간 누에바 그룹의 혁신 팀과 함께 성공적으로 도입해온 패러다임의 변화가 자리를 잡고 미래에도 지속될 수 있을까? 어떻게 해야 좋은 가치들이 제도화되고 그 가치들을 경험했던 사람들 없이도 계속 이어지게 될까? 마리아 에밀리아는 경영자의 압력과 일 자체의 어려움 때문에 지금까지 해왔던 일들 가운데 얼마나 많은 일들이 앞으로도 지속될 수 있을까를 고민하고 있다. 여기에 대해 아직까지는 만족할 만한 해답을 찾지 못하고 있다. 에밀리아는 최근의 입장을 다음과 같이 정리한다. "기업은 사회를 형성합니다. 사업을 한다는 것은 일종의 사회적 행동이기 때문이죠. 경영자가 취하는 결정은 대부분 부정적인 영향을 미칠 때가 많습니다. 그렇다고 우리가 아무런 결정도 내려서는 안 된다고 말할 수는 없습니다. 오히려 그보다는 그러한 결정이 가져올 결과들을 신중히 생각하고 덜 부정적인, 혹은 긍정적인 결정을 내릴 수 있도록 좀 더 많은 시간을 가져야 합니다." 스스로의 생활 토대를 파괴하지 않으면서 일과 삶을 조화시키는 데 수십 년 넘게 다양한 위치에서 노력해온 에밀리아는 그러나 다음과 같은 확신을 저버리지 않는다. "지금 우리가 처한 문제들을 예전과 똑같은 사고방식으로 해결할 수는 없습니다. 그러한 사고방식이 지금의 문제들을 만들어 냈으니까요. 때문에 젊은 사람들과 함께 일하고 그들이 지닌 가능성의 지평을 넓혀 주는 것이 중요합니다. 직장에서의 그들의 모든 행동이 사회적·생태적으로 중요한 영향을 미치고 있고, 이것이 큰 위기이기는 하지만 또 하나의 커다란 기회라는 사실을 보여 줄 필요가 있습니다."

Key Point

★ 직장에서의 거의 모든 경험은 세상을 더 아름답고 살 만하게 만드는
  데 사용될 수 있다.

★ 자신이 삶의 질을 지속적으로 향상시키는 데 긍정적인, 혹은 부정적
  인 기여를 하고 있는가에 대해 스스로에게 근본적인 질문을 던지는
  사람은 이미 올바른 인생길에 들어서 있다.

★ 부족한 전문 지식은 채울 수 있다. 적절한 전문교육과 확대교육의 도
  움을 통해 자신의 능력과 경쟁력을 키울 수 있다.

★ 새로운 인생길을 찾기 위해 때로는 많은 용기가 필요하다. 이 길은 대
  체로 곧은 길이 아니어서 항상 새롭게 탐색하고 새롭게 준비해야 한
  다. 하지만 이 길을 찾으려는 노력의 대가는 행복하고 만족스러운 인
  생이다.

★ 자신의 건재함은 다른 사람들에게 긍정적인 영향을 미칠 수 있기 위
  한 전제 조건이다.

3장

그 일을 하기에는
너무 젊거나 혹은
나이가 많다?

안과 수술을 맥도널드 햄버거처럼 … 닥터 브이
마약 대신 교육을 … 비키 콜버트 아르볼레다
빈민가의 소년이 아프리카의 지도자적 인물로 … 아이작 송웨
휴대폰은 박물관으로 … 미아 하넥

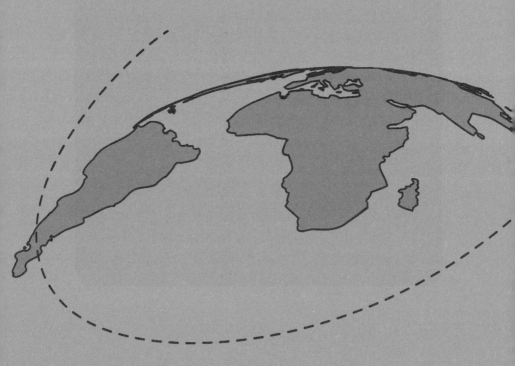

"그걸 하기에는 아직 너무 젊어. 새로운 도전을 해볼 수도 있겠지만, 아직은 그에 필요한 경험도 부족하고……."

이런 변명에 익숙한 사람들이 많다. 젊은 시절에는 자신의 직업적 꿈과 이상을 실현시키는 데 있어 방해물로 보이는 많은 것들이 있다. 우선 학교를 졸업해야 하고, 물질적으로 궁핍하지 않기 위해 충분한 돈도 벌어야 한다. 계속되는 직장 생활에서 성공하기 위해 중요한 경력을 쌓아야 하고 어느 정도 이루어 놓은 생활수준도 계속 유지되어야 한다.

쳇바퀴 같은 생활은 지속되고 잠재된 불만은 많지만, 지금까지 걸어온 길을 떠나지 않으려는 유혹이 훨씬 크다. 지금이 주는 편안함과 새로운 출발에 대한 두려움, 가족 부양에 대한 책임감 등이 발목을 잡는다. 그래서 직장에서 자신의 소망과 비전을 이루려는 시도는 항상 눈앞에만 아른거린다. 새로운 시작과 모험을 감행하기에는 너무 늦었다고 생각될 때까지 말이다.

제3장의 이야기들은 어느 삶의 단계에서나 새로운 방향을 설정하는 것이 가능하다는 것을 보여 준다. 무엇을 하고, 언제 하는 가를 나이가 결정하는 것이 아니라는 사실을 통해 이 이야기들은 용기와 확신을 심어 준다. 20세가 되었든 60세가 되었든, 나이에 상관없이 우리는 우리의 삶을 스스로의 인생의 중요한 순간으로 만들 수가 있다.

그 한 예로 대학을 졸업하자마자 젊은 나이에 세계자연박물관Natural World Museum을 설립한 미아 하벅Mia Hanak을 들 수 있다. 또한 80세의 나이에 인도의 극빈자들에게 안과 수술을 해주고 있는 닥터 브이Dr. V가 있다. 닥터 브이는 확신에 찬 표정으로 말한다. "사람들이 고통받고 있는데, 연금이나 받으면서 편히 쉴 수는 없지요. 은퇴라는 게 도대체 뭡니까?"

안과 수술을 맥도널드 햄버거처럼

닥터 브이 | 인도

"난 도움을 줄 수 있었고, 그래서 그렇게
했습니다. 사람들이 고통받고 있는데,
연금이나 받으면서 편히 쉴 수는 없지요.
은퇴라는 게 도대체 뭡니까?"

닥터 브이Dr. V라고도 불리는 벤카타스와미 박사Dr. Gonvindappa Venkataswamy의 삶을 살펴보면, 서구 선진국들에서 벌어지고 있는 연금 논쟁들이 부조리하게 느껴진다. 우리가 당시 88세였던 닥터 브이를 인도 남부 도시 마두라이에 위치한 아라빈드 안과 병원 Aravind-Eye-Care 본부에서 만났을 때, 그는 편안하고 침착한 어조로 다음과 같이 말했다. "난 도움을 줄 수 있었고, 그래서 그렇게 했습니다. 사람이 고통받고 있는데, 연금이나 받으면서 편히 쉴 수는 없지요. 은퇴라는 게 도대체 뭡니까?" 2006년 가을 죽음을 맞이할 때까지 닥터 브이는 이 세상에서 앞을 보지 못하는 불편함을 없애겠다는 자신의 비전을 조금이나마 앞당기기 위해 매일 오전 6시 병원에 출근했다. 그런 그가 가족들을 비롯해 이미 도움을 줄 수 있었던 수백만의 가난한 사람들, 그리고 전 세계 안과 전문의들에게 존경을 받고 있다는 사실은 그리 놀라운 일이 아니다.

58세라는 나이

1918년 인도 남부의 가난한 동네에서 태어난 닥터 브이가 왜 58세라는 나이에 비로소 아라빈드 병원을 세우기 시작했는지 의아해하는 것도 당연하다. 닥터 브이는 이미 열 여섯의 나이에 아버지를 잃고 장남으로서 가족의 부양을 책임져야 했다. 그래서 스탠리 의과대학을 졸업한 후 1944년부터는 군의관으로 일을 했다. 그러나 유감스럽게도 만성적인 류마티스성 관절염으로 인해 4년 후 병원을 그만 두어야 했다. 그의 손가락을 영원히 불구로 만든 병이었다.

"마을 사람들, 그러니까 어떤 이유로든 시력을 잃어 다시 볼 수 없게 된 사람들을 도와주는 게 항상 내 꿈이었어요. 병원에는 이들을 위한 침대가 늘 부족했거든요."

닥터 브이의 정신력

닥터 브이는 자신의 불편한 생활 조건에 쉽게 굴복하지 않았다. 심각한 장애에도 불구하고 다시 의대에 등록해 전공을 안과로 바꾸었다. 그러나 굳은 손가락을 아주 특별한 각도로 유지해야 했기 때문에 수술 도구를 자유롭게 다루는 데에 상당히 많은 시간을 공들여야 했다. 그러한 노력 덕택에 10만 명 이상의 사람들을 백내장에서 벗어나게 해줄 수 있을 정도로 완벽한 기술을 갖게 되었다.

닥터 브이는 마두라이 의과대학의 안과 과장이 되었다. 그곳에서 그는 시력장애를 해결하는 혁신적인 방법을 찾아 곧바로 유명해졌다.

앞을 보지 못하는 5000만 명

시각장애는 오늘 날에도 전 세계적으로 5000만 명의 삶을 파괴하는 일종의 질병이다. 인도에만도 1200만 명의 사람들이 이로 인해 존귀한 삶을 살아갈 기회를 박탈당하고 있다. 특히 인도는 빈부의 격차가 심해, 많은 사람들이 1달러도 안 되는 돈으로 하루하루를 살아간다. '소경은 손 하나도 없는 주둥아리' 라는 인도 속담이 있다. 시각장애에 걸린 사람이 일을 계속 하기가 실제적으로 불가능하기 때문이다. 그래서 시각장애에 걸린 사람은 그렇지 않아도 먹고살기 힘든 가족들에게 또 다른 짐이 되고 만다. 실제적으로 어느 조사에 의하면, 제3세계에서 시각장애에 걸린 사람들은 이후 2~3년 이상을 살지 못한다고 한다. 그중 인도에서 실명으로 이어지는 안과 질병의 80퍼센트는 비교적 어렵지 않게 치료가 가능하다고 한다. 그러나 2차 병원으로의 이송 비용 하나만도 대부분 시골 지역에 사는 인도인들에게는 감당이 안 되고, 더구나 입원 비용이나 수술 비용에 대해서는 말조차 꺼내기 힘든 상황이다. 의료보험이 있지만, 그건 아주 부유한 소수만을 위한 것이다. 그래서 닥터 브이는 대학에 재직하면서부터 원조 프로그램을 개발했다. 닥터 브이의 주도 아래 안과 전문가들을 시골로 내려가, 그곳에서 직접 사람들을 치료해주는 것이다. 박사는 일반인들을 안과 어시스턴트로 교육시키고, 이들을 아주 멀리 떨어진 마을로 보내 최소한의 사전 검진을 할 수 있도록 했다. 특히 어린 아이들이 부족한 영양 섭취로 인해 실명하지 않도록 각별히 신경을 기울였다.

은퇴는 새로운 삶의 시작

은퇴를 앞둔 대부분의 사람들에게는 한 가지 목표가 있다. 여행을 가거나 골프를 치고, TV나 다른 여가활동을 즐기면서 자신의 죽음을 준비하는 것이다. 그러나 닥터 브이에게 은퇴는 자신의 꿈을 실제로 옮길 수 있는 기회였다. 우선 박사는 불필요한 실명의 가장 큰 원인인 백내장을 고치는 수술을 마치 맥도널드의 햄버거처럼 싸고 간단한 것으로 만들고자 했다. "'좋은 시력Good Sight'이라는 상품을 만들고, 살아가기 위해 반드시 필요한 사람들에게 그걸 파는 데 관심이 있어요. 우리는 제3세계에 사는 누구나 백내장 수술을 받을 수 있도록 할 수 있습니다."

1976년 안과 치료를 위해 아라빈드 병원을 세우는 일을 시작했을 때, 닥터 브이는 가족 대부분을 이 일에 끌어들였다. 이전에도 가족을 부양해 왔던 박사는 친척들 중 많은 이들의 교육비를 내주었는데, 다행스럽게도 안과 치료 분야였다. "1977년 병원을 세울 만한 돈이 없었어요. 은행에서는 내가 대출받기도 힘들다고 했죠. 그래서 살고 있던 집을 저당 잡혀야 했습니다. 처음에는 먹을 것이 없어서 동생이 가지고 있던 보석들을 팔기도 했어요. 하지만 병원 1층에서 벌어들인 수입으로 나머지 공사를 마칠 수 있었습니다."

1976년 11개 침상과 큰 비전 하나만을 가지고 시작했던 일이 이제는 백내장을 치료하는 세계에서 가장 생산적인 대규모 병원 기업으로 성장했다. 매년 인도 지방의 외곽 지역에 설치한 1500개 이상의 캠프에서 250만 명의 사람들까지 치료 받을 수 있을 정도다. 그들 중 대부분은 현장에서 필요한 안경이나 간단한 수술로 도움을 받는다. 대략 20만 명의 환자들이 매년 마두라이에서 백내장 수술을 받고 있다. 재정적인 부분은 치료의 모든 과정을 최적화함으로써 문제를 해결했고, 오늘날 이 시스템은 완벽하게 돌아가고 있다. 아라빈드는 또한 렌즈 생산을 자체적으로 해결한다. 한때 150유로였던 렌즈를 최근에는 미국 회사의 도움을 받아 3.5유로에 생산하고 이렇게 만들어진 질 좋은 렌즈를 이미 85개국에 수출하고 있다.

아라빈드 병원은 또한 수술 과정을 합리화시켰다. 수술을 담당하는 안과 의사는 전적으로 수술에만 집중하고, 다른 모든 일은 이미 교육을 마친 수많은 보조 인력들이 담당한다. 이를 통해 의사는 특별히 개발된 절개기술로 하루에 100명까지 수술이 가능하게 된다. 이러한 속도와 성과는 전 세계적으로 유래를 찾아보기 힘들다.

아라빈드는 다섯 개의 병원을 운영하고 있고, 인도 몇몇 지역에 '비전 센터Vision Center'와 '공동자치센터'를 설립했다. 이외에도 이러한 모델을 다른 나라로 수출하기 위해 세계적으로 인정받는 교육 센터를 운영하고 있으며, 150개 병원과 교육 협력관계를 체결했다.

환자의 75퍼센트를 무료로 수술하면서 얻는 수익

매일 600~1000명의 사람들이 마두라이에서 백내장 수술을 받는다. 엄청난 사실은 닥터 브이가 처음부터 모든 환자의 75퍼센트를 무료로 치료할 수 있도록 시스템을 개발했다는 것이다. 그럼에도 병원은 보다 많은 환자의 치료를 통해 충분한 수익을 낼 수가 있다. 아라빈드에서의 수술과 현지에서의 사전 진료, 치료 전후의 이송 과정과 병원에서의 입원 비용 모두가 무료다. 치료 비용의 지불 유무는 전적으로 환자 자신의 결정에 따르고 있어, 분쟁이나 부러움의 문제가 전혀 없다. 환자 모두가 똑같은 대우로 치료를 받고 있다는 사실을 알고 있다. 하지만 비용을 지불하는 환자는 좀 더 나은 숙식을 제공받는다. "무료로 치료받기 위한 특별한 자격이 있어서는 안 됩니다. 무엇보다 병원을 일종의 사업처럼 운영해서는 안 된

닥터 브이는 인도에서 안과 질환을 몰아내기 위해 고령의 나이에도 일하고 있다.

다고 생각해요. 전 그저 사람들에게 자신의 시력을 돌려주고, 이를
통해 원래의 생활을 되찾아 주고 싶습니다."

멋진 일을 해내는 기쁨

다시 찾은 시력에 행복해하며 고향으로 가는 버스에 오르려고 줄지
어 서있는 사람들을 보며 닥터 브이가 했던 말이 떠올랐다. "다시
세상을 볼 수 있도록 많은 사람들에게 도움을 줄 수 있다는 사실이
기쁘고 즐겁습니다. 우리가 가지고 있는 지식을 모든 이들과 나누
는 것이 그래서 내게는 매우 중요합니다."

보잘것없게 꾸며 놓은 사무실에서 닥터 브이와 마주 앉았을 때,
우리는 그에게 영감을 받는 좀 더 많은 사람들, 특히 경륜 있는 사
람들이 많았으면 좋겠다는 생각을 해보았다. "지적인 능력과 기술

적 능력은 그 자체로 충분치 않아요. 그 두 가지가 무언가 멋진 일을 해낸다는 기쁨으로 결합되어야 합니다. 사람을 섬긴다는 것은 정제된 최고의 기술을 사용하는 것과는 전혀 다른 의미입니다. 섬김의 참 의미는 모든 환자들을 그들의 편에서 생각하고 보살피는 것입니다." 이야기가 끝나자 박사는 우리들을 여동생인 나치아르 박사Dr. Nachiar와 스탠퍼드 대학에서 경영학 석사를 마치고 닥터 브이의 유산을 넓히기 위해 마두라이로 돌아온 조카 아라빈드 박사Dr. Aravind에게로 안내했다.

다음 세대를 위하여

박사와의 인상적인 대화가 끝난 이후, 우리는 새로운 세대가 박사의 프로젝트에 대해 어떻게 생각하는지를 알고 싶었다. 박사의 30살 된 조카가 몇 년 동안 마두라이에서 안과 수술 전문의로서 자신의 능력을 입증해 오고 있다는 사실은 이미 알고 있었다. 그는 또한 미국의 최고 대학 중 한 곳에서 경제학도 전공한 터였다. 출세의 문이 활짝 열려 있던 이 젊은이를 고향으로 돌아오게 만든 것은 도대체 무엇이었을까?

"단지 돈을 많이 벌기 위해 직업을 갖는다는 것은 정말이지 큰 의미가 없었어요. 미국 생활 이후 많은 사람들의 삶에 내가 얼마나 큰 변화를 가져올 수 있을지를 깨닫게 되었어요. 그래서 고향으로 돌아오려 했습니다. 이외에도 여기서는 병원 경영자로서 사업가적 능력을 발휘할 수도 있고, 동시에 안과 수술도 할 수 있는 특별한 기회도 있거든요. 난 두 가지 직업 모두를 좋아합니다."

닥터 브이와 스탠퍼드의 기본 구상에 어떤 큰 차이가 있는지 묻자, 아라빈드 박사는 주저 없이 다음과 같이 말한다. "스탠퍼드에서는 경쟁력에 대해 많이 배웠습니다. 승자와 패자라는 구조 속에서 내가 어떤 결정을 내려야 할지에 대해서 말입니다. 닥터 브이는 좀 더 다른 방식으로 삶에 대해 생각해 보도록 합니다. 다른 사람들과 함께 비전과 꿈을 계획하면서 모두가 승자가 되는 상황을 만듭니다." 이러한 자세가 박사의 정체성을 올바르게 대변하고 있는 것 같았다. 그러한 기업 문화가 삼대에 걸쳐 다양한 사람들이 함께 일하도록 만드는 동력이었다.

이곳에서 일하는 모든 사람들은 아라빈드가 꿈꾸는 목표에 대해 동의한다. 다음 단계는 매년 100만 명의 수술이 가능하도록 활동가를 확대하는 작업이라고 한다. 이러한 일은 현재 운영하고 있는 병원을 통해서뿐만 아니라 파트너 모델의 확장을 통해 가능할 것이다. 이때 중요한 것은 무엇보다 병원이라는 기업이 수행하는 가치와 수준을 올바르게 유지하는 것이다. 이 점에 대해 아라빈드의 모든 식구들은 매우 희망적이다.

대화를 마친 후 우리는 닥터 브이가 남긴 유산이 안정적으로 정착되어 있음을 확신했다. 아라빈드 시스템을 구축한지 30년이 지나 이제는 박사 스스로가 이러한 결과를 직접 보고 있지 못해도, 불필요한 시각장애를 지구상에서 몰아내겠다는 박사의 비전은 단계적으로 이루어지고 있다.

마약 대신 교육을

비키 콜버트 아르볼레다 | 콜롬비아

"세상 어디서나 질적으로 우수한 교육은
한 사회를 지탱하는 토대가 됩니다.
교육 환경을 개선하고
아이들의 잠재력을 개발해 주는 일은
참된 만족을 느끼게 해요."

대다수 유럽 사람들에게 콜롬비아는 마약 귀족의 나라이자, 치안이 불안하고 폭력이 난무하는 위험한 나라로 알려져 있다. 우리 역시 잠재의식 속에 이러한 생각을 떨쳐버리지 못한 채 보고타 공항에 도착했다. 그러나 우리는 호텔로 가는 길에 눈에 띄게 깨끗이 정비된 자전거 도로 위를 달리고 있는 자전거 타는 사람들을 보고는 적잖이 놀랐다. 택시 기사는 자전거 도로가 심지어 자동차 도로보다 넓다는 사실에 불만을 토로하기도 했다. 또한 매주 월요일에는 자전거 운전자들에게 도심 내부의 전체 도로를 내어준다고 했다. 그렇게 많은 녹지와 그 한 가운데서 자전거를 타고 소풍 나온 가족들의 웃음소리는 우리가 라틴 아메리카 지역에서 전혀 기대하지 못한 모습이었다. 나중에 들은 바로는, 이렇게 발전된 모습이 무엇보다 열정적이었던 전임 시장 엔리께 뻬냐로사Enrique Penalosa★ 덕분이라고 한다.

다음날 우리는 새로 지은 건물과 가게가 즐비한 보고타의 현대식 도심 지역을 보게 되었는데, 이곳에는 800만 명에 달하는 보고타 주민 중에 2퍼센트가 거주하고 있다. 이곳 사람들은 한적한 골목에서 완벽하게 준비된 에스프레소를 마시고, 보석 박물관을 관람하거나 많은 식당 중 한 곳에서 전문가가 차려 놓은 초밥을 즐긴다. 그러나 보고타에서 가장 깊은 인상을 받았던 것은 친절하고 인생을 즐기며 역동적으로 살아가는 보고타 사람 그 자체였다. 그러한 사

✈ ....

엔리께 뻬냐로사는 1998년부터 2001년까지 보고타 시장을 역임하며 무엇보다도 가난한 사람들을 위한 일련의 정책을 펼쳤다.

람들 중에 비키 콜버트라는 사람이 있다. 얼굴에 늘 미소를 잃지 않는 그녀는 시대를 앞서가지만 현실 감각이 없다는 평판을 받는다. "콜롬비아에는 많은 기업가들이 있습니다. 그들 중 일부가 가끔씩 좋지 않은 사업을 벌이기도 하지만, 더 많은 사람들은 긍정적인 방향으로 일을 합니다." 우리에게 부촌 이외의 지역에서 실제 삶이 어떠한 지, 그리고 특히 부분적으로 그 곳에서의 교육 수준이 얼마나 절망적인지를 보여 준 사람도 비키다. 교육은 생활환경을 개선하는 토대이자 전제 조건이다.

특권과 기회

비키는 '새로운 학교' 라는 의미인 '에스쿠엘라 누에바Escuela Nueva' 의 설립자이자 운영자다. 그녀는 사무실에서 인터뷰를 마치고 나자 우리에게 보고타 근교의 아름다운 장소들을 보여주기도 하면서 대화를 위한 충분한 시간을 내어주었다. 비키는 젊은 시절 자신이 누릴 수 있었던 특권적 상황을 비교적 일찍 깨달았다고 한다. 좋은 학교와 편안한 생활을 누릴 수 있을 정도로 그녀의 가족에게는 여유가 있었다.

비키는 보고타에서 사회학 공부를 비교적 이른 나이에 마쳤다. 거의 20세가 되던 해에는 콜롬비아의 여러 대학에서 벌써 교육사회학을 가르치기 시작했다. 교사가 될 사람들에게 교육이 얼마나 사회를 변화시킬 수 있는가를 가르치며 즐겁게 일하기도 했지만, 곧바로 상아탑 안에서 실제적인 변화의 한계를 느껴야 했다. '세계

교사'Welt Lehrer' 라는 기관의 초청을 받아 방문했던 콜롬비아 지방 학교를 경험한 후에는, 자신의 나라가 처한 문제점들을 직시하게 되었다. 교육이 지방의 가장 중요한 문제라는 사실을 깨달은 것이다. 이런 곳에서 교육의 질을 개선할 수 있다면 모든 콜롬비아인의 생활수준에도 큰 영향을 미칠 수 있으리라는 생각이 들었다.

비키는 이러한 문제 해결에 본격적으로 뛰어들기 전에 자신만의 보다 나은 무기를 갖고 싶었다. 그래서 샌프란시스코 팔로알토에 위치한 스탠퍼드 대학교에서 장학금을 받으며 2년 동안 사회학과 교육에 관해 가능한 한 많은 것들을 배웠다. 졸업 후에는 몇몇 괜찮은 미국 회사의 취업 제의를 뿌리치고 콜롬비아로 돌아왔는데, 이 곳에서 훨씬 더 커다란 변화의 가능성을 보았기 때문이다.

지방에서 시작하다

고향으로 돌아온 비키는 교육부에 일자리를 얻었다. 그녀는 이미 미국에서부터 자신의 목표에 대한 분명한 생각을 발전시켜왔다. 그 것은 콜롬비아의 가장 큰 문제인 지방의 학교 교육 시스템을 개선 시키는 것이었다. 이를 위해 몇 주에 걸쳐 멀리 떨어진 지역으로 달려가 자신이 실제적으로 무엇을 해야 하는지를 경험하고자 했다.

지방에는 하나의 교실에서 동시에 9학년의 수업이 진행되는 학교도 있었다. 몇 년 지나지 않아 많은 아이들은 학교를 떠났고, 친구들이 떠난 황폐한 교실에서는 아무것도 배울 수가 없었다.

새로운 시스템, 새로운 학교

2년 동안 비키는 지방 소규모 학교 출신의 열정적인 교사들로 구성된 팀과 함께 새로운 교육 방식, 새로운 학습 방식을 시험하고 평가하고 개선하는 데 시간을 보냈다. 마침내 그녀는 유기적으로 사고하고 다양한 재능을 개발하는, 그리고 비용 대비 매우 효율적인 새로운 학교 개념인 에스쿠엘라 누에바를 탄생시켰다. 이 시스템의 중심에는 교사의 역할을 완전히 새롭게 정의하는 협동적 수업 방식이 있었다. 교사는 더 이상 지식의 유일한 원천이 아닌 학습 과정을 중개하는 사회자가 되었다. 이것은 교사 양성 교육과 교재 개발에서와 마찬가지로 수업 계획에서의 변화를 전제로 했다. 아이들의 학습은 일상생활에서 중요하게 생각되는 주제들을 중심으로 이루어졌다. 상호간 이루어지는 질문들을 통해 계속적인 학습이 진행되고, 이로 인해 아이들은 그동안 볼 수 없었던 자신감을 드러냈다. 아이들의 학습 프로젝트는 학교 건물을 넘어 외부로까지 확대되기 때문에, 지역 주민들도 학교 교육에 통합되었다. 여러 다양한 지역 단체들을 연결함으로써 교육의 질을 효율적으로 높이고, 아이 1명당 1년에 3유로로 가능한 교육 시스템을 개발할 수 있었다.

명확한 결과

비키는 처음부터 이러한 새로운 시스템이 학문적으로 기록된 결과를 통해서만 인정받을 수 있으리라는 생각을 분명히 했다. 그래서 시작부터 학자들을 작업에 참여시켰다. 전 세계 어디서나 현존하는 교육 시스템을 개혁시킨다는 것은 매우 어려운 일이다. 그래서 상부 관료들의 긍정적인 관심을 얻는 것이 필요한데, 이 점에 있어서 자신의 사회학 학위도 도움이 되었으리라고 생각한다. 하지만 가장 중요했던 것은 이러한 호의를 명확한 결과로 보여 주는 것이었다. 이것은 자체적으로 제작한 교재와 수업 자료를 가지고 이 시스템의 모델을 완벽하게 실행에 옮긴 실험학교들 덕분에 전혀 문제가 없었다. 동시에 비키는 국제기구로부터 재정 지원을 받는 데 성공했다. 9년이 지나자 비키의 학교 개혁은 콜롬비아의 표준이 되었고, 현재 20만 개의 학교가 이 새로운 시스템을 도입하고 있다고 한다.

새로운 학교를 정치적으로 안정시키고 믿음직한 동료들에게 위임하고 난 이후, 비키는 2년간의 출산양육 휴가를 떠났다. 그리고 그 2년이 지난 후 자신이 도입한 교육 모델의 인상적인 성공에 힘입어 교육부 장관으로 임명되었다. 그녀가 개발한 학교 시스템은 국제적인 주목을 받았고, 30개 나라의 사절단이 80년대 중반 교육 개혁의 성공을 배우기 위해 콜롬비아를 찾아오기도 했다.

새로운 도전, 유니세프

어느 날 비키는 뉴욕에 있던 유니세프UNICEF 대표로부터 유니세프 안에 있는 교육 분과 위원장을 맡아달라는 놀라운 제안을 받았다. 그러나 가족과 떨어져 홀로 뉴욕으로 가고 싶지 않았던 비키는 이 명예로운 자리를 거절했다. 하지만 라틴 아메리카 및 카리브 해 지역 사무소의 대표와 지역교육 컨설턴트로서의 역할 제의는 수락했다. 그녀는 이러한 자신의 역할에서 에스쿠엘라 누에바를 유니세프를 토대 삼아 전 라틴 아메리카 지역으로 넓히고, 교육 시스템 개혁을 통한 사회적 영향력을 현저하게 확대시키는 기회를 보았다. 그리고 실제로 다음 몇 년 동안은 성공적으로 이루어냈다.

하지만 콜롬비아 자체 내에서 이러한 시스템이 계속적으로 도입되지 않았던 점은 썩 만족스럽지 못한 부분이다. 비키가 교육부 장관직을 떠난 직후, 정부 조직은 완전히 새롭게 짜여졌다. 라틴 아메리카 전체가 탈중심화의 열기에 휩싸여 있었고, 과거의 좋은 개혁안은 내팽개쳐졌다. 정치적으로 책임 있는 사람들은 과거의 것을 좋고 나쁘고를 떠나 모두 버리고 새로운 모델로 현재 상황을 고착화하려 했다. 이러한 정치적 개편 과정이 유감스럽게도 에스쿠엘라 누에바조차 희생양으로 만들었다.

비키는 유니세프에서의 일자리를 받아들이기 전에, 다행스럽게도 새로운 재단인 '민중에게 다시 학교를'을 설립했다. 그래서 유니

비키는 자신의 조국 콜롬비아뿐만 아니라 라틴 아메리카 지역에 학교 개혁을 일으키고 있다.

세프에서의 일과 병행해서 에스쿠엘라 누에바 모델을 계속 콜롬비아의 작은 마을까지 확대시키며 그 생명력을 유지시킬 수 있었다.

선택과 집중

유니세프에서 하는 일을 좋아했지만, 비키는 1979년 유니세프를 그만 두었다. 자신의 분신과도 같은 에스쿠엘라 누에바가 콜롬비아에서 점차 사라져가는 것을 더 이상 바라보기만 할 수 없었기 때문이다. 비키는 자신이 원래 있어야 할 자리로 돌아가 몇몇 사람들과 함께 학교를 다시 살리려고 노력했다. 20년 이상 걸쳐 쌓은 경험과 결과물 덕분에 새로운 마케팅 전략은 비교적 빠른 효과를 보았다. 에스쿠엘라 누에바를 통해 이미 80년대 말을 뜨겁게 달구었던 긍정의 에너지가 힘겨운 재건 과정 속에 다시 한 번 새롭게 타올랐고, 비키는 두 번째로 전 세계의 관심을 받게 되었다. 자신의 학교 시스템을 세계에 소개하기 위해 여러 나라에 초대를 받았다. 비키는 실제 작업과는 달리 이 시스템의 성공 요인을 다음과 같이 말한다. "세상 어디서나 질적으로 우수한 교육은 한 사회를 지탱하는 토대가 됩니다. 라틴 아메리카 한 곳에서만 문맹률이 60퍼센트에 이르는 상황이라 우리 학교 시스템에 대한 수요가 아주 높은 편입니다."

비키는 이번 재건 작업에 이전과 달리 사업적 마인드를 접목시키고자 했다. 지금까지는 모든 지식과 모든 자료들을 무상으로 나누어 주었고, 현장에서 실제로 일어나는 일들에 대해서는 거의 간섭을 하지 않았다. 그 덕분에 굉장히 다양한 형태의 에스쿠엘라 누에바가 생겨났지만, 모두가 다 성공적으로 자리 잡을 수는 없었다. 하지만 이러한 방식으로 지역별 특성과 지역 공동체에 알맞은 맞춤형 시스템이 개발될 수 있는 장점은 있었다.

사업 모델과 프랜차이징

새롭게 상호작용 기술을 이용하는 수업 교재를 개발하고 그 수준을 국제적 수준으로 높이는 것 이외에도 비키는 자신이 설립한 재단을 위한 재원을 마련해야 했다. 계속해서 개별 국가들과 계약을 맺고 컨설팅을 해주며 지원해 주는 것으로는 에스쿠엘라 누에바를 국제적 수준에 맞추어 전 세계에 소개하는 데 한계가 있었다. 그래서 에스쿠엘라 누에바를 위해 재정적으로 경쟁력 있는 사업 모델을 개발하는 것이 중요했다. 이때 슈밥 재단의 지원을 받아 참석했던 다보스 세계경제포럼이 도움이 되었다. 비키는 런던경영대학London School of Business과 함께 자신이 개발한 모델과 수업 자료와 같은 생산품을 판매할 프랜차이징 시스템을 개발했다. 이러한 방식이 얼마만큼의 성공을 거두게 될지는 지켜볼 일이다. 하지만 혁신적 시스템을 개발한 지 30년이 지난 이후 에스쿠엘라 누에바의 조직을 전문화한다는 점에 있어서는 의미가 크다. 비키는 국내외의 효율적인 조직뿐만 아니라 프로젝트의 일부를 재정적으로 지원할 기업들과의 협력관계도 체결했다. 2007년 꽤 많은 상금과 함께 올해의 '스콜 사회적 기업가 상'을 수상한 것도 이러한 변화를 성공적으로 정착시키고 이미 계획했던 20개 국가로의 시스템 확대를 관철시키는 데 확실한 도움이 될 전망이다. 과거 마약으로 유명했던 도시, 그러나 지금은 예술로, 앞으로는 교육으로 유명해질 도시인 메들린에서 2006년 봄 1500여 명이 에스쿠엘라 누에바 콘퍼런스에 참석한 것은 적어도 새로운 학교 교육에 대한 관심이 여전히 크다는 사실을 보여 준다. 그리고 국외에서 뿐만 아니라 콜롬비아 정부도 2007년 에스쿠엘라 누에바 모델을 비키의 팀과 함께 다시 지방 교육에 집중적으로 도입하겠다고 공식적인 입장을 밝혔다.

인생에 진정 중요한 것

과거에 얻은 모든 성공과 인정, 그리고 현재 직면하고 있는 도전과 과제에 있어서 반드시 잊지 말아야 할 한 가지가 있다고 비키는 말한다. "예를 들어 콜롬비아 역사상 가장 중요한 인물 100인에 들게 될 정도로 명예와 인정을 받은 것은 공인으로서 지원을 얻는 데 유리한 점이에요. 그러나 무엇보다 교육 환경을 개선하고 아이들이 지닌 가능성을 개발해 주는 데서 참된 만족을 얻습니다. 젊은이들이 스스로 변화하고 자신감을 높이며, 스스로 무언가를 할 수 있다는 사실을 발견하는 것을 볼 때 깊은 만족을 얻는 것이죠. 아이들에게서 긍정적인 변화를 발견하고 지역 사회에 평화로운 공존을 지원한다는 점이 매일 아침 나 자신을 깨어나게 하는 동력이 됩니다. 바로 그때가 다른 사람이 뭐라고 말하던 간에 여기 있는 우리 모두를 매일매일 일하게 만드는 순간입니다."

빈민가의 소년이 아프리카의 지도자적 인물로

아이작 숑웨 | 남아프리카공화국

"가난의 바다 한가운데서 일생을 돈만
좇으며 살았노라고 말하며 죽긴 싫습니다.
내가 살아가는 이유는 세상을
긍정적으로 변화시키는 것입니다."

"돈을 벌기 위해 열심히 일하는 것처럼 그렇게 준비하고 노력하면 가난과 불평등 문제를 해결할 수 있습니다." 남아프리카공화국의 고향에서 아이작 숑웨를 만났을 때, 그가 한 말이다. 아이작은 자신이 무엇에 대해 말하고 있는지를 정확히 알고 있다. 그는 아파르트헤이트Apartheid(인종차별정책) 시기에 백인들로부터 '도시의 배 Townships'라고 불렸던 요하네스버그의 최고 흑인 빈민 지역인 알렉산드라에서 태어났다. 태어날 당시 아빠는 곁에 없었다. 열 살이 되자 엄마도 중병에 걸려 돌아가셨고 세상에 홀로 남게 되었다. 아프리카에서는 그리 드물지 않고, 최근에는 후천성 면역결핍증인 에이즈AIDS로 인해 일상이 되어 버린 운명이었다. 그 몹쓸 병은 젊은 엄마, 아빠를 가난의 소용돌이로 내몬다. 그러면 양철 지붕 아래서 찢어지게 가난한 삶을 이어 가는 아이들은 구걸이나 잘못된 방법으로 보잘 것 없는 하루의 양식을 구해야 한다. 고아 아이작의 상황은 그렇게 희망이 없었다. "그처럼 많은 거리의 아이들 중 한 사람이 될 뻔 했어요." 숑웨는 다음 번 먹을거리를 어떻게 구해야 할지 모를 때가 많았다. 아무도 그 자신을 돌봐주지 않았다. 때때로 이런 비참한 삶을 빨리 끝내고 싶다는 생각도 했었다. "세상이 빨리 떠나고 싶은 그런 곳이 되어서는 안 됩니다."

아이작 숑웨는 이제 요하네스버그의 성공한 사업가다. 그는 기초 자금이 필요한 사람들의 상황을 개선하는 위해 많은 돈과 열정을 투자하고 있다.

교육의 기회

아이작의 인생에는 기적처럼 숙식과 희망을 제공해 주며 자신을 지원해 주었던 사람들이 있다. 그들 중 한 사람은 아이작의 재능을 알아보고, 12살 이후 학교에 계속 다닐 수 있도록 기회를 주었다. 이것이 아이작의 인생에 결정적인 전환점이었다. 오늘날 말하는 것처럼, 교육이 인생을 변화시킨 것이다. "난 기회를 얻은 운 좋은 몇 안 되는 사람 중 하나예요. 내가 얻은 기회는 교육이었습니다. 날 세상 어디에 갖다 놓아도, 내가 받은 교육 덕분에 살아남을 수가 있어요." 아이작은 자신이 얻은 기회를 매우 진지하게 받아들였다. 80년대 초반 고등학교를 우수한 성적으로 졸업한 후 영국의 대학교에서 공부할 수 있는 장학금을 받았다. 남아프리카공화국 인구의 90퍼센트를 차지하는 유색 인종들에게 인종차별정책이 어떤 절망을 가져다주는지를 자기 몸으로 직접 체험했기 때문에, 아이작은 이러한 시스템을 변화시키기 위해 가능한 많은 것을 배우고자 했다. 우선 정치가 이를 위한 좋은 수단이 될 것으로 생각했고, 그래서 미국에서 계속 공부하기 위해 장학금을 신청했다. 그러나 미국에 도착한 그는 스스로가 정치에 잘 맞지 않는다는 사실을 깨닫고 정치와 동시에 경제를 공부하기 시작했다. 1987년 아이작은 최고의 성적으로 웨즐리언 대학교의 정치학과와 경제학과를 졸업하고 다시 고향인 남아프리카공화국으로 돌아왔다.

아프리카 사업계에서의 첫걸음

우선 아이작은 자신의 능력을 인정받고 싶었다. 1988년부터 1993년까지 여러 기업에서, 특히 바를로월드 콘체른Barloworld Konzern에서 일을 했다. 여가 시간에 틈틈이 공부해 요하네스버그의 비트바테르스란트 대학교에서 마케팅 교육과정도 수료했다. 1991년에는 영국 옥스퍼드 경영대학의 장학생으로 선발되어 공부를 했다. 1993년 새롭게 고향으로 다시 돌아온 아이작은 남아프리카공화국에서 사업을 구축하려는 유명한 미국 컨설팅회사 모니터그룹의 일을 도왔다. 이 시기 남아프리카공화국에서는 공식적으로 인종차별정책이 사라졌다고 했지만 실제로는 흑인에 의한 프레젠테이션을 백인 고객이 거부하는 일이 발생하던 시기였다. 많은 백인들은 흑인들을 전혀 믿지 않았다. 그들은 자기와 같은 자리에 앉아있는 흑인들이 전적으로 소수자를 위한 새로운 우대책 때문에 좋은 자리에 올라온 것이라 생각했다. 그 때문에 아이작에게는 자신이 하는 일을 통해 남아프리카공화국 사회의 변화를 촉진시키는 일, 즉 백인이 아닌 인구의 90퍼센트를 차지하는 나머지 사람들에게 똑같은 출발의 기회를 주는 일이 중요했다.

첫 번째 자기 회사

필요한 변화를 좀 더 적극적으로 추진시키기 위해서 1995년 아이작은 자신이 직접 렛세마 컨설팅Letsema Consulting이라는 컨설팅 회사를 차렸다. 아이작은 이 회사에서 좋은 교육을 받은 소수자들에게 좋은 일자리를 얻을 수 있는 기회를 주고자 노력한다. 아이작에 의하면 이러한 사람들이야말로 나라의 변화를 이끌 적임자라는 것이다. 최근 수년 동안 정부는 법률을 제정하고, 그에 따라 모든 사람들이 일할 수 있는 균등한 기회를 가지도록 했다. 이 법률은 또한 그것을 넘어 인종차별정책 시스템 하에서 불이익을 당했던 소수 인종들에게 회사의 자본 소유를 일정 부분 가능하도록 규정하고 있다. 거대 기업들에서는 그러한 통합 프로그램들이 '흑인 경제 육성 정책Black Economic Empowerment' 이라는 개념으로 진행되고 있는데, 그 대부분은 렛세마에서 개발된 것들이다.

기업에게 필요한 구조 변화에 대한 연구서와 보고서를 작성하고 새로운 직원을 위해 교육프로그램을 도입하는 것만으로는 충분치 않다는 것을 깨달은 아이작은 1998년 렛세마 투자회사를 설립했다. 아이작은 렛세마 투자회사와 함께 흑인 경제 육성정책 프로그램에 명시된 자산 재분배를 의미 있게 수행할 수 있는 흑인과 유색인 투자가를 찾았다. 그리고 회사 자산의 10~20퍼센트를 전문 교육을 받은 유색인의 소유로 하도록 계약을 구조화시켰다. 물론 많은 시간과 엄청난 노력의 과정이 뒤따르겠지만, 시간이 지나면 남아프리카공화국의 자산 구조가 인구 구조와 비슷해지리라고 아이작은 생각한다.

예를 들어 아이작은 예전 직장인 바를로월드 로지스틱스 아프리카의 주식 25퍼센트를 소유하면서 회사 사업개발부의 부장직을 맡고 있다. 이것은 현재 아프리카 기업들의 미래 모습을 시사하고, 불평등 문제를 줄여 나가는 방식으로 국민을 통합하는 방법에 대한 모범적인 가능성을 보여 준다.

커리어와 돈

아이작의 이야기는 빈민 지역의 고아가 엄청난 자금을 소유한 멀티 기업가로 성장한 매혹적인 성공 스토리다. 그러나 아이작 송웨의 두 번째 인생 이야기는 더욱 놀랍다. 아이작이 소유한 회사들은 전체적으로 봤을 때 재정적인 독립을 이루고 자신이 정말 하고자 했던 일을 하기 위한 것이었다. 40대의 나이에 여러 다양한 사회적 프로젝트를 수행할 충분한 돈을 버는 것이 아이작의 목표였다.

아이작은 일찍부터 평범한 자본가가 되지 않겠다는 생각을 분명히 하고 있었다. "가난의 바다 한 가운데서 일생을 돈만 좇으며 살았노라고 말하며 죽긴 싫습니다. 내가 살아가는 이유는 세상을 긍정적으로 변화시키는 것입니다." 아이작은 자신의 어린 시절을 잊

아이작의 렛세마 재단은 남아프리카공화국 어린이들을 위해 여러 가지 일을 하고 있다.

지 않으려 했다. 기억에서 지우려 하기보다는, 자신을 도와준 사람들의 고마움을 기억하려 했다. 이미 렛세마 컨설팅 회사를 설립하던 시기, 즉 보통 대부분의 사람들이라면 우선적으로 자신의 부유함을 지키려고 했을 인생의 시기에 아이작은 렛세마 재단을 만들었다. 이 재단에서 그는 장학금이나 기타 지원 모델을 통해 자신이 예전에 받았던 똑같은 기회를 가능한 많은 사람들에게 제공하는 교육 프로젝트를 지원하고 있다. 몇 년 전부터는 자기 시간의 30~50퍼센트를 기회 균등과 이를 통한 가난 해소에 역점을 두는 프로젝트에 시간을 보내고 있다. 스스로 말하는 것처럼, 그는 '사회적 기업가'이며, 남아프리카공화국의 사회적 정의가 사업 성공을 위한 많은 긍정적인 요소를 가져오리라고 확신하는 사회적 자본가다. 그는 일찍부터 많은 돈이 행복을 가져다주는 것이 아니라는 사실을 용기 있게 확신한 사람이다. "아무리 비싼 음식이라도 혼자 먹는다면 무슨 의미가 있을까요?"

책임감 있는 지도자

시간이 흐르면서 아이작은 자신을 포함해서 개인적 가치관을 사업과 접목시키는 기업가를 키워 내는 것이 아프리카의 긍정적인 발전을 위한 중요한 요소라는 사실을 강하게 인식하게 되었다. 그래서 1998년부터 또 다른 젊고 성공적인 기업가들과 정기적으로 만나기 시작했다. 아이작은 모임 때마다 이들이 세상 어디에서나 만나게 되는 평범한 자본가가 되고 싶은지, 아니면 역사적으로 새로운 변화를 가져오는 자본가가 되고 싶은지를 물었다. 최고 빈민 지역인 타운쉽의 방문을 통해, 그리고 활동가를 초대해 여전히 지방에서 벌어지고 있는 불평등의 문제를 눈앞에서 직접 보여 주면서, 지도자의 위치에 있는 사람이라면 그에 걸맞은 책임을 져야 한다는 점을 각인시켰다. 그것은 사회적 약자들에 대한 책임이다. 아이작의 그룹은 짧은 시간 안에 100여 명이 넘는 경영자를 배출할 만큼 성장했고, 이들 모두는 힘을 합쳐 사회를 변화시키는 프로젝트를 시작했다.

참된 지도자가 된다는 것의 의미

때마침 에스펜Aspen 연구소*의 피터 라일링Peter Reiling이 좋은 아이디어를 내놓았다. 성공적인 개발 지원 기구인 비영리 단체 테크노서브TechnoServe*에서 오랫동안 소장을 역임했던 피터가 아이작에게 아프리카 리더십 운동Africa Leadership Initiative*의 도움을 받아 다

에스펜 연구소는 사회 지도자들이 서로 열린 대화를 하도록 지원하는 일종의 '두뇌 공장 Think Factory'이다. 각종 세미나. 콘퍼런스, 리더십 개발 활동 등을 통해 독립적인 연구와 보편적인 가치관 평가 작업을 지원한다. 정치, 경제, 예술 및 과학 분야의 국제적인 지도급 인사들이 정기적으로 서로의 생각을 교환하기 위해 초대된다.

테크노서브는 제3세계 기업인들에게 전문적인 기업 컨설팅을 제공하는 비영리 단체다.

'아프리카 리더십 운동'은 아프리카 대륙에서 다음 세대의 공동체 지도자를 양성하는 것을 목표로 한다.

음 세대의 아프리카 지도자를 교육시키자는 제안을 했다.

아이작이 찾던 바로 그 아이디어였다. "돈 버는 일은 간단해요. 돈을 어떻게 벌지는 우리도 알고 있죠. 하지만 우리의 진짜 목표는 세상을 변화시키는 겁니다. 이를 위해서는 우리 사회를 평가할 윤리적이고 가치 중심적인 지도자들이 필요합니다. 이러한 사람들 사이에 국제적인 네트워크를 만들어야 해요. 경제활동을 하는 데 있어 새로운 정신과 새로운 자세를 가져야 합니다. 번 돈으로 무엇을 할지도 전적으로 중요하지만, 어떤 방식으로 돈을 벌지도 중요한 문제입니다." 아이작이 말하는 것처럼, 그 자신에게는 번 돈으로 무얼 할지 생각도 하지 않은 채 단지 돈을 쌓아만 두는 것은 전혀 선택 사항이 아니다. 그는 늘 다음과 같이 강조한다. "참된 지도자가 된다는 것의 의미는 사회에 봉사하면서 자신의 능력을 보여 주는 데에 있습니다."

이기적인 기업가

아이작은 조금의 망설임도 없이 아프리카 대륙에서 아프리카 리더십 운동을 성공시키겠다고 약속했다. 아이작의 목표는 자기만 거나 자기만 돌보지 않고 세상의 진짜 문제가 무엇인지 고민하는 지도자들의 인적 네트워크를 만드는 일이다. 자기만 아는 이기적인 기업인들은 사회로부터 경멸받아야 한다. "그러한 사람들을 고립시키고 부끄럽게 만드는 문화 혹은 운동을 전개해야 합니다. 돈만 좇아가는 사람은 누구나 이방인이 되도록 만드는 거죠." 좀 더 좋은 세상을 만들기 위해 노력하고 '윈-윈-윈' 하는 상황에서 돈을 버는 사람들, 즉 자신을 위해, 전체 사회를 위해, 그리고 환경을 위해 이익을 창출하는 사람들이 마땅히 존경받아야 한다고 아이작은 말한다.

별장과 와인 저장고, 그리고 요트

훌륭한 교육을 받은 지성인이자 자본가이며, 생각하는 흑인 아프리카인으로서 많은 돈을 벌기 위해 자신의 영혼까지도 팔 수 있는 이 완벽한 시기에 도대체 무엇이 이 모든 일을 하도록 이끄느냐고 묻자, 아이작은 분명하게 대답한다. "인생에서 돈은 중요하지 않습니다. 물론 돈은 좋죠. 하지만 참된 만족을 주지는 않습니다. 돈이 얼마나 더 많아야 만족을 얻을까요? 별장 한 채, 두 채, 세 채? 와인 저장고에 요트도 있고, 자동차도 대여섯 대 있으면 될까요?" 아이작은 사업이 사람을 깊이 옭아매어 한 번 성공을 거두면 더 많은 돈과 성공을 좇도록 만든다는 사실을 경험적으로 알고 있다. 그렇지만 아이작은 이미 다른 사람이 자신을 믿고 선물해주었던 기회를 가치 있게 사용할 것을 결심했다.

아이작은 자신이 '창조적인 사회인'으로 명명한 자신과 같은 생각을 가진 사람들의 모임을 만들려고 한다. 정부와 경제계, 시민사회 분야에서 일정한 위치에 오른 이런 사람들이라면 결코 간과할 수 없는 긍정의 임팩트를 미칠 수 있기 때문이다. 아이작은 좀 더 많은 사람들이 이러한 생각과 자세를 나눈다면 이 세상에서 가난을 몰아낼 수 있다고 확신한다. 매일 그는 인적 자본을 활성화시켜, 지금은 규모가 크지 않지만, 세상을 변화시키는 사업에 투자하는 일을 한다. 경제적 행동주의에 대해 말하는 그에게 이러한 활동이 남아프리카공화국만을 위한 것인지, 아니면 경계를 넘어 전 세계에도 해당되는 것인지를 물어보았다. "목숨을 앗아간다 하더라도 시스템을 바꾸고자 했던 정치적 행동주의는 인종차별정책에 종말을 고했습니다. 오늘날 이러한 행동주의는 사라졌지만, 우리는 그것을 다시 되찾아야 합니다. 그러나 민주주의 사회에서 그러한 행동주의는 다른 분야에서 되살려야 합니다. 오늘날에는 이러한 행동주의를 사회 지도부로 가져가야 합니다. 한때 우리의 적은 인종차별정책이었지만, 오늘날의 적은 가난과 불평등입니다. 나는 아프리카의 젊은 지도자들을 슬럼가와 빈민가로 데려가, 거기서 직접 불평등을 목격하게 하고 자기 몸으로 느낄 수 있도록 합니다. 우리는 인류 역사상 아마도 처음으로 이러한 적들을 공동으로 물리칠 책임과 기회를 가진 것인지도 모릅니다."

휴대폰은 박물관으로

미아 하넥 | 미국

"예술을 통해 라이프스타일과 그것이
환경에 미치는 영향력 사이의 관계를
보여 주고, 이를 통해 대수롭지 않게
지나치는 습관에 대해 깊이 생각해 보도록
하는 것이 내가 하는 일이에요."

"최근 환경보호자들이 주장하는 미래에 대한 경고는 긍정적인 반향을 일으키기는커녕 대부분 국민들에게 아예 무관심의 대상이 되어버렸어요. 아주 드문 경우이기는 하지만, 그러한 경고가 우리가 살고 있는 복잡한 지구를 이해하는 데 실제로 많은 도움을 주기도 했거든요." 샌프란시스코의 어느 작고 예쁜 식당에서 미아 하넥을 만나자, 이제 막 서른 살이 된 그녀는 환경운동에 대해 그렇게 평가한다. "젊었을 때 40개국 이상을 돌아다녔어요. 그때 반년 이상 원주민들과 함께 집중적으로 케냐에서 지낸 적도 있고, 멕시코의 정글을 헤치고 과테말라로 간 적도 있었죠. 아르헨티나의 빙벽과 마다가스카르에 남아있는 원시림을 보며 감탄하기도 했어요. 하지만 곳곳에서 똑같이 슬픈 모습을 발견했어요. 성장에 기초한 소비사회가 그 흔적을 지구 구석구석까지 남기면서 한때 지상낙원이었던 아름다운 환경을 파괴하고 있었죠. 이런 긴장된 순간들이 나에게 더이상 기다릴 시간이 없음을 깨닫게 해주었어요. 우리는 행동해야 합니다. 그것도 아주 많이, 그리고 지금 당장 해야 돼요." 끊임없이 긴장을 조성하는 것만으로는 안 된다고 한다. 그보다 긍정의 마인드를 갖고 집중해서 장기간에 걸친 의미 있는 해결책을 실행에 옮겨야 한다고 미아는 말한다.

세계자연박물관

미아의 직업은 여행이나 환경과 관련된 분야가 아니다. 예술 애호가 집안 출신인 미아는 대학에서 예술사와 인류학을 전공했다. 졸

아킴 슈타이너 국제연합 환경계획UNEP 사무총장과 함께 한 미아 하넥

업 후에는 박물관에서 경험을 쌓으며 보스턴 터프츠 대학교 대학원
에서 박물관 경영과 전시 디자인을 계속 공부했다.

여러 곳을 여행한 이후 미아는 환경 보호를 위해 일해야 할 필요
성을 발견했다. 말보다 행동을 중요시하는 그녀는 2001년 자연에
대한 자신의 열정과 예술의 세계를 혁신적인 방법으로 결합시키기
로 마음을 먹었다. 그래서 자신의 멘토이자 지원자였던 수집가 리
처드 스미스Richard V. Smith와 함께 샌프란시스코에 세계자연박물관
Natural World Museum, NWM을 설립했다. 이러한 프로젝트는 설립 초기
제대로 된 박물관의 모습이 아니라, 생태와 관련된 주제로 수집된
목록들을 돌아가며 전시하는 수준이었다.

세계적으로 유명한 환경 예술가인 로버트 베이트먼Robert Bateman
의 작품을 다량 소유하고 있던 스미스 덕분에 미아는 처음 전시회

를 어렵지 않게 조직할 수 있었다. "예술을 통해 라이프스타일과 그것이 환경에 미치는 영향력 사이의 관계를 보여 주고, 이를 통해 대수롭지 않게 지나치는 습관에 대해 깊이 생각해 보도록 하는 것이 내가 하는 일이에요. 세계자연박물관은 예술적으로 상당한 수준의 전시회를 통해 관객들에게 환경과 관련한 영감을 주고, 그들에게 강력한 영향을 미치고자 합니다. 우리는 샌프란시스코에서 뿐만 아니라 국제연합UN의 환경 프로그램에 맞추어 케냐의 나이로비 등과 같이 세계 여러 나라에서도 전시회를 엽니다. 2008년 올림픽이 개최되는 베이징에서도 전시회가 기획되어 있어요. 전시회 작가들은 전 세계에서 모인 사람들이에요." 겉으로 보기에는 성공 가능성이 상당히 커보였지만, 그러한 계획은 초기에 많은 어려움이 뒤따랐고 좋은 기회를 잡기 위해 많은 용기를 필요로 했다.

세계를 움직인 4개월

미아의 경우 2005년 샌프란시스코에서 개최된 국제연합 환경계획 UNEP의 세계 환경의 날 행사가 기회로 찾아왔다. 이날 행사 준비를 위해 모인 정치 분야 책임자들과 만난 이후, 미아는 자신이 가진 모든 능력을 이용해 시장을 설득, 자신과 세계자연박물관이 세계 환경의 날에 즈음하여 큰 전시회를 열 수 있도록 승낙을 받아냈다. 그러나 시장의 믿기지 않던 승낙이 준 기쁨은 오래가지 않았다. 정신을 차리고 보니, 자신이 맡은 과제가 얼마나 부담스러운 것이지 깨닫게 된 것이다. 전 세계가 그날 샌프란시스코를 찾아 올 것이고,

저명인사들을 비롯한 수천 명의 방문객들이 전시회를 찾아 올 것이기 때문이었다. 완벽한 기회였지만, 그 모든 것이 4개월 내에 이루어져야 했다.

전체 팀이 뛰어난 능력을 발휘하며 열심히 일하고 준비한 덕분에 불가능에 가까운 일이 제시간에 맞추어 진행될 수 있었다. 박물관 규모로는 세계에서 가장 규모가 컸던 이 환경 전시회는 정치권과 환경운동, 예술계, 그리고 할리우드 스타들의 커다란 관심 속에 '도시의 정글'이라는 타이틀로 개최되었다. 사진작가, 조각가, 멀티미디어 예술가들의 작품들은 자연의 아름다움과 함께 콘퍼런스 주제였던 현대 도시 속에 나타난 자연의 모습들을 보여 주었다. 이 외에도 전 세계에서 100여 명의 시장이 전시회를 찾아왔는데, 이들은 샌프란시스코처럼 자기 도시에서도 환경이라는 주제를 진지하게 고민하고 지원하겠다며 자극을 받았다.

고릴라의 생활터전을 파괴하고 피를 부르는 휴대폰

미아는 지구상에서 벌어지는 복잡하게 얽힌 순환 문제와 종속 문제에 가장 큰 관심을 갖고 있다. 예를 들어 고릴라와 휴대폰처럼 전혀 상관없어 보이는 현상을 추적해 관련성을 찾아낸다. 세계자연박물관은 전시회에서 휴대폰 제작에 사용되는 물질인 콜탄Coltan이 어떻게 르완다에서 채취되는지 보여 준다. 콜탄 채취를 위해 고릴라의 생활 터전인 아름다운 산림은 벌목된다. 동시에 르완다와 다른 서부 아프리카 국가들 사이에는 이 값비싼 광물질 채집을 둘러싸고 폭력과 부패가 난무한다. 그러나 휴대폰 재료로 이렇게 채취된 콜탄은 얼마 가지도 못해 쓰레기통으로 버려진다.

미아는 숨이 막힐 듯 아름다운 자연의 모습을 마치 사진처럼 보이게 그리는 로버트 베이츠먼의 예술작품을 굉장히 좋아한다. 세계자연박물관은 환경문제를 세계 몰락과 같은 위협적이거나 두려운 모습으로서가 아니라, 예술이 전하는 아름다움과 희망의 힘을 통해 전달하고자 한다.

올림픽과 책

미아를 만나 이야기를 들어보니, 그녀를 통해 무언가 분명히 멋있는 일이 진행되고 있다는 확신이 들었다. "천천히 하라고요? 적어도 2008년 베이징 올림픽 때까지는 선택의 여지가 없어요. 내가 약간 맛이 갔다고 생각하기도 하고, 그래 가지고 결혼은 하겠느냐고 묻기도 하지만, 가족들도 제가 하는 일을 좋아합니다. 다음 예정으로는 환경예술에 관한 책[*]이나 아니면 40개국 이상 돌아다녔던 지난 번 여행에 대한 책을 한 권 내려고 해요."

미래에 미아가 하고자 하는 진짜 작업은 전 세계에 환경전시회를 계속 여는 것이다. 아마도 우리는 미래에 이루어질 그녀의 비전

....

우리의 인터뷰 기간 중 기획되었던 미아 하넥의 책은 《행동하는 예술: 자연, 창조성 그리고 우리 모두의 미래Art in Action: Nature, Creativity and our Collective Future》라는 제목으로 출간되었다.

에 대한 증인이 될 것이다. 엄마가 끄는 쇼핑 카트에 앉아 카트에 붙어 있는 광고 뒤판에 그림을 그렸던 어린 시절부터 이미 그녀는 예술과 환경보호를 서로 연결시키고 있었다. 그 어린 소녀가 지금 예술사가가 되어 세계적으로 인정받는 환경전시회의 매니저가 될 줄 당시 그 누가 생각이나 했을까?

어두운 그늘

물론 이 모든 성공이 거저 얻어진 것은 아니다. 미아는 주말에도 밤을 새고 힘들게 일해야 했던 적이 많았음을 고백한다. 두 눈에 엿보이는 피곤함을 웃음으로 가리려 하면서 미아는 다음과 같이 말한다. "내가 하는 일은 분명한 확신을 필요로 합니다. 일을 시작한 첫날부터 일주일에 약 100달러 정도를 받고 일하고 있어요. 하지만 이건 정말 직업이 아니에요, 이건 어떤 정열과 같은 것이죠. 보람도 많으면서 돈도 많이 버는 그런 일은 그저 상상이 되지 않아요. 지금 이 순간 돈은 분명 문제가 안 됩니다. 나를 움직이게 만드는 것은 나와 같은 꿈을 꾸는 사람들이에요."

Key Point

★ 모든 인생의 단계마다 자신의 직업을 통해 좀 더 나은 세상을 만드는 데 기여할 수 있는 때가 있다. 언제가 되더라도 이러한 시기는 너무 빠르지도 않고 너무 늦지도 않다.

★ 많은 나이에도 긍정의 마인드를 가지고 세상을 움직이는 일을 시작할 수 있다. 젊어지는 가장 최고의 방법은 매일 무언가 의미 있는 일을 하는 것이다.

★ 이상적인 나이란 존재하지 않는다. 하지만 선택하는 방법과 해결책은 전적으로 나이에 따라 다르다. 때로는 오랜 직장 경험과 인생 경험이 효과적이고 효율적으로 일하는 데 도움이 된다.

★ 가고 있는 길이 곧 목표다. 긍정의 임팩트를 가진 직업을 선택하면 더 큰 만족과 활력을 얻을 수 있다. 인터뷰 대상자들에게는 올바른 길에 서 있다는 것을 아는 것 자체가 이미 기쁘고 행복하다.

★ 임팩트의 크기가 결정적인 것은 아니다. 긍정의 마인드를 갖고 세상을 움직이기 시작했다는 사실이 중요하다.

4장

나는 재정적으로 취약하다?

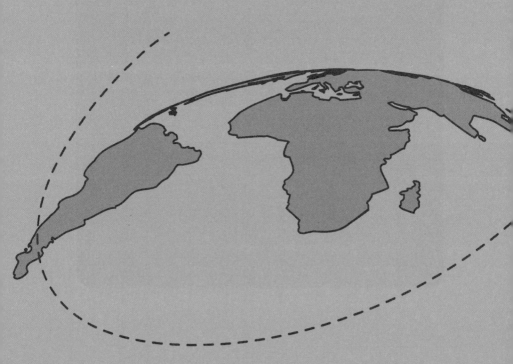

돈만으로 행복할 수 없다는 사실은 누구나 아는 얘기다. 결국 문제는 생활을 위해 얼마나 많은 돈이 필요하고, 돈이 '충분'하다고 할 때, 언제 정말 '충분'하게 되는가 하는 점이다.

집으로 돌아와 친구들과 지인들에게 여행에 대해 이야기했을 때, 그들이 보였던 반응은 이런 것들이었다. 전부 다 아주 흥미로운 이야기들이다, 하지만 나한텐 상관없는 이야기다, 결국은 어떡하든 먹고 살아야 하는 거다, 집세도 내고 자동차 할부금도 갚아야 한다, 좋은 일에 열심히 참여하고 긍정의 마인드로 세상을 움직이기 위해서 먼저 난 돈부터 많이 벌어야겠다, 그런 건 부자들이나 하는 게 틀림없을 거다…….

거기에 대해 우리가 재정적인 밑받침도 없이 확고한 의지와 가능성, 그리고 그만큼의 정열만을 가지고 길을 떠났던 카렌 체Karren Tse나 플로리안 크래머Florian Krämer 같은 사람들에 대해 다시 이야기를 해주자, 대체로 회의적이고 때로는 믿을 수 없다는 눈초리를 받기도 했다. 솔직히 말하면, 그 두 사람은 최신형 자동차도 없고 최신 유행 스타일도 모른다. 하지만 이들은 매일 자신들이 하는 일이 즐겁고, 그 일을 통해 왜 자신이 세상에 존재하는지를 깨닫는다.

인터뷰 대상자들에게서 체험했던 깊은 만족과 삶의 기쁨에 대해 이야기를 하면 할수록, 우리의 이야기를 듣는 사람들 사이에서 관심과 호기심이 그만큼 더 커져 갔다.

착한 일을 하고 그 가운데 행복을 찾기 위해 은행에 엄청난 돈을 넣어 둘 필요는 없다. 여기 소개되는 이야기들은 큰 밑천이 없어도 성공적으로 일하고 의미 있게 살 수 있음을 보여 준다.

건강하게 살기

마리아나 갈라르차 | 에콰도르

"비전이 내게 살아갈 힘을 주었습니다.
내가 해야 할 일을 하지 않았더라면, 살아
있는 동안 이미 죽은 거나 마찬가지였을
거예요. 그래서 다른 어떤 일은
할 수가 없었을 겁니다."

마리아나 갈라르차가 에콰도르의 수도 키토에서 랜드로버를 끌고 와 우리를 맞이했다. 키토는 해발 2400미터가 넘는 고도에 위치해 있는 도시다. 그녀는 우리를 경사가 가파른 도로를 따라 키토에서 동쪽으로 한 시간 가량 떨어져 있는 작은 도시인 피보로 안내했다. 1950년에 태어난 마리아나는 바로 이곳에서 열한 명의 형제들 가운데 한 명으로 자랐다. 일찍 과부가 되었고 한참 후에야 다시 결혼했던 어머니의 엄청난 노력과 능력 덕분에 형제들이 모두 대학에 다닐 수 있었다고 마리아나는 말한다. 그녀의 어머니는 섬유공장을 차렸으며, 11명의 형제들 중 누구도 소홀하게 대하지 않았다고 한다.

아름다운 산악 경관 속에 자리 잡은 피보에서 마리아나는 자연과 인간에 대한 사랑을 키웠다. 그녀는 차 안에서부터 의사가 되겠다는 어렸을 적 자신의 꿈에 대해 얘기해 주었다. 젊은 시절부터 이미 위대한 의사들의 감동적인 이야기들을 모두 읽었다고 했다. 사람을 보살피는 자기희생적인 일, 선한 일을 위해 투쟁하고 모든 사람의 건강을 위해 싸우는 일을 생각했다고 했다.

힘겨웠던 출발

마리아나는 키토에서 의학 공부를 하며 큰 충격을 받았다. 이로 인해 8년간의 대학 공부와 2년간의 대체의학 전문의 과정을 통해 여러 번 위기를 겪기도 했다. 마리아나는 의학이 이미 병에 걸린 사람만을 돌보는 사실을 이해할 수 없었다. 아픈 사람들에게 그저 엄청난 양의 약만을 처방해 주는 것이 보통이었다. "병원에서는 사람이 아니라 병이 보살핌을 받아요." 자기가 치료하는 환자를 진심으로 이해하기 위해 시간을 내는 의사를 마리아나는 본 적이 없다. 의사가 약물 치료나 2차 진료를 위해 환자의 병을 완전히 낫게 해주지 않으려는 게 아닌가 하는 느낌이 들 정도였다. 여기에선 약물을, 저기에선 주사를 놓기 위해 근본적인 치료가 아닌 단기 처방이 일반화되어 있었다.

마리아나는 아픈 사람을 그저 잠깐 동안 덜 아프게 해주는 의사가 되고 싶지 않았다. 아픈 사람을 오랫동안 아프지 않게 하고, 건강한 사람을 계속 건강하게 해주는 그런 이상적인 의사가 되고 싶었다. 시골 출신이었던 그녀는 어린 시절 신기해했던 전통적인 자연 약재들을 사용하는 치료 방법에 관심이 많았다. 현재 공공의료 서비스를 받을 수 있는 사람은 에콰도르 전체 인구의 3분의 1에 불과하다. 대부분은 식물 약재를 먹는 것으로 몸을 돌본다. 이러한 전통적인 치료 방법에 대한 지식은 세대가 지나면서 넓게 퍼져 오늘날에는 상당히 높은 평가를 받고 있다. 이때 자연에 대한 깊은 경외감 및 마을 공동체의 가치관과 마찬가지로 각각의 건강 상태에 따라 조절되는 차고 따듯한 먹을거리와 양념이 치료의 중요한 요소로 작용한다.

현대 사회에서 전통 의학과 이상주의를 결합한다고 해서 의학적 믿음을 줄 수 없음을 마리아나는 잘 알고 있다. 그래서 그녀는 의대를 다니는 동안 열심히 공부했고 재정적인 자유와 독립을 얻기 위해 많은 경험을 축적했다. "이상주의도 필요하지만, 그에 걸맞은 지식도 필요하죠!"

어린 시절의 꿈

대규모 병원에서 일하는 걸 좋아하지 않았기 때문에, 마리아나는 졸업 이후 키토 인근의 부유한 동네에 개인병원을 개업했다. 경제적으로는 잘된 일이었지만, 곧 자신이 해야 할 일생의 과제가 부유한 환자들에게 있지 않다는 사실을 깨달았다. 그래서 도심에서의 병원 일과는 별개로 고향 마을 피보에 건강센터를 열었다. 그곳에서 현재 통용되는 의료 패러다임을 바꾸고 일차적으로 가난한 사람들을 돌보고자 했다. 단순히 병을 치료하는 것뿐만 아니라 건강한 사람들이 예방조치를 통해 계속 건강한 상태를 유지하도록 하고 싶었다. 그래서 1987년 어린 시절의 꿈이었던 통합 의학을 실천에 옮길 '생활연맹Asociatión Vivir'을 설립했다. 이곳에서 움직임과 식생활에 대한 조언, 토착 질병에 있어서는 가끔 최고의 해결책을 보여 주는 전통적인 치료 방법에 대해 조언을 해주었다.

환자들은 처음에 마리아나의 치료 방법에 대해 만족해하지 않았다. 환자들은 현대 의학을 공부한 의사를 만난다는 사실에 기뻐하면서 약을 줄 것을 요구했다. 하지만 마리아나가 약물 사용만으로는 건강을 지킬 수 없다고 설명하자 모두들 실망했다. 정말로 건강을 원하고 계속 건강한 상태로 있기를 원한다면, 생활습관을 바꾸고 건강을 인생의 목표로 삼아야 한다고 마리아나는 말했다.

지속적인 건강

마리아나가 피보에 처음 개설한 건강 유지 과정에는 절친한 친구 다섯 명만이 등록했다. 그럼에도 마리아나는 용기를 잃지 않았다. "비전이 내게 살아갈 힘을 주었습니다. 내가 해야 할 일을 하지 않았더라면, 살아있는 동안 이미 죽은 거나 마찬가지였을 거예요. 그래서 다른 어떤 일은 할 수가 없었을 겁니다. 우리는 누구나 이 세상에 어떤 사명을 가지고 태어납니다. 그저 태어나기 위해, 살고 죽기 위해 이 세상에 존재하는 게 아니에요." 재정적인 이유로 도시에 있는 병원 일을 계속 하면서도 마리아나는 계속 배움을 넓혀갔다. 다른 의사들과 관계를 맺으면서 매일매일 자신의 생각을 전달하는 데 노력했다. 마리아나는 자기의 비전이 자신의 목표에 한 걸음 더 다가가기 위한 새로운 방법을 찾는 데 큰 힘을 준다고 믿었다.

대체 의학과 약초학, 건강 요리법에 관해 수년 동안 공부를 계속한 마리아나는 건강 유지와 관련된 매우 다양한 분야에서 전문가가 되었다.

가난한 자와 부자 모두를 위한 아름다운 공간

값비싼 약값을 감당할 수 없었던 환자들이 시간이 지남에 따라 마리아나의 작업에 점차로 관심을 갖게 되었다. 그렇게 해서 처음에는 보잘것없었던 건강센터가 20여년이 지나자 한 가운데 차고 시설을 갖춘 커다란 건물들로 둘러싼 복합 센터가 되었다.

이곳을 방문한 우리는 대기실 중 한 곳에서 건강식에 대한 유용한 정보들로 가득한 마리아나의 요리 책을 발견했다. 또렷하게 글자가 붙어 있는 약병들이 나란히 놓여 있는 방도 있었는데, 그곳에서 마리아나는 약초들과 또 다른 치료제들을 보관하고 있었다. 다른 건물에 있는 조용하고 아름답게 꾸민 마사지 공간을 보고서 우리는 놀라움을 금치 못했다. 그런 공간을 그 어떤 의료 시설에서도, 특히 제3세계 국가에서는 지금까지 전혀 보지 못했기 때문이다. 마리아나는 마음의 안정과 편안한 분위기가 건강의 가장 중요한 요소라고 설명하면서, 이 같은 사실은 부자건 가난한 사람이건 모두에게 똑같이 적용된다고 말한다. "난 가난한 사람들과 일하는 게 아닙니다. 그저 사람들과 함께 일할 따름입니다. 어디에서나 이런 저런 사람들을 모두 만날 수 있어요. 어떤 사람들은 친절하고, 어떤 사람들은 그렇지 못해요.

어떤 사람들은 돈이 많고 어떤 사람들은 돈이 없죠. 부유한 사람들이 센터를 유지하는 데 좀 더 많은 기여를 하는 것은 사실이지만, 이곳에서는 그에 상관없이 모든 사람들이 똑같은 관심과 보살핌을 받습니다."

수년 전부터 마리아나가 추진하는 사업에 관심을 보이던 에콰도르 정부는 1998

마리아나의 생활연맹은 가난한 사람들의 건강에 큰 기여를 하고 있다.

년 원주민들의 의학적 지식을 법률적으로 인정하기에 이르렀다. 최근 마리아나의 생활연맹은 에콰도르에 있는 22개 지역 중 19개 지역에서 건강 프로젝트를 시작했다. 그중 중요한 프로젝트는 6개 지역에서 원주민의 의학적 지식에 도움을 받아 말라리아를 줄일 수 있는 방법을 연구하는 것이다. 이러한 시도에는 그동안 생활연맹이 축적해 온 다양한 지식과 방법이 중요한 역할을 하고 있다. 예를 들어 건강한 식생활과 기능성 약초, 그리고 균형 잡힌 생활습관은 적혈구의 숫자를 강화시킨다고 한다. 적혈구의 상태가 말라리아와 함께 기타 질병의 발병 가능성에 큰 영향을 미치기 때문이다. 이밖에도 아마존 유역의 원주민들은 신체의 면역시스템을 강화시키고 특정 질병에 효과를 나타내는 식물들과 식료품에 대한 다양한 지식을 알고 있다. 이러한 전통적인 치료 방법들은 특히 말라리아와 같은 고열성 질병이나 전염병을 치료하는 데 도움이 된다. 우선 이 같은 지식은 근본적으로 예방의 차원에서 효과적이다. 다시 말해, 말라리아가 전염병으로 확산되는 것을 막는 데 사용된다. 에콰도르 지역에서 앞으로 5년 동안 말라리아가 얼마만큼 현저하게 줄어들지 기대가 크다.

건강 지원과 질병치료

마리아나는 자신의 프로젝트를 통해 많은 의학자들이 수년 전부터 요구해 온 의료 패러다임의 전환을 실행에 옮기려고 한다. 단순히 질병을 치료하는 것보다는 건강한 라이프스타일과 건강한 생활습관을 유도해 건강 상태를 지원하는 것에 집중하는 것이 중요하다는 것이다. 이러한 입장은 비싼 약을 감당할 수 없는 환자들이 많은 개도국의 경우 특히 효과적일 수 있다. 하지만 의사가 자기 환자들에게 지금보다 훨씬 더 강력하게 이러한 입장을 견지할 때는 선진국의 경우에도 약값을 크게 줄일 수 있다. 그렇게 절약되는 약값은 그저 부차적 효과일 뿐이다. 가장 중요한 이점은, 사람들이 자신의 건강을 스스로 챙기면서 삶의 질이 크게 개선된다는 점이다.

마리아나는 또한 기업체 및 지역공동체와 집중적으로 작업한다. 기업체와는 건강 프로그램을 함께 개발하고, 완전하고 건강한 생활에 대한 세미나를 개최하여 노동 조건에 대한 특성에 대해 토론한다. 이러한 프로그램은 개별 직원들에게 긍정적인 영향을 미쳐, 이때 받은 조언들을 자신들의 실제 생활에 적용하도록 한다. 기업도 장기적으로는 직원들의 건강이 좋아지고 이로 인해 작업 효율성이 상승되고 있음을 느낀다.

지역 공동체와는 그동안 14명으로 불어난 팀이 기업체에서와 비슷한 서비스를 제공한다. 가끔씩은 건강 축제를 열어, 잘못된 습관을 바꾼 사람들과 함께 자신들의 발전된 모습을 축하하기도 한다. 마리아나는 이러한 모든 활동을 통해 사람들이 변화하기를 바란다. 그리고 자신의 생활과 건강이 자기 자신의 가장 중요한 부분임을 이해하기를 바란다. 역설적이게도 이를 통해 의사가 하는 일이 종국에는 불필요하게 되는 것이 그녀의 궁극적인 목표다.

가족을 결속시키는 이상

시간이 지나면서 마리아나는 기업가 정신과 효율 경영에 대해 많은 관심을 갖고 공부했다. 자신이 이끄는 조직은 부분적으로만 후원금에 기대고 있다. 다른 수입원은 다양한 컨설팅 계약을 통해 벌어들이는 재정이다. 마리아나는 수년 전부터 자신의 사업을 지원해 주고 있는 남편과 함께 새로운 수입원을 만들려고 한다. 예를 들어 친환경 식료품을 생산해 계속적으로 건강을 증진시키는 사업을 벌이려 한다. 이렇게 해서 번 돈은 물론 생활연맹에 재투자될 것이다. 딸도 일을 도와주고 있는데, 대학에서 출판을 전공한 이후 엄마의 일을 함께 하려고 한다. 마리아나는 가족들의 이러한 도움에 기뻐하며 다음과 같이 말한다. "어떤 이상을 가지고 일을 한다는 것은 심플하면서도 좋아요. 약간 고생스럽기는 하지만, 뭔가를 배울 수도 있으니까요. 이상을 가지고 있다는 것은 또한 가족 구성원을 결속시키는 데에도 도움이 됩니다. 그건 이론이 아니라 우리 가족의 현실이죠."

아이들에게 더 나은 세상을

플로리안 크래머 | 남아프리카공화국

"매일 아침 아이들을 볼 때마다
내가 올바른 일을 하고 있다는
사실을 깨닫게 됩니다."

독일과 스위스, 오스트리아 세 나라의 가운데 위치한 보덴 호수 지역은 경치가 매우 아름다운 곳이다. 호수를 둘러 싼 기름진 언덕 너머로 과일 농원들이 그림같이 펼쳐져 있고, 그 뒤로는 오스트리아와 스위스 지역의 알프스 사람들이 천천히 산을 오르는 아름답고 목가적인 지역이다. 플로리안 크래머는 독일에서 가장 따뜻한 곳 중의 하나인 이곳에서 행복하고 편안한 유년기를 보냈다.

플로리안은 순전히 더 큰 세상에 대한 호기심과 19세 청년 특유의 순수함으로 친구와 함께 특별한 모험을 하고자 했다. 그래서 대학입학 자격시험을 마친 후 현재 콩고 민주공화국으로 불리는 자이레로 날아가, 그곳에서 남아프리카 여행을 계속하기로 계획을 세웠다. 두 사람 모두가 오래전부터 마음속에 담아 오다 마침내 실행에 옮기게 된 꿈같은 여행이었다. 하지만 1994년 4월 초 뮌헨에서 알리탈리아 항공의 AZ 394편 비행기에 오를 때만 해도, 꿈만 같던 여행이 얼마 지나지도 않아 끔찍한 악몽으로 변하게 될지는 누구도 전혀 예상하지 못했다.

전쟁이 망쳐 놓은 여행

플로리안은 10년이 지난 지금도 여전히 자신을 괴롭히고 있는 그 끔찍한 이야기를 다시 꺼내고 싶어 하지 않았다. 중앙아프리카 지역의 정치적 상황에 대해 충분한 정보를 얻지 못한 채 출발했던 플로리안과 그의 친구는 자이레 남동부에 도착하자마자 지금까지 아프리카를 뒤덮고 있는 무자비한 내전을 체험하며 몸서리를 쳐야만 했다. 최근까지 400만 명 이상이 목숨을 잃은 이 전쟁에 대해 알고 있는 사람이라면, 이웃 나라 우간다로 몸을 피하기 위해 북쪽으로 콩고 대륙을 헤쳐 나가려 했을 때, 그 두 친구가 겪었을 고통을 어렵지 않게 짐작할 수 있을 것이다. 당시 콩고는 대부분의 주변 나라들과의 국경을 폐쇄시킨 상태였다. 그래서 플로리안과 그의 친구는 다른 피난민들과 함께 지친 몸을 이끌고 혹시 개방되어 있을지도 모르는 국경을 향해 600킬로미터를 걸어갔다. 말로 형언할 수 없는 엄청난 고통과 끔찍한 장면들이 이제 막 고등학교를 졸업한 두 학생이 지나는 길로 끊임없이 지나쳤다. 몇날 며칠을 쉬지도 못하고 기진맥진한 채 나아갔던 플로리안은 고마 북쪽 산림지역에 이르자 이 순간이 자신의 마지막일지도 모른다고 생각하며 더 이상 걷지 못하고 쓰러지고 말았다. 그러나 두 친구는 캄캄한 밤 산 속에서 자신들을 발견한 아홉 살짜리 원주민 소년의 용기와 끈기, 그리고 이웃을 사랑하는 마음 덕분에 생명을 구할 수 있었다. 소년은 한 손으로 기절해 있던 플로리안을 끌고서 몇 시간을 걸어 어느 집까지 데려다 놓은 뒤 숲 속으로 유유히 사라졌다. 놀랍게도 이 집에는 우간다에 정착하고 있던 어느 영국 대사관 가정이 살고 있었다. 두 친구는 기적적으로 구출되었고, 전쟁의 총성을 피할 수 있었다.

두 젊은 친구는 피난길에 겪은 엄청난 체력 소모로 인해 열병에 걸렸다. 플로리안은 지역 병원에서 치료약을 구하려고 했다. 하지만 병원 복도에서 전쟁으로 인해 팔다리가 잘려나간 사람들, 에이즈에 걸린 사람들, 부모를 잃고 고아가 된 아이들을 보자 단지 고열로 인해 약을 구하러 온 자신이 부끄러워졌다. 이제껏 보지 못했던 가장 고통스러웠던 상황이었다. 그 순간 플로리안은 이 모든 일들을 견디고 평생을 아프리카 어린이들을 위해 일하겠다고 결심했다. 그리고 그날 병원에서 스스로에게 다짐했다. 아프리카의 비극적인 경험을 긍정의 경험으로 바꾸겠노라고, 그리고 아프리카의 많은 어린이들을 위해 긍정의 삶을 살겠노라고.

자신과의 약속

아프리카에서에서 끔찍한 체험을 겪은 지도 11년이 지났다. 그사이 플로리안의 다짐은 어떻게 되었을까?

플로리안은 아프리카 대륙에 대한 또 다른 경험을 얻기 위해 당시의 여행을 포기하지 않고 끝까지 마쳤다. 독일로 되돌아간다는 것은 고려의 대상이 아니었다. 자신의 약속을 실행에 옮길 적절한 곳을 찾기 위한 마음만 있었다. 자이레와 우간다 고아들을 생각하며 특히 에이즈 고아들을 위한 쉼터를 마련하고자 했고, 그래서 우선 케이프타운에서 사회학 공부를 하기로 결정했다. 아프리카 대륙의 나라들과 사람들을 더욱 잘 이해하기 위해 그곳에서 해마다 장기간의 여행도 계속했다. 그러면서 아름다운 시간을 보내기도 했지만, 그때마다 아프리카의 비극적인 현실은 그러한 시간을 아름답게만 바라보지 못하게 했다. 방학 동안에는 종종 사회 시설에서 아르바이트를 했다. 많은 시간을 장애 아이들, 학대받은 아이들과 보내며 버려진 아이들을 위한 학교의 책임자로 일했다. 이 모든 일들을 하면서 플로리안은 아프리카 아이들의 비참한 상황에 대해 점점 더 많은 것들을 배워 갔다.

아프리카 아이들과 에이즈

매일 먹을 것과 마실 수 있는 깨끗한 물을 구해야 하는 문제 이외에
도, 위생 상태와 빈곤 지역에 있는 많은 아이들의 교육이 아프리카
에서는 가장 큰 문제다. 그중에서도 에이즈 때문에 고아가 되어 특
별한 지원도 받지 못한 채, 매일같이 생존의 문제에 내몰리는 아이
들의 경우는 가장 심각하다. 이러한 아이들의 숫자는 매년 증가하
고 있다. 아프리카 대부분 나라의 정부는 에이즈 문제를 오랫동안
숨기거나 침묵하려 했다. 실제로 남아프리카공화국의 경우에는 이
러한 끔찍한 질병의 결과들을 간과할 수 없을 정도다. 2004년 남아
프리카공화국에서는 15~49세 사이의 인구 중 거의 21퍼센트가 에
이즈에 감염되어 있다. 2008년부터는 매년 50만 명이 이 병으로 죽
게 될 것이라는 진단이다. 이 때문에 기대수명이 1990년 65세에서
2005년 43세로 무려 22년이나 줄었다. 무엇보다 에이즈에 걸린 많
은 아이들이 이 못된 질병의 파괴적인 결과로 인해 고통받고 있다.
아버지는 가정을 떠나고, 병에 걸리거나 어쩔 수 없는 상황 때문에
어머니가 아이들을 방치하는 경우가 생겨난다. 가족을 책임지는 사
람이 없게 되자 아이들 스스로가 생계를 책임져야만 하게 된 것이
다. 남아프리카공화국에서는 매 시간마다 16명의 아이들이 고아가
되는데, 그들 중 일부는 벌써 에이즈에 걸려 있는 상태다. 플로리안
크래머는 이러한 모든 사실들을 경험하고 에이즈 고아들을 위한 고

아원을 마련하겠다고 다짐한 것이다.

시작을 위한 결심

그렇게 플로리안의 프로젝트는 대학을 졸업한 2002년 힘차게 시작됐다. 플로리안은 비교적 젊은 나이를 핑계 삼지 않고 곧바로 자신의 계획을 실행에 옮겼다. 하지만 재정적 지원이 없던 그가 졸업 이후 곧바로 고아원을 세우는 것은 또 다른 문제였다.

당시 독일로 돌아갈 비행기 값만 있었던 플로리안은 친구들과 친척들 및 지인들의 도움으로 고향에서 사진전을 열었다. 그리고 그곳에서 아프리카에서 자신이 경험한 사건들에 대해 이야기하고 에이즈 고아들을 위한 쉼터를 마련하겠다는 자신의 꿈에 대해 설명했다. 1년 동안 열심히 일하고 많은 강연회를 가지면서 자신의 계획에 대해 확신과 열정을 보이는 많은 사람들을 만났다. 그리고 남아프리카공화국으로 돌아와 고아원 설립의 초석을 놓을 수 있을 만큼의 비용을 모았다.

지금 생각해 보니 당시 대학을 졸업하자마자 마음이 이끄는 대로 자신의 계획을 추진하기 시작한 것이 올바른 결정이었다고 플로리안은 말한다. "많은 사람들은 충분한 경험과 능력, 충분한 돈을 모을 때까지 기다립니다. 하지만 그러면 벌써 늦게 되요. 지금까지 쌓아 온 안정된 생활이 주는 안락함을 포기하고 다시 새로운 모험을 감행하는 것에 대해 두려워하게 되죠."

아프리카에서는 소용없는 돈

굳은 의지와 함께 5만 유로를 가지고 남아프리카공화국에 도착하자, 플로리안은 정부가 새로운 고아원 설립을 금지시켰다는 소식을 들었다. 그렇게 많은 아이들을 하나의 시설에 모아 놓고 자라게 할 수 없다는 것이 금지조치의 배경이었다. 더욱이 남아프리카공화국 정부는 의무적으로 대가족들이 고아들을 돌보게 하려 했는데, 이건 일종의 아프리카의 전통적 관습이었다. 이런 해결책이 그렇게 나쁜 건 아니었지만, 고아들의 숫자를 생각할 때 순전히 비현실적이라고 플로리안은 말한다. 그러나 그는 정부의 이러한 조치로 인해 자신의 계획을 포기하지는 않았다.

2004년 초 플로리안은 이제껏 모은 기부금으로 자신이 실제로 할 수 있는 현실적인 프로젝트를 찾아 나섰다. 그러나 오랫동안 가시적인 성과가 없었고, 마침내 포기하고 싶은 마음까지 들었다.

한 줄기 빛

그러는 가운데 플로리안은 케이프타운의 빈민 지역 가운데 외곽에서 20분 정도 떨어져 있는 냥가의 어느 탁아시설로 향했다. 이 탁아시설의 설립자이자 운영자인 뮤리엘Muriel과 만나기로 약속을 하면서도 기대는 별로 크지 않았다. 그곳으로 향하는 길조차도 마치 모험을 떠나는 험난한 길처럼 보였다. 몇 달 전부터 저 악명 높은 빈민 판자촌으로 혼자 들어가려는 백인을 볼 수가 없었기 때문이다. 포장도로는 물론 거리 이름이나 번지수도 없는 곳이었다.

그곳에 도착하자 15년 전 탁아시설을 설립한 60세가량 되어 보이는 뮤리엘과 그녀의 남편이 매우 반갑게 맞아 주었다. 얼마 지나지도 않아 플로리안은 이들이 자신과 비슷한 생각을 가지고 있는 사람들이라는 확신이 들었다.

뮤리엘의 탁아시설은 거의 폐쇄 직전 상태에 있었다. 시설 운영을 위한 재정적인 지원이 부족했기 때문이다. 하지만 플로리안은 실망하지 않았다. 플로리안은 커다란 계획이 있었다. 마음속으로는 벌써 비어 있는 땅 위에 자신이 세울 새로운 고아원을 그려 보고 있었다.

낯선 이방인

그 이후로 시간이 쏜살같이 지나갔다. 뮤리엘과의 작업 분담은 효과적이었다. 플로리안은 모든 재정과 조직 관련 일을 맡았고, 뮤리엘은 교육 부분을 담당했다. 처음 2년 동안 그동안 모은 기부금으로 재정 상태를 호전시켰을 뿐만 아니라 탁아시설을 두 배로 확장하면서 유치원도 설립하며 전체적인 시설을 확충하는 준비를 했다.

처음에 플로리안은 자신의 활동에 대한 이곳 빈민가 사람들의 반응을 걱정했다. 매일 이곳으로 출근하는 백인은 여전히 자신이 유일했기 때문이다. 그러나 유치원 주변에 아직도 총성과 폭력이 일상적으로 일어나고 경쟁관계에 있는 범죄조직들이 이 지역에 자신의 세력을 심기위해 무장 세력을 투입하고 있음에도 불구하고, 여태까지 플로리안은 별다른 괴롭힘을 당하지 않았다. 아마도 그사이에 빈민 슬럼가의 은밀한 규칙이 자신을 보호하고 있는 것 같았다. 더욱이 원주민들은 '엔치켈레오Yentsikelelo'라는 별명을 붙여 주었는데, 원주민 말로 '축복의 씨앗'이란 의미였다.

페허에서 다시 시작하다

우리가 유럽으로 돌아와 이 책을 쓰고 있을 때, 플로리안으로부터 그곳에 대한 소식이 전해졌다.

"빈민가 아이들을 위한 프로젝트의 공동 책임자이자 탁아시설의 원래 설립자였던 뮤리엘이 2000년 시로부터 인근 토지를 분양받자, 쉽게 해결되지 않는 문제가 발생했습니다. 이 땅에는 차고들이 있는 오래된 건물이 하나 있는데, 원래는 시 소유였지만 주변에 사는 몇몇 주민들이 불법적으로 점유하면서 차고에 술을 쌓아 놓고 술집을 운영하고 있습니다. 또한 그곳에서 파티를 여는 등 이런 저런 불법적인 사업을 하는데, 때때로 경찰이 와서 검문을 하면 도난 차량도 발견된다고 합니다.

2000년부터 뮤리엘은 이 건물의 철거를 위해 노력하고 있는데, 계약서를 보면 건물 역시 우리가 받은 토지에 포함되어 있기 때문이에요. 저도 2004년부터 함께 싸우고 있지만 별 소득이 없답니다. 해당 관청에 끊임없이 민원을 제기해도 소용이 없습니다. 법적으로 분명한 우리 소유지만, 이 지역에서는 그러한 법률적 정황은 별 도움이 되질 않습니다. 공무원들의 부패와 혈연 중심의 관치가 일을 어렵게 만들고 있어요.

2005년 3월 우리는 상당한 금액을 기부받아 새로운 탁아시설을 지으려고 했습니다. 그동안은 양철로 만든 헛간 같은 곳에서 아이들이 지냈거든요. 그런데 2주가 지나 두 개의 외벽을 세우고 나자, 우리 프로젝트에 참여하고 있던 집주인들 가운데 두 명이 찾아와 공사를 바로 중단하지 않으면 새 건물을 부수겠다고 협박을 했습니다. 우리가 이 협박을 받아들이지 않자, 이들은 마을 사람들과 격렬한 논쟁을 벌인 뒤 이미 세워진 두 외벽을 부수어 버렸습니다.

마을 주민들이 자기와 자기 아이들을 위한 시설을 짓는데 왜 그걸 부숴 버리는지 이해가 가지 않습니다. 심지어 그들 중 한 사람의 조카가 우리 유치원에서 일하고 있는데도 말이죠. 새로 지은 건물이 무너지는 것을 보면서 직원들은 눈물을 흘렸고 아이들은 할 말을 잃은 듯 멍하니 서 있어야 했습니다. 점점 완성되어 가는 건물을 보면서 매일같이 기뻐하며 완공을 기다리던 그들이었기에 슬픔은 더욱 컸습니다.

물론 우리에게는 건물을 다시 지을 돈이 남아 있지 않았습니다. 이제는 양철 헛간도 없어져서 아이들은 겨울 내내 밖에서 놀아야 했습니다. 하지만 우리는 그런 수많은 어려움 속에서도 포기하지 않았습니다. 2006년 다시 약간의 돈을 모았고 그해 가을 마침내 별다른 사고 없이 건물을 완공했습니다.

건물이 파괴되고 얼마 지나지 않아 개인적으로 큰 시련을 이겨 내야 했습니다. 2005년 어느 날 오후 출근길 교차로 앞에서 차 안에 앉아 있던 내게 누군가가 총을 들이댔고 간신히 목숨을 구할 수 있었습니다. 차 안에 있던 물건 전부를 빼앗겼지만 천만다행으로

마지막 순간에 위기를 모면할 수 있었어요. 이런 사건들의 경우 대부분은 빠져나오기가 힘들거든요. 똑같은 장소에서 일어났던 지난 세 번의 경우 백인 세 명이 대낮에 자기 차 옆에서 총에 맞아 죽었으니까요.

다음날 어제 사건의 충격이 가시지 않은 상태에서 이 일을 그만두어야 할지 스스로 자신에게 질문을 던져 보았습니다. 절대로 그래선 안 된다는 게 결론이었습니다. 1년 반이 지난 지금도 당시 어떻게 그런 확신을 갖게 되었는지 분명히 알고 있습니다. 그것은 마음속 깊은 곳에서 나온 확신이었습니다. 전 단 한순간도 포기하겠다는 생각을 가져 본 적이 없습니다. 내가 다른 사람보다 강한 사람이어서가 아니고, 그런 갑작스런 습격을 두려워하지 않아서가 아닙니다. 나를 지켜주고 보호해 주는 천사가 있다고 믿는 것도 아니고, 절대로 다치지 않는다는 믿음이 있는 것도 아닙니다. 그것은 단순히 내가 하는 일이 다른 일보다 훨씬 가치 있는 일이기 때문입니다. 지금 내가 하는 일이 나에게 주어진 평생의 과제이기 때문입니다. 그게 나로 하여금 도전을 회피하지 않게 하고 인내하게 만듭니다. 나를 강하게 만듭니다. 때때로 절망하게 만들기도 하

열아홉 살의 여행에서 인생을 바꾼 사건을
만나 아프리카 아이들의 친구가 된 플로리안

지만, 내게 없는 능력을 선사하고 이 절망적인 빈민가에서 지금 우리가 하는 일들이 보잘것없는 일이 아니라는 확신을 심어 줍니다. 말하자면, 매일매일의 선물과 같은 것입니다. 단지 가난과 절망에 찌든 두 명의 젊은이들이 나를 위협하고 내가 가진 모든 것을 빼앗아 갔다는 이유만으로, 아이들을 그냥 내버려 둘 수는 절대로 없습니다. 언제까지 그렇게 운이 좋을지는 모르겠습니다. 하지만 이 일을 계속할 여력이 남아 있는 한, 내가 하는 일이 의미 있는 일이라고 느끼는 한, 하늘이 내려준 과제를 위해 언제든 희생할 준비가 되어 있습니다.

그사이 당시 범인들에게 화를 내는 게 전혀 의미 없는 일이라는 사실을 깨닫게 되었습니다. 이곳에서는 파괴된 가정, 지독한 가난, 폭력, 술, 실업과 학대가 많은 젊은이들을 이루 형언할 수 없는 궁핍한 상황으로 몰고 가는 것을 매일같이 경험하게 됩니다. 그 어떤 탈출구도 보이지 않는 그러한 상황으로 말입니다. 그 모든 게 남아프리카공화국의 백인 정부가 펼쳤던 분리정책의 끔찍한 결과들입니다. 그럼에도 흑인들은 대부분 우리를 용서하고 있습니다.

내게 총을 겨누었던 두 젊은이들의 행동을 용서할 수밖에 없다는 생각이 들었습니다. 그러한 용서는 어떤 관대한 행동이 아닙니다. 그것은 폭력과 증오라는 저 끊임없이 되풀이되는 악순환을 몰아낼 인간으로서 해야 할 당위적인 행동입니다. 남아프리카공화국에서 가난과 에이즈, 폭력이 인간의 삶을 얼마나 심각하게 훼손하는가를 매일 경험하면서, 매순간 그만큼 더욱 내가 살아 있다는 사실 뿐만 아니라 이 일을 계속 할 수 있다는 사실에 고마움을 느낍니다."

가치 있는 삶

은조구 카하레 | 케냐

"나 자신뿐만 아니라
주변 사람들의 생활환경을
개선하는 것이
내가 해야 할 의무예요."

왕가리 마타이Wangari Maathai라는 이름을 들어본 적이 있을 것이다. 케냐의 환경운동기구인 그린벨트 운동Green Belt Movement, GBM의 설립자로 2004년 노벨평화상을 받은 첫 번째 아프리카 여성이다. 그러나 노벨상을 수상하지는 못했지만 뒤에서 자신의 열정과 헌신적인 활동으로 성공적인 결과를 함께 이끌어낸 동료들의 이야기는 더욱 흥미롭다.

우리는 나이로비에서 은조구 카하레와 만나 이야기를 나누었다. 그린벨트 운동이 추진하고 있는 환경 활동에 걸맞게 오래된 야자나무 아래 은은한 향기가 배어 있는 본부 건물의 정원에서였다. 은조구 카하레는 묘한 매력을 풍기는 인물이다. 망막염에 걸린 후 아래로 처진 눈꺼풀에 왼쪽 눈 대부분이 가려져 있어 어떤 비밀스러운 인상을 주기도 했다. 하지만 얼굴 전체에는 겸손함이 배어 있는 그런 모습이다. 은조구는 40세로 네 명의 아이를 둔 아버지다. 거의 20년 전부터 왕가리 마타이와 함께 일을 하고 있지만, 사람들로부터 인정을 받기 시작한 것은 왕가리가 노벨상을 받고 나서부터다. 그의 이야기는 케냐의 어느 황무지 마을에서부터 시작된다. 케냐를 생각하면 먼저 목가적인 시골 풍경을 떠올릴 것이다. 녹색의 초원에 사파리 여행객들을 기다리는 야생동물과 화려한 옷을 입은 사람들의 환한 웃음을 기대할지도 모른다. 하지만 이것은 극히 일부분일 뿐이다. 케냐의 또 다른 현실은 점점 더 넓게 퍼져 가고 있는 황무지의 모습이다. 농지로 쓸 수 있는 땅은 점점 줄어들고, 상대적으로 많은 사람들이 식량을 구하기 힘들어한다. 집중적인 경작과 벌목이 인간의 생활공간을 위협하고 갈등과 불화를 야기한다. 이러한 점들이 은조구의 고향 마을에서처럼 케냐의 많은 지역을 처참한 가난에 빠뜨리는 가난의 주요 원인이 되고 있다.

절반의 시작

은조구는 수도 나이로비에서 사는 게 어린 시절 꿈이었다고 말한다. 그의 꿈은 농경제학을 공부하기 위해 나이로비로 가서 1989년 4번의 재정적 어려움을 이겨내고 졸업할 수 있게 되었을 때 이루어졌다. 대학을 졸업한 은조구는 공무원이 되어 케냐의 농업환경을 개선하고 돈을 벌어 부인과 첫 아들을 나이로비로 데려오고자 했다. 하지만 일자리를 구하려고 하자 케냐 정부가 공무원 임용을 중단했고, 은조구는 고향 마을로 돌아가야만 했다. 고향에서의 생활은 매우 열악했다. 조그마한 방 한 칸에서 가족들과 함께 지내야 했고, 송어 양식으로 최소한의 생활비를 마련해야 했다.

그러던 어느 날 도시에 있던 친구들이 다녀갔고, 이어 왕가리 마타이 교수를 찾아가 은조구의 물고기 양식 실험에 대해 이야기를 전했다. 그러자 케냐에서 여성으로서는 처음으로 박사학위를 받고 나이로비 대학교에서 학생들을 가르치던 왕가리 교수는 은조구를 나이로비로 불러 자신의 프로젝트에 대해 대화를 나누었다. 당시 그녀가 추진하고 있던 그린벨트 운동은 시작 단계였고 은조구 역시 거기에 대해 전혀 들은 바가 없었지만, 둘 사이에는 많은 시간의 대화가 이어졌다. 은조구는 왕가리 마타이의 프로젝트에 대해 많은 관심이 있었지만, 우선 자신에게 최소한의 생활을 보장해 주는 양식장으로 돌아왔다. 하지만 둘 사이에는 계속적인 의견 교환이 이어졌고, 은조구는 자연스럽게 다음번 나이로비 출장 때 다시금 그린벨트 운동 사무실을 들르게 되었다.

기쁨의 발견

은조구는 그날 아침의 일을 지금도 정확히 기억한다. "아주 이른 아침이었고 문은 닫혀 있었습니다. 하지만 경쾌한 타자기 소리는 들을 수 있었죠. 이른 아침부터 누군가가 나와 일을 하고 있다는 사실에 놀라워하면서 창문을 통해 누구인지 알아보려고 했어요. 그러자 내 이름을 부르는 마타이 교수의 목소리가 들렸고, 저는 깜짝 놀랐어요. 마침내 반년 만에 서로의 얼굴을 보게 된 겁니다." 이어진 마타이 교수와의 대화를 통해 은조구는 용기를 내어 그린벨트 운동을 위한 새로운 공동체와 묘목 재배학교를 자신의 고향 마을에 세우기로 결심했다. 그렇게 몇 달이 지나자 은조구는 그린벨트 운동과 함께 자신이 편안하게 일할 수 있는 곳을 찾았다는 생각에 기쁨을 감추지 못했다. 이곳에서는 다른 사람들을 위한 의미 있는 일을 할 수 있었고 자신이 가진 가능성과 능력을 십분 발휘할 수 있었기 때문이다. 이런 기쁨이 그로 하여금 초기의 보잘것없던 보상과 매일매일의 작업에서 견뎌 내야 했던 어려움들을 상쇄시켜 주었다.

지원금에 대한 오해

은조구가 나무 심는 것이 얼마나 중요한 일인지를 설명하자 대부분의 마을 사람들은 회의적인 표정을 지었다. 이들은 은조구가 그린벨트 운동에서 제공하는 지원금 때문에 이런 일을 한다고 추측했다. 별다른 이득도 없는데 다른 사람을 위해 일하는 사람이 있다는 사실을 믿기 힘들었던 것이다.

케냐 공안경찰이 은조구를 주목하고 협박을 하면서 이겨내야 할 어려움은 더욱 늘어갔다. 케냐 정부가 추진하던 몇몇 반 생태적인 프로젝트에 왕가리 마타이가 반대하면서부터 그린벨트 운동이 반정부 기구로 인식되었기 때문이다. 그린벨트 운동이 거의 반국가 단체로 오해받았던 1993년에는 정부의 추적을 피해 여러 번 모임 장소를 바꾸어야 했고, 마타이 교수는 세 번이나 감옥에 갔다 오기도 했다. 하지만 그때마다 석방하라는 여론의 압력이 있어 무사히 빠져나올 수 있었다.

나무 심기의 중요성

그 모든 어려움들에도 불구하고 은조구는 2년이 되지 않아 94개의 묘목 재배학교를 세우고 나무를 관리할 단체들을 조직했다. 이 단체들은 전적으로 생태적인, 그리고 경제적인 프로젝트의 의미에서 만들어졌다. 여기서는 무엇보다 여성들이 적극적인 활동을 벌인다. 이들은 그린벨트 운동으로부터 어린 묘목을 분양받고, 자기 집이나 학교, 또는 교회 부지에 옮겨 심어 관리한다. 이를 통해 땔감을 얻

은조구가 관리하는 묘목 재배학교 내부

거나 나무 그늘 아래에 채소를 심을 수 있고, 수확물이나 새롭게 자란 어린 묘목을 내다 팔아 수입을 올릴 수도 있다. 이러한 수입은 그동안 사회에서 심각하게 홀대받아 왔던 여성의 지위를 상당 부분 향상시켜준다. 장기적으로 그린벨트 운동은 사람들에게 환경문제에 대해 관심을 가지도록 하여 지속적 발전이 가능한 해결책을 제공하고자 했다. 그래서 케냐 북부에서처럼 아프리카의 많은 지역에서 발생하고 있는 '자원 난개발로 인한 생활환경의 파괴와 막대한 토지의 황무지화'라는 끔찍한 고통을 피할 수 있도록 하는 것이 목적이다.

현장에서 사무실로

1993년 은조구는 심한 망막염을 앓았다. 자전거를 타고 먼지가 심하게 날리는 길을 많이 돌아다닌 것이 병의 원인인 것 같았다. 그 때문에 지금까지 그의 시력은 정상이 아니다. 당시 은조구는 심한 망막염으로 인해 그동안 즐거운 마음으로 해왔던 그린벨트 운동 일을 못하게 될까 걱정했다고 한다. 하지만 은조구는 본부가 있는 나이로비에서 그린벨트 운동의 전략과 추진 방법에 대한 개선 작업을 담당하는 일을 제안받았다. 그 가운데 무엇보다 중요한 일은 대학 졸업자들을 채용하여 이들이 그린벨트 운동에서 계속 일을 할 수 있는 여건을 만드는 것이었다. 은조구는 1991년 그린벨트 운동에서 일하는 처음이자 유일한 대졸자였다. 은조구의 노력 덕분에 2006년에는 15명의 대졸자들이 그린벨트 운동에서 일하게 되었다. 이들 중 대부분은 현재 6000여 개의 묘목 재배학교를 관리하는 최적화된 시스템 개발을 위해 일하고 있다. 그러는 사이 지속 발전을 위한 10개의 국제적인 프로그램들이 만들어지기도 했다.

"살아남기 위해서는 어쩔 수 없이 나 자신의 창의성을 죽이고 대부분의 사람들이 관례적 시스템 속에서 사용하는 부조리한 방식을 사용해야 합니다. 그렇지 않으면 완전히 다른 게임을 벌여야 합니다. 난 이런 사실을 아주 일찍부터 알고 있었습니다. 그래서 누군가가 내 생각을 훔쳐가 팔아먹을 수 있다는 이유로 서로의 아이디어를 공유하지 못하는 그런 문화 속에서는 일하고 싶지 않았습니다. 순전히 개인적 이익만을 좇아가고 공동의 안녕이라는 목표를 잃어버리는 그런 문화 속에서도 일하고 싶지 않았습니다. 그린벨트 운동은 내가 가진 창의성과 가치관을 잃어버리지 않게 해준 전혀 다른 무대를 마련해 주었습니다."

100개의 댐

은조구는 때때로 현장 일을 그리워한다. 자기가 심은 나무나 이를 통해 번 약간의 돈을 보여 주며 자랑스러워하고 행복해하던 사람들의 모습이 떠오르기 때문이다. 특히 관개시설을 만들기 위해 작은 댐들을 건설하던 프로그램은 잊히지가 않는다. "2003년 어느 마을에 저수시설을 위한 댐을 건설했습니다. 댐이 완공되어 물이 흘러가게 된 후 여자들의 얼굴을 유심히 봤어요. 이제 더 이상 식사 준비를 위해, 가축과 나무에게 줄 물을 긷기 위해, 몇 시간 이상 걸을 필요가 없게 된 그들은 그 자리에 서서 마냥 행복해 했습니다. 그러한 경험은 마음속 깊은 곳에 내가 지금 하는 일에 대한 깊은 만족과 동기부여를 선사합니다. 비용이 얼마가 들든 상관없이 계속해서 댐을 100개는 더 건설해야 할 것 같은 그런 느낌이었습니다. 사무실에서 일을 해도 그러한 기억들은 전혀 잊히지 않습니다."

가족의 불신

현재 4명의 자녀를 둔 은조구는 지난 수십 년 동안 자신의 책임 아래 심고 세운 나무와 댐을 볼 때마다, 가족마저도 자신을 오해하고 무시했던 지난날의 어려움들이 떠오른다고 했다. 가족들이 대학을 졸업한 사람이 안정된 생활을 보장하는 공무원직을 마다하고 반정부 활동기구에서의 활동을 좋아하는 걸 이해할 수 없었기 때문이다. 경제적인 어려움을 겪었던 초기에 은조구는 그린벨트 운동이 곧 없어지게 될 거라는 친척들의 말을 듣고 살아야 했다. 하지만 그린벨트 운동 식구들과 함께 해온 마음속 깊은 곳에서 우러나온 열정적인 활동을 생각할 때마다, 세상을 놀라게 한 일들을 이루어 냈다는 사실에 자신의 마음도 늘 기쁘다.

노벨상과 가치관의 중요성

2002년 케냐의 정권 교체와 2004년 왕가리 마타이의 노벨상 수상을 통해 그린벨트 운동은 공식적인 기구로 인정받으며 몇몇 중요한 변화를 겪게 되었다. 하지만 노벨상 수상 이후 받게 된 세간의 엄청난 관심은 부작용을 낳기도 했다. 2004년 이후 이기적이고 호기심 많은 여러 사람들이 그린벨트 운동에 관심을 갖게 되어, 순수한 마음으로 도움을 주는 사람들과 다른 목적이 있는 사람들을 구분하는 것이 힘들어졌기 때문이다. 그렇지만 그린벨트 운동은 이미 확고하게 서 있는 가치관을 바탕으로 올바른 결정을 내리는 데 있어 문제가 없다. 이에 대해 은조구는 다음과 같이 말한다. "무엇보다 세계관이 가장 중요한 판단 기준입니다. 난 그걸 오래전부터 배워 왔어요. 자기를 존중하고 자기를 책임지는 것, 명예로운 행위, 자기 자신에 대한 믿음, 세상을 돌아가게 만드는 작지만 근본적인 모든 것에 대한 존경, 그런 것들이 그린벨트 운동이 추구하는 기본적인 가치입니다."

지난 수십 년 동안 은조구와 그린벨트 운동 동료들은 케냐 사람들에게 이러한 가치관에 대해 모범을 보이며 공동체가 가져야 할 책임관과 투명성, 권한에 대해 이야기해 왔다. 노벨상 수상 이후에도 이러한 가치관은 조직 운영에 긍정적으로 작용하고 있다. 은조구는 자신이 이러한 운동의 일원이 될 수 있었던 것이 커다란 행운이었다고 말한다. "나 자신뿐만 아니라 주변 사람들의 생활환경을 개선하는 것이 내가 해야 할 의무예요. 사람들은 대부분 자신이 어디로 가고 있는지, 개선이 무얼 의미하는지 모르고 있어요. 때문에 이런 일은 굉장히 많은 수고가 필요합니다. 만약 그린벨트 운동에 참여하고 싶다면, 먼저 이 점에 대해 깊이 고민해 봐야 합니다."

피의자에게도 권리를

카렌 체 | 스위스

"중요한 건 과정이지 목표가 아니에요.
목표에 도달하는 것보다 목표에
다가가면서 당신이 어떤 사람이
되는가 하는 것이 중요합니다."

감당할 수 없는 절망과 막연한 확신이 혼재된 상태에서 겪었던 과거의 경험들에 대해 카렌은 다음과 같이 말한다. "어떤 일을 이루어낸 순간들, 혹은 실패로 눈물을 흘리며 도대체 내가 왜 이 일을 하고 있는가 스스로에게 질문을 던지던 순간들을 떠올려 봅니다. 캄보디아에서는 많은 경찰들이 증거 조사라는 것을 모릅니다. 경찰에 체포되면 자백을 할 때까지 고문을 당합니다. 자백을 하면 일단 감옥으로 끌려가고 재판 절차는 생략됩니다. 난 그런 절망적인 상황을 바꾸어 보려고 합니다." 카렌은 스위스 주네브에 위치한 사법 정의를 위한 국제 중개소International Bridges to Justice(약칭 IBJ)에서 일한다. 몇 년 전부터 그녀는 모든 국가가 재판을 진행하면서 법치국가에 알맞은 기준을 적용하도록 하기 위해 노력하고 있다. 특히 우선적으로 캄보디아와 중국, 베트남을 주의 깊게 신경 쓰고 있는데, 더 멀리는 좀 더 많은 나라에서 형사재판 변호인들을 교육시켜 고문을 받거나 정당한 절차 없이 감옥에 갇히는 사람이 생기지 않도록 하는 것이 목표다.

캘리포니아에서 캄보디아로

카렌 체는 중국계 아버지와 미국인 어머니 사이에서 태어난 젊은 여성이다. 1990년에 미국 로스앤젤레스의 캘리포니아 대학교UCLA에서 법학공부를 마쳤고, 샌프란시스코 지역에서 인권변호사와 국선 변호사로 일했다. 1994년에는 크메르 루즈에 의해 완전히 파괴된 국가 사법체계를 재건하는 데 도움을 주기 위해 캄보디아로 갔다. 카렌은 국제연합 인권센터의 '법률지원 프로그램'과 '캄보디아 변호사 프로젝트'의 위탁을 받아 독재자 폴 포트의 공포정치와 이로 인한 지독한 가난에서 여전히 벗어나지 못하고 있는 나라 캄보디아에서 3년 동안 일했다. 그녀가 담당했던 일은 무엇보다 형사재판 변호인을 교육시키는 일이었는데, 당시 캄보디아 전체에 변호사는 3명밖에 없었다. 언젠가 카렌은 감옥에 갇혀 고문을 받던 12살짜리 아이를 만나러 간 적이 있었다. 자전거를 훔치려 했다는 것이 죄목이었다. 이 아이는 다음날 또 어떤 고문을 받을지 몰라 매일매일을 두려움에 떨면서 지내고 있었다. 이런 경우에는 원래 국선 변호사의 도움을 받아야 했지만, 그 대신 아이는 고문으로 인해 자백을 강요당했다.

아무도 모르는 법

카렌은 캄보디아와 같은 나라들이 인권을 부정하는 것은 아니라고 설명한다. 오히려 많은 나라들이 아주 현대적인 형법을 가지고 있다고 한다. 다만 서양에서는 당연한 것으로 보이는 판결 절차들이 이런 나라들에서는 문화적인 차이뿐만 아니라, 인력 양성 차원에서 뿌리내리지 못하고 있다는 점이 문제로 지적된다. 또한 증거 수집과 증인 심문에 있어서도 전문적인 지식과 능력이 부족하다. 비디오나 카메라, 컴퓨터와 같은 단순한 기구가 없는 경우도 허다하다.

　카렌과 그녀의 동료들은 캄보디아에서의 3년 동안 정부와의 긴밀한 협조 속에 형사재판 담당 변호인들과 형사소송에 참여하는 인력들을 대상으로 많은 세미나를 열어 새로 제정된 법률이 지켜지도

록 교육했다. 또한 국민들에게 피고와 형사 피의자의 권리에 대해
적극적으로 알렸다.

신학 공부

캄보디아에서 돌아온 이후 카렌은 자신이 믿는 종교와 관계없이 신
학과 종교학을 공부할 수 있는 하버드 대학교 신학대학에 입학해
공부를 마친 후 성직자가 되기로 결심했다. 이를 통해 자신이 믿고
있던 종교인 도교를 깊이 이해하고 자신이 가야 할 보다 먼 길을 찾
고자 했다. 하지만 아시아에서 경험했던 일들이 카렌을 가만 놓아
두지 않았다. 그래서 1999년 대학에 다니면서 일정한 기구나 조직
을 만들어 우선적으로는 캄보디아와 베트남 및 중국, 그리고 이후
전 세계에 걸쳐 형법 시스템을 개선하고, 개선된 시스템이 정착되
도록 도움을 줄 수 있는 전략적인 계획을 세웠다. 카렌은 그때 당시
를 다음과 같이 회상한다. "사법정의를 위한 국제 중개소를 설립했
을 땐 너무나 순진했어요. 그런 일이 얼마나 어려운 일인지 상상도
못했었죠. 엄청나게 많은 것들이 필요했는데, 그저 아이디어가 좋
으니 전 세계 모든 사람들이 찾아와 날 도와줄 거라는 낙관적인 생
각만 했어요. 1년만 지나면 조직 일을 그만두고 내 생활로 돌아올
수 있으리라 생각했던 겁니다."

이상주의와 돈

몇 달이 지나지 않아 이러한 생각이 잘못됐음을 깨달았다. 남편의 직장 문제로 인해 카렌은 주네브로 거처를 옮겼고, 곧 옮겨 간 집으로 매일같이 자발적인 지원자들이 찾아왔다. 하지만 사업 초기에는 기부자를 찾을 수가 없어 전임 인력이 없었고, 월급도 받지 않으면서 IBJ에서 상근하며 일을 할 준비가 돼 있는 사람도 없었다. 그러나 카렌은 매번 바뀌는 팀원들과 함께 지원금 하나 없이 열심히 그리고 지속적으로 사업을 추진해 나갔다. 그렇게 2년이 지나고 나서야 처음으로 상당한 금액의 지원을 받아 그동안의 노력에 결실을 보게 되었다.

그때까지가 카렌에게 있어서 가장 힘들고 고통스러운 시간이었다. 하지만 카렌이 이끄는 단체는 돈을 마련할 수 없어 어렵다고 쉽게 포기할 수 있는 그런 일반적인 회사가 아니었다. IBJ는 쉽게 헤쳐 나갈 수 없는 어려움들을 '내가' 하겠다는 생각으로 극복해 나갔다. "누군가는 이런 사람들을 도와줘야 해요. 그런데 그 누군가가 왜 내가 아닌 거죠?"

카렌은 에너지가 넘치는 재미있는 사람이다. 잠시만 얘기를 나누어도 열정을 느낄 수가 있고, 마음속에 숨겨있는 에너지를 이해할 수 있다. 카렌은 어렵고 힘든 시기를 일종의 연단과 시험으로 이해하는 법을 배웠다. 남편과 직원들의 도움으로 어느 정도 가족의 생계가 보장된 것은 큰 도움이 되었다. 하지만 IBJ와 자신의 성공을 위한 보장은 그 어디에도 없었다. 이러한 리스크는 카렌 혼자 감당해야 했다.

피의자의 권리

현재 IBJ는 늘 일로 바쁘지만 편안하게 꾸며져 있는 사무실을 두고 있다. 직원들은 많지 않지만 전략 지역인 중국, 캄보디아, 베트남에서 지방 정부와의 협력 아래 형사 변호인을 위한 세미나를 준비하고 있다. 그리고 그곳 국민들에게 자신들이 가진 권리에 대해 정보를 제공하는 캠페인을 열고 서방 국가와 아시아 국가의 형사 변호인들 사이에 다리를 놓아 주고 있다. 예를 들어 중국에서는 국가 법률자문위원회 및 중국 16개 지역의 법무부와 함께 피의자 권리 캠페인을 중국어, 몽골어, 티베트어, 위구르어 및 영어로 진행했다. 이때 열린 전국 규모의 워크숍에는 수백 명의 형사 변호사와 국선 변호사들이 참여하여 교육을 받았다. 또한 현재 형사법과 소송법 및 그 적용 사례들과 관련된 모든 자료들을 정리하여 형사 변호인을 위한 중국어 소책자를 발간하여 배포하고 있다. IBJ는 지방에 거주하는 형사 변호사와 법률자문단이 현재의 법률과 새로운 개정안

카렌의 활동으로 캄보디아의 피의자들도 자신들의 권리를 알게 되었다.

에 대해 정보를 얻을 수 있도록 인터넷 홈페이지를 구축하는 것에
도 도움을 주었다.

세계적인 사회적 기업가 네트워크 조직을 구축하기 위해 일하면
서 카렌의 작업을 몇 년 전부터 구체적으로 관찰해 왔던 우리의 인
터뷰 대상자들 중 몇몇이 이미 확신했던 것처럼, 이 모든 활동과 카
렌이 단초를 놓은 상호 협력 작업은 오늘날 현장에서의 인권상황을
개선하는 데 있어 매우 긍정적인 영향을 미치고 있다. 어떤 이들은
카렌의 활동을 대규모 국제기구나 국가의 파견 활동보다 훨씬 의미
있는 일로 인정하기도 한다.

중국에서와 같이 캄보디아나 베트남에서도 비슷한 결과들이 나
타났고, 긍정적인 결과들로 인해 IBJ에 대한 대중의 관심 역시 커졌
다. 이로 인해 마침내 스콜 재단의 도움과 같이, 작지만 효과적인
단체로 활동하는 데 필요한 재정적인 지원을 받을 수 있는 길이 열
리게 되었다.

변호사 교육

카렌은 미래를 생각하며 현재의 형사법 체계 개선을 통해 이 땅에
사는 사람들의 삶의 질을 좀 더 끌어 올릴 수 있는 가능성을 발견했
다. 이제는 재정적인 지원을 받을 수 있기 때문에, 그러한 계획은
예전에 비해 빠르게 성취될 수 있을 것이다. 카렌의 다음 목표는 공
정하고 효율적인 형법 시스템 구축에 있어 도움이 필요한 많은 나
라들의 요구에 제대로 대처하기 위해 일종의 '국제 형사 변호인 연

구소'를 설립하는 것이다. 이에 따라 IBJ는 이러한 나라들의 형사 변호인들을 모아 최근의 형사법체계 모델에 대해 집중적으로 교육할 계획을 가지고 있다. 그렇게 되면 이들이 자국으로 돌아가 자기가 배운 모델을 실행에 옮길 수 있을 것으로 기대된다. 이들은 자국의 형사법 체계 개선을 위해 노력할 수도 있고, 수천 명의 변호사들을 교육시킬 수도 있을 것이다. 연구소는 또한 전 세계의 형사 변호인들에게 IBJ가 가지고 있는 기반 시설과 지식을 활용할 수 있도록 할 예정이다. 그렇게 해서 국제적인 교류 프로그램을 만들어 국가 간의 협력을 위해 노력하려고 한다.

과정과 목표

현재 시점에서 IBJ와 함께 했던 녹록치 않았던 시간을 되돌아 볼 때마다, 카렌은 어려운 역경 가운데서도 팀원들과 함께 이루어낼 수 있었던 성과에 깊이 만족한다. 우리는 혹시 그녀가 이 길을 선택한 것에 대해 한 번 쯤 후회한 적은 없었는지, 포기하고 싶었던 적은 없었는지 알고 싶었다. "IBJ를 세웠을 때는 목표가 제일 중요한 줄 알았어요. 얼마 지나지 않아 이런 생각은 바뀌었고 곧 두 가지를 깨닫게 되었습니다. 첫 째로, 중요한 건 과정이지 목표가 아니라는 겁니다. 두 번째로는 목표에 도달하는 것보다 목표에 다가가면서 당신이 어떤 사람이 되는가 하는 것입니다." 시간이 지나면서 카렌은 자신이 무엇 때문에 매일매일 그 모든 어려운 문제들에도 불구하고 마음속 깊은 곳에 만족을 느끼며 살아가는지 이해하게 되었다고 한

캄보디아 피의자들과 자리를 함께 한 카렌

다. 그녀 자신은 문제의 일부가 아니라 그 문제를 해결하는 답의 일부였던 것이다.

행복 프로그램

자기 자신만을 생각하는 이기적인 세계를 넘어 좀 더 높은 목표와 자신의 삶을 연결시킬 때 인간은 궁극적으로 행복할 수 있다고 카렌은 확신한다. 그럴 때 반드시 자기가 그 목표의 주도권을 쥐어야 할 필요는 없다. 모든 사람은 각자의 능력에 따라 좀 더 나은 세상을 만드는 데 기여할 수 있다. 카렌이 탐탁지 않게 생각하는 컴퓨터 프로그래머의 경우도 마찬가지다. "컴퓨터 프로그래머가 하루 종일 앉아 게임이나 회계 프로그램 같은 것만을 개발할 필요는 없습니다. 예를 들어 형사 변호사를 위한 멀티미디어 교육 프로그램을 만들 수도 있고, 중국에 있는 2500개 법률 지원센터를 위한 정보 자료 소프트웨어를 제작할 수도 있어요."

카렌은 불과 몇 년 전만 해도 자신이 전 세계 많은 사람들의 인생에 영향을 미치는 단체를 이끌 것이라고는 꿈도 꾸지 못했다. IBJ 설립 초기에 자신의 내면의 깊은 곳에서 들리는 목소리를 듣지 않았더라면, 아마도 오늘 날 많은 훨씬 더 사람들이 고문을 받으며 무기력하게 고통받고 있을지도 모른다. 이 분야에서 좀 더 많은 성과가 이루어져야 하지만, IBJ의 활동은 세계의 몇몇 나라에게 희망과 믿음을 심고 있다. 항상 웃는 얼굴이지만 진지한 표정을 지어 보이며 카렌이 말한다. "칼릴 지브란의 시 중에 다음과 같은 구절이 있어요. '그대의 기쁨이란 가면을 벗은 그대의 슬픔. 그대의 웃음이 솟아오르는 그 샘이 때로는 그대의 슬픔으로 가득 채워진다.' 때로는 고통이 느껴지는 마음속 깊은 곳에서 기쁨도 함께 만들어지죠. 그래서 IBJ를 만들면서 겪었던 수많은 도전과 어려움을 늘 감사하게 생각하고 있습니다."

Key Point

★ 의미 있고 보람 있는 직업을 얻으려면 새로운 길을 찾아야 한다. 때때로 이것은 자신의 라이프스타일을 바꾸고, 동시에 다른 일을 통해 부가적으로 돈을 벌며 자신을 도와줄 사람을 찾는 것을 의미한다.

★ 회사나 기업의 직원으로서 긍정의 임팩트를 기준으로 삼는 활동 분야를 찾는다.

★ 새로운 인생 방향을 잡는 단계에서는 가족과 친구들의 지원이 중요하다.

★ 대부분의 인터뷰 대상자들은 돈만으로는 행복을 얻을 수 없다는 점을 강조한다. 때문에 항상 재정적으로 풍족하지는 않지만, 그들 중 누구도 지금 하고 있는 일을 포기하려 하지 않는다.

★ 자신의 비전을 버리지 않고 열심히 일하는 사람은 재정적인 지원을 얻게 된다. 하지만 이러한 지원을 얻기까지는 2년에서 5년 정도 시간이 걸린다는 사실을 염두에 두어야 한다.

★ 자기 자신의 생계에 대해 분명한 입장을 가지는 것이 필요하다. 인터뷰 대상자들의 경험에 따르면, 기본적인 생계 비용은 흔히 생각하는 것처럼 많이 들지 않는다.

★ 프로젝트 파트너와 신뢰를 구축하고 안정적인 관계를 유지하기 위해, 그리고 혹시 발생할 수 있는 실패로 인해 고객이 큰 어려움에 직면하지 않도록 하기 위해 새롭게 시작한 사업은 재정적인 안정 장치가 있는 것이 좋다.

5장

나는 내가 하고 있는 일에 이미 성공했다?

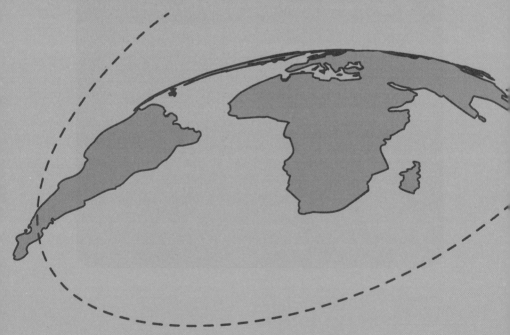

사람들은 기존의 직장을 버리고 왜 새로운 직업을 찾으려 할까? 왜 새로운 방향을 잡아 전혀 다른 길을 가려고 하거나 상당한 위험을 감수하고도 새로운 출발을 하려고 할까? 그러한 결심을 하는 이유는 각자가 처한 상황에 따라 매우 다양하게 나타나고, 당사자가 아닌 경우 그 이유를 이해하기란 쉽지 않다.

5장에서는 자기 인생의 변화와 관련하여 스스로에게 많은 질문을 던지며 고민하는 사람들을 만난다. 우리에게 이들의 고민이 흥미로운 이유는, 이들 자신이 경제적 부와 사회적 존경, 책임 있는 위치, 권력과 영향력 등 일반인들이 대부분 꿈꾸어 왔던 성공의 기준을 거의 모두 이루어낸 사람들이기 때문이다. 이들은 백만장자였고 성공한 사업가였다. 고위 관직에 있거나 세계적인 무대에 올라 명성을 누리던 사람들이었다. 그러나 이들은 인생의 어느 한 순간 자신이 정말로 추구했던 것이 이러한 성공이 아니었음을 깨닫게 되었다.

행복을 '목표를 이루어 충분한 만족과 기쁨을 느끼는 상태'로 정의한다면, 우리의 인터뷰 대상자들을 행복한 사람이라 말할 수 있을 것이다. 이들은 직장생활에서 자신이 세운 많은 목표를 이루어냈다. 하지만 냉정히 따져보면 이들 스스로도 이러한 성공이 정말 자신의 개인적 목표와 일치했는지, 혹은 현재의 성공이 계속해서 스스로에게 만족과 기쁨을 가져다주는지 거의 고민해 본 적이 없음이 드러난다.

이러한 고통스러운 인식이 사고의 전환을 가져왔다. 우리의 인터뷰 대상자들은 곧 어떠한 직업적 목표가 자신을 개인적으로 만족시키고 마음의 여유를 가져다 줄지 고민했다. 자신들 스스로가 앞으로 어느 것에서 만족과 기쁨을 얻으려고 하는지를 알고자 했다.

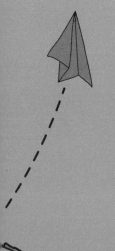

만족의 경제

데이비드 부소 | 호주

"가난하면 무언가를 선택할 가능성을 잃게
되니다. 경제적으로 무기력하게 되는 것이죠.
난 사람들이 무언가를 선택할 수 있도록
도와주려고 합니다. 그게 한 인간의 발전에
있어 결정적인 요인이 되기 때문입니다."

데이비드 부소는 어렸을 때 엄마의 손에 이끌려 뉴질랜드의 어느 고아원에 맡겨졌다. "부소는 15살이 되자 고아원을 떠났고, 17살 때 자신의 첫 핫도그 가게를 열었으며, 35살 때 백만장자이자 시드니에서 가장 성공한 건축기업가가 된 인물이다……." 데이비드 부소를 소개하는 이 대목에서 대부분의 언론들은 접시닦이에서 백만장자가 된 그의 입지전적 신화에 경탄해마지 않는다. 잠시 끊어진 이야기는 다음과 같이 이어질 것이다. "계속되는 성공적인 활동과 늘 새로운 사업 아이디어, 그리고 시간이 지나며 점차 백발이 되어가는 영웅의 경제적인 성공의 고공행진이 이어지고……."

하지만 데이비드 부소의 삶은 그런 식상한 백만장자 이야기를 따라가지 않는다. 기업컨설팅 회사인 언스트앤영Ernst&Young은 바로 그 때문에 부소를 '2003년 올해의 호주 기업가'로 선정했다. 축사는 그를 수상자로 선정한 이유에 대해 다음과 같이 설명한다. "1974년 허리케인이 호주의 다윈Darwin을 황폐화시켰을 때, 폭풍은 데이비드 부소의 삶에도 새로운 방향을 틀어 주었습니다. 그는 자기 주위의 사업가들로 팀을 꾸리고, 그들 및 자기 가족들과 함께 도시를 재건하기 위해 다윈으로 달려갔습니다. 이러한 경험이 그의 삶을 변화시킨 것입니다. 최근 데이비드는 호주 국제기회협회 Opportunity International Australia의 설립자이자 비전가로 활동하고 있습니다. 이 단체는 중소기업 지원이라는 원칙을 통해 개발도상국들의 원조 임무를 혁신적인 방법으로 수행하고 있습니다. 현재 국제기회협회는 35초에 하나씩 새로운 일자리를 만들어 내고 있으며, 전체적으로는 지금까지 개발도상국가에 300만 개 이상의 일자리를 제공해 왔습니다. 데이비드는 자신의 생각을 공유하고 가난과 싸우는 국제적인 연합체를 만들고 여러 조직들을 네트워크로 연결하며 관련 정부에 조언을 해주고 있습니다." 이 같은 평가는 평범한 다른 일반적인 백만장자들과 데이비드를 구분하기에 다소 짧고 건조한 인생 이야기에 불과하다.

맨발의 백만장자

시드니 외곽의 어느 한적한 곳에 그렇게 크지는 않지만 편안해 보이는 집을 발견했다. 우리는 곧 그 집에서 약간은 유행에 뒤처진 듯하게 꾸며져 있는 방으로 들어갔다. 그곳에는 60대 초반 정도 되어 보이는 활기차고 만족스러운 인상의 남자가 앉아 있었다. 평범한 호주 사람들과 마찬가지로 그 역시 반바지에 폴로셔츠, 그리고 신발을 신지 않고 있었다. 그의 두 눈은 크고 또렷했다. 하지만 그의 눈가에서는 때때로 가벼운 장난기가 엿보이기도 한다고 사람들은 말한다. 대화를 시작하자 데이비드는 자신과 하나님과의 개인적 관계로부터 일의 추진력을 얻는다고 말한다. "조금 이상하게 들릴지 모르겠지만, 창조자께서는 내게 많은 것을 투자했습니다. 그리고 이제 그걸 내게서 돌려받고자 합니다." 데이비드는 자신의 종교적인 인생관을 설명하면서 약간 주저하며 혹시 있을지 모를 반론을 기다리는 듯 했다. 확신 있게 신에 관해 이야기하는 그의 모습은 마치 옆에 앉아 있는 마음씨 좋은 친구처럼 보였다. 하지만 여느 종교적 광신도의 모습은 절대로 아니었다.

부모가 없다는 장점

데이비드의 인생관은 보통 사람의 인생관과는 놀라울 정도로 다르다. "내게 부모가 없었다는 사실이 한편으로는 비극적이지만, 장점이 되기도 합니다. 부모가 없었기 때문에 내가 어떤 사람이 되고자 하는지를 혼자서 결정할 수 있었습니다. 다른 사람의 요구도 없었고, 다른 사람의 꿈이나 기대를 충족시킬 필요도 없었으니까요." 데이비드는 그렇게 모든 것을 순전히 자기 혼자서 발견해 나갔다. 핫도그 가판대는 그의 사업 능력을 보여 주었다. 그의 인생 계획은 아주 단순했다. "원래는 마흔 살까지 돈을 많이 벌고, 그 후에는 축구나 하며 지내야겠다고 생각했어요. 그게 내가 가진 목표와 열정이었어요."

데이비드는 돈을 벌고 재산을 늘리는 방법을 엄청나게 빨리 배웠다. 열네 살 때 일하는 도중에 손가락 몇 개를 잘리게 되었는데, 이때 보험회사에서 받은 보상금으로 자신의 첫 번째 핫도그 가게를 차렸다. 갑작스럽게 가게 주인이 된 데이비드는 이 가게를 발판삼아 계속적으로 핫도그 가판대를 늘려 나갔다. 사업 성공을 위해 필요한 모든 것들은 새벽이나 밤늦게 혼자 공부하며 배워 나갔다. 처음에는 비싼 등록금 때문에 대학에 다닐 수 없었고, 나중에는 시간이 없어 다니지 못했다.

이미 30세의 나이에 데이비드는 많은 돈을 벌었다. 그것도 아주 많은 돈을 벌었다. 수많은 회사를 성공적으로 세우고, 경영하고 팔았다. 연줄도 없이, 재정적 지원이나 가족의 후원도 없이 벌이는 그런 사업이 아이들 장난은 아니었지만, 데이비드는 분명한 목표가 있었다. 열여섯 살 때부터는 축구스타가 되기를 원했고, 많은 돈과 아름다운 여자를 꿈꾸었다. 그리고 그 꿈을 위해 모든 걸 지불할 준비도 되었다. 물론 돈이 부족할 때도 있었고 넘쳐날 때도 있었다. 데이비드는 우선 자신이 거둔 성공과 명성을 즐겼다. 도전해 볼 만한 일이 있었고, 새로운 회사를 설립해 나갔다. 투자 사업은 언제나 재미있었고 필요한 자금 운용의 압박은 거의 없었다.

만족하는 삶

35세가 되었을 때 데이비드는 지금까지의 삶이 정말 자신이 원하던 삶인가에 대해 처음으로 고민하게 되었다. 그는 당시 시드니의 유명한 건축회사의 소유주이자 경영자였고, 그 밖의 30개 회사의 공동 소유주로 있었다. 1976년 어느 날, 당시 호주에서 가장 갑부였던 케리 패커Kerry Packer가 시드니에서 파티를 연적이 있었다. 그때 패커는 데이비드의 회사가 설치한 자기 집 바의 문이 제대로 닫히지 않게 된 것을 발견하고, 데이비드에게 직접 전화를 걸어 자기 집으로 찾아와 이 문제를 바

입지전적 백만장자 데이비드는 개발도상국에 대한 원조를 혁신적인 방법으로 수행하고 있다.

로 해결해 달라고 요구했다. 가족과 함께 저녁을 보내고 있던 데이비드에게는 적절치 않은 시간이었다. 데이비드는 그의 요구대로 곧장 가서 문제를 해결해 주었지만, 그날의 사건은 또 다른 고민을 남겨 주었다. "그 사람이 내 삶의 우선순위에 대해 결정을 내릴 수 있다는 사실에 무척 화가 났습니다. 내가 정말 돈 때문에 가치관을 바꾸어야만 하는지, 혹은 그러한 상황을 받아들여야 할 만큼 그렇게 많은 돈이 정말 필요한 것인지 스스로에게 묻지 않을 수 없었습니다." 가족을 내팽개쳐야 했던 유일한 이유가 자신이 그토록 벌고자 했던 돈과 회사였다는 것이 데이비드를 고민에 빠지게 한 것이다. 물론 이런 생각들이 처음은 아니었다. 하지만 데이비드는 집사람과 많은 대화를 나누며 처음으로 이 문제에 대해 진지하게 고민하기 시작했다. 그렇게 해서 데이비드와 그의 가족은 가치관과 삶의 목표를 바꾸게 되었고, 그동안 큰 의미를 두지 않았던 기독교 신앙을 받아들였다. 마침내 데이비드 가족은 데이비드가 '만족의 경제' 라고 표현한 지점에 도달해 있음을 깨닫게 되었다. 이미 돈은 충분했고 더 많은 돈을 버는 것은 큰 의미가 없었다.

데이비드에게 만족이란, '어느 아름다운 섬에서 자신이 이룬 성공을 마음껏 즐기자' 는 의미가 아니라, 더 많은 돈을 번다고 해도 결코 행복한 것은 아니라는 확신이었다. 데이비드는 인생의 깊은 의미를 찾고자 했고, 사회에 무언가를 돌려주고자 했다. 하지만 당시에는 그게 어떤 것이 될지는 몰랐다. 다만 지금까지 해왔던 것은 아니라는 사실만 알고 있었다. 기독교 신앙에 뿌리를 둔 가치관으로의 변화는 결정을 내리는 데 큰 도움이 되었다. 데이비드는 자기

회사의 지분을 팔고 유동 자산을 가족 신탁 회사에 맡기기 시작했다. 그렇게 하는 데 대략 5년의 시간이 걸렸다. 사업 파트너들은 이런 데이비드를 이해하지 못했지만, 그들의 견해는 데이비드에게 아무런 영향을 미치지 못했다.

인생의 과제

허리케인이 호주 북부의 도시 다윈을 완전히 파괴해 버렸다. 파괴된 도시 다윈에서 데이비드는 인생의 과제를 찾기 시작했다. 몇몇 동료들과 가족을 불러 모아, 이들과 함께 도시를 재건하기 위해 몇 달 동안 거의 폐허가 된 도시에 머물며 힘을 쏟았다. 다윈에서의 활동으로 인해 데이비드는 인도네시아에서 발생했던 끔찍한 사고를 수습하는 데 도움을 달라는 부탁을 받았고, 가족과 함께 새로운 도전을 받아들이기로 결정했다. "어느 인도네시아의 마을에서 5년을 보냈어요. 다리를 다시 놓고, 집을 짓고 우물을 파면서 그곳 농부들과 함께 지냈어요. 그러면서 내가 누구이고, 어떤 사람이 되고자 하는지, 어떤 일을 하고자 하는지 깊이 생각하게 되었습니다." 시간이 지나면서 데이비드는 그곳 사람들이 아무리 열심히 노력해도 늘 가난을 벗어나지 못하는 사실을 확인했다. 그런 현실에 대한 데이비드의 불만은 커져 갔다. 그들의 상황을 개선시키는 데 특별히 할 수 있는 일이 없었고, 자신이 예전에 습득했던 특별한 능력도 별다른 소용이 없었기 때문이다.

소규모 기업의 힘

어느 날 데이비드는 농부 한 사람에게 50달러를 빌려주었다. 농부는 이 돈으로 재봉틀을 구입해 재봉사로서 새로운 삶을 시작하려 했다. 일을 시작하자, 농부는 데이비드에게 빌린 돈을 갚기 시작했다. 이 일을 경험하고서 데이비드는 자신이 그동안 일해 왔던 친숙한 사업 현장으로 복귀했다. 소규모 사업가를 지원하는 것이 효과적임을 곧바로 깨달은 것이다. 5년간의 자기 성찰과 적극적인 의미 찾기 끝에 마침내 자기가 가야 할 길을 찾은 것 같았다. 소규모 기업가들을 지원하고 이를 통해 그들이 가난에서 벗어날 수 있도록 도와주는 일은 데이비드가 누구보다도 가장 잘할 수 있는 일이었다. "축구가 내 꿈이었어요. 하지만 그것이 내가 이 땅에 태어나게 된 이유는 아닙니다. 현재 내게 만족을 주는 일은 사람에게 투자하는 일이에요. 그 사람이 원래 태어난 그 의미대로 살아가고 공동체의 이익을 위해 스스로 계속 발전해 나갈 수 있는 그런 사람이 되도록 투자하는 일이죠."

내가 가진 재능

자신의 신념에 대해 말하는 데이비드의 두 눈은 반짝였다. "인생의 목적은 신이 우리에게 선물한 재능과 능력을 유용하게 사용하는 것입니다. 내가 받은 재능은 기업가로서 돈을 버는 것이었습니다. 이제는 이런 능력을 가난한 사람들을 돕는 데 사용할 수 있게 되었어요."

데이비드는 지난 30년 동안 꾸준히 늘어나는 직원들과 함께 300만 명의 사람들에게 생계를 제공해 왔다. 1979년에는 미국의 사업가 얼 휘태커Al Whittaker와 함께 국제기회협회Organization Opportunity International를 설립했다. 이 단체의 목표는 사람들로 하여금 문제를 스스로 해결하도록 도와 가난으로부터 벗어날 수 있도록 하는 것이다. 중요한 수단은 얼마 되지 않는 금액의 돈인데, 그러나 기본적인 교육이나 소규모 사업을 하기에는 충분한 금액이다. 1980년대에는 세계적으로 이와 비슷한 시스템을 갖춘 프로젝트들이 등장했다. 민중경제학 교수인 방글라데시의 무함마드 유누스Muhammad Yunus는 무담보 소액대출 운동의 저명한 대표자다.

국제기회협회는 계속적인 성장을 거듭하고 있다. 고객의 숫자가 28개국 100만여 명에 이른다. 2010년 그 숫자는 200만 명에 달할 것이라고 한다. 한 명의 소규모 기업가가 가난에 빠져 있는 여러 명의 친척들을 다시 도와준다는 점을 고려해 볼 때, 이로 인해 혜택을 보는 사람들의 숫자는 대략 1000만 명에 이를 것으로 보인다.

올바른 조언

그 사이 데이비드는 국제기회협회를 나와 지구상에서 가난을 몰아내기 위해 열심히 노력하는 새로운 단체들을 지원하고 있다. 데이비드는 기업가로서 이 단체들에게 경제적 모델을 제시한다. 돈을 기부하는 것이 아니라 투자하며, 그 대가로 경제적 독립을 기대한다. 현재 데이비드는 가난한 사람들의 삶의 질 개선을 사업 목표로

하고 있는 20개 기업에 참여하고 있는데, 그중 한 단체는 북한에 있다. 그의 조언과 참여는 그가 할 수 있는, 그리고 돈보다 더욱 중요한 가장 소중한 일이다. 현재 그는 자신의 경험들을 정부나 비정부기구들에게 계속적으로 제공하고 있다. 컨설턴트이자 연설가로, 가난을 물리치는 지도자로서 국제적인 활동을 하고 있다.

데이비드는 사업가로서의 삶을 정리하고 더 이상 성공에만 얽매인 인생을 살지 않겠다는 결정을 한 번도 후회하지 않았다. 그리고 오랫동안 내면의 깊은 의미를 찾아 떠났던 시간도 후회한 적이 없다. 한편으로는 자신의 능력을 최적의 조건으로 발휘할 수 있으면서도, 다른 한편으로 인생의 의미를 찾을 수 있는 일을 발견하게 된 것을 행운으로 생각하며 감사한다. "가난하면 무언가를 선택할 가능성을 잃게 됩니다. 경제적으로 무기력하게 되는 것이죠. 난 사람들이 무언가를 선택할 수 있도록 도와주려고 합니다. 그게 한 인간의 발전에 있어 결정적인 요인이 되기 때문입니다."

시간이 지나면서 데이비드는 유형의 혹은 무형의 유산을 남기고자 하는 생각에서 벗어났다. "사람은 빈손으로 왔다 빈손으로 가는 겁니다. 난 기업가로서의 재능이 있어 어떻게 돈을 모으는지 알게 됐습니다. 하지만 이런 재능은 내가 노력해서 얻은 것이 아니라 그저 신으로부터 선물로 받은 것뿐입니다."

열정을 부르는 외침

이네스 상기네티 | 아르헨티나

"기쁨 없이는 혁명이 없고,
혁명 없이는 기쁨이 없습니다."

"계속 움직여야 해요. 난 무용수거든요. 움직일 때는 열정과 긴장이 중요하죠." 이 말을 하는 이네스에게서 활력이 느껴진다. 힘찬 에너지와 정열, 움직임에 대한 동경을 엿볼 수 있다. 무용수로서, 안무가로서, 특정 지점에서 문화와 사회적 발전 사이를 넘나드는 탈경계인으로서 이네스의 인생에는 그렇게 움직임과 열정이 중요한 위치를 차지한다.

가족 내에서의 계급적 대립

이네스 상기네티의 어머니는 아르헨티나의 부르주아 집안 출신이고, 아버지는 전형적인 중산층 출신이다. 이로 인해 이네스는 어렸을 때부터 아르헨티나에서 벌어지고 있는 사회적 갈등 문제를 이미 가족 안에서부터 경험할 수 있었다. 식탁 주변에서는 자주 정치적 문제들, 특히 적극적인 정치 활동 금지에 대해 격론이 벌어지곤 했다. 이것이 그녀로 하여금 부에노스아이레스에서 사회학을 공부하고 다양한 분야에서의 활동을 통해, 소위 '비아Villa'라고 불리는 빈민촌 사람들에게 관심을 갖게 만든 중요한 이유였다. 하지만 점점 늘어나는 아르헨티나 사회의 불평등과 그로 인해 특히 가난한 사람, 사회적으로 소외된 사람, 희망을 잃고 살아가는 사람들이 사는 지역에서 발생하는 심각한 폭력 문제는 그녀의 자발적인 사회참여 활동을 힘들게 만들었다. 함께 활동했던 친구들 가운데 몇몇이 죽임을 당하자, 그녀는 이 세계를 뒤로 하고 자신의 두 번째 관심사였던 현대 무용에 전념하기로 인생의 방향을 바꾸었다.

이후 이네스는 자신의 무용 스타일을 완성하여 몇몇 현대 무용단과 함께 공연을 하고 국제 무용제에 참여하면서 주목받는 안무가로 성장했다. 가족들의 적극적인 지원을 받으며 예술계에서 성공하기 위해 밤낮을 가리지 않고 열심히 작업했다. 이 시기 그녀는 가끔씩 외롭다는 느낌이 들기도 했지만, 점점 다가오는 성공에 만족감을 느꼈다고 했다. "국제적으로 유명한 축제나 대회에 초대받아 나가서 관객들의 박수를 받는 것은 언제나 기분이 좋았어요." 아르헨티나의 사회적 불평등과 그로 인한 가난과 절망, 그리고 폭력 문제가 해를 거듭할수록 악화되어 갔지만, 이네스는 자기 나라의 이러한 어두운 측면들을 애써 외면하고자 했다. "양심의 가책을 느끼지 않기 위해 마치 마음속에 커다란 벽을 세워 놓은 것 같았어요."

"그게 당신이 원하던 삶이오?"

이네스가 예술적으로 성공의 시간을 보내고 있을 때 남편인 후안 페냐가 물었다. "그게 당신이 원하던 삶이오? 아르헨티나는 망해가고 있는데, 그저 춤만 추고 있으려는 거요?" 처음에 이네스는 그런 남편을 이해할 수도, 이해하려고 하지도 않았다. 그저 예술에 대해 아무것도 모른다고 말하며 남편을 질책했다. 하지만 다른 한편으로 남편의 질문은 마음 한 곳을 떠나지 못했다. 후안은 이네스에게 자신의 대답을 직접 보여 주었다. 후안은 한 대형 은행의 최고경영자로서 자신이 누렸던 특권을 포기했다. 죽음을 앞두고 그동안의 삶을 반추하게 될 때, 얼마나 많이 벌었는가, 스포츠카는 몇 대나 가졌었는가, 얼마나 큰 집에 살았는가 등과 같은 생각들만을 떠올리고 싶지 않았기 때문이다. 후안은 확신을 가지고 다른 사람을 위해 긍정의 삶을 살고자 했다. 이네스는 후안이 타인El Otro이라는 재단을 설립하고 다시 철학을 강의하며 계속해서 폭넓게 교양을 쌓아 나가면서, 자신의 인생과 스스로에 대해 매우 만족해함을 알게 됐다. 우아한 파티에 더 이상 초대받지도 못하고 중요한 사회적 결정 과정에 참여하지 못하게 되었음에도 불구하고 말이다.

빈민가에서 춤을 추다

이네스의 마음이 조금씩 움직이자, 남편이 다시 질문을 던지기 시작했다. "당신은 오래전부터 항상 세상을 변화시키는 데 관심을 가져 왔어요. 그런데 왜 일상생활에서는 그것을 위해 아무것도 하지 않는 거요? 당신의 춤이 사회를 위해 그렇게 중요한 것이라면, 왜 가난한 사람들과 혜택받지 못한 사람들에게 보여 주지 못하는 거요?"

남편의 말에 자극을 받은 이네스는 부에노스아이레스의 빈민가를 수년 만에 처음으로 다시 찾았다. 살아남기 위해 매일매일을 거칠게 싸워 가야 하는 사람들이 사는 곳에서 자신의 예술이 얼마나 인정받을 수 있을지 확신이 서지 않고, 한편으론 당황스럽기도 하여 주저했다. 하지만 결국 이네스는 열정을 가지고 무언가를 움직이고 변화시키기로 결정을 내렸다. 이네스가 빈민촌을 찾아가 그곳 사람들과 예술과 창의성, 춤에 대해 대화를 나누기 시작하자, 예술이 힘겨운 일상을 이겨내는 데 도움이 될 수 있다는 사실이 모두에게 분명해졌다.

다시 시작한 빈민가 활동 초기에 과거 약물과 폭력을 일삼던 15명의 젊은이로 이루어진 어떤 그룹이 이네스를 찾아왔다. 이들은 이네스의 남편이 설립한 '타인'의 활동 덕분에 새로운 삶을 시작한 젊은 사람들로, 이제는 빈민가의 다른 젊은이들이 자신들처럼 좀 더 나은 길을 발견할 수 있도록 도움을 주고자 했다. 이 그룹은 이네스에게 자신들의 이야기를 다룬 희곡을 함께 써서 무대에 올리면 안 되겠느냐고 물어 왔다. 일종의 연극 치료를 해보자는 제안이었고, 이를 통해 동시에 젊은이들에게 인생의 새로운 길을 갈 수 있도록 용기를 주자는 것이었다. 이네스는 이러한 제안을 기꺼이 받아들였다. 하지만 이러한 활동이 이후 10년 동안 자신의 삶에 결정적인 영향을 미치리라고는 당시에는 전혀 예감하지 못했다.

사회적 배제는 폭력

이네스는 작업을 하면서 젊은 친구들의 마음속에 숨어 있던 열정적인 에너지와 창의성을 발견했다. 크게 예상치 못했던 성공적인 결과가 나오자, 이들과 함께 자신의 작품을 빈민가 지역 밖에서 공연해 보고자 했다. 그러나 얼마 되지 않아 사회적 배제가 무엇을 의미하는지를 곧 깨달아야만 했다. 빈민 지역 외부에 있는 그 어느 극장도 공연을 허락하지 않았던 것이다. 그리고 젊은 친구들조차 슬럼 지역 밖에서 공연하는 것에 대해 두려워했다. 이들은 인정받지 못하는 것에 대해 두려워했고, 자신의 출신에 대해 부끄러워했으며, 자신의 정체성과 자의식을 잃어버렸다.

가치 창조

이네스는 이런 젊은 친구들을 도울 유일한 방법이 빈민 지역 자체 내에 열정적인 모임 공간을 만드는 것임을 발견했다. 이러한 공간은 젊은이들이 함께 모일 수 있고, 특히 예술적 표현의 가능성을 넓힐 수 있는 교육이 가능한 곳이어야 했다. 그리고 시간이 지나면서 이네스는 이들에게 새로운 안전망 역할을 할 수 있는 사회적 네트워크를 설립하기를 희망했다. 그것은 사람들을 끌어 모으고, 그들이 자리를 잡을 수 있도록 도움을 주는, 그래서 빈민층 이외의 다른 사회 계층에서도 인정받을 수 있는 그러한 네트워크여야 했다.

4년 동안 젊은 친구들과 개별적으로 프로젝트들을 진행하고 난 후, 1997년 이네스는 '가치 창조Crear Vale la Pena(약칭 끄레아)' 라는 기구를 설립했다. '창조적 젊은이'는 이 기구가 처음으로 빈민 지역인 바호 불로뉴에 세운 문화공동센터의 이름이다. 창조적 젊은이는 지역 젊은이들에게 누군가가 진지하게 자신들에 대해 관심을 기울이고 있다는 느낌을 주었다. 그렇게 해서 이네스의 활동은 초기의 회의적이었던 시기를 극복하고 폭넓은 지원을 받았다. 계속해서 2000년까지 두 개의 센터가 더 문을 열었고, 이곳에 매년 1000명 이상의 대학생들이 100개가 넘는 워크숍에 참여하고 있다.

끄레아의 독특한 분위기

그로부터 10년이 지난 후 우리는 누가 우리를 맞이해 줄지 알지 못한 채 부에노스아이레스에 위치한 어느 어둡고 오래된 건물에 들어섰다. 기다리는 동안 살짝 열려 있는 문틈을 통해 커다란 공간을 들여다보았다. 무용실이 틀림없었다. 바닥 전체가 나무로 되어 있는, 평평하고 커다란 방이 희미하게 보였다. 벽에 걸려 있는 기타와 부드럽게 흩어지는 조명이 연습 시간 중에 이곳을 가득 채울 열정적인 분위기를 느끼게 해주었다.

갑자기 우리를 부르는 소리가 들렸고, 누군가가 작업 테이블이 빽빽이 놓여 있고, 공연 포스터가 가득 붙어 있는 위층 방으로 안내했다. 안으로 들어가자 꽤 많은 사람들의 맞은편에 서 있게 되었다. 그들은 전화를 하고, 미소를 지으며, 토론을 하고 여기저기를 뛰어다니고 있었다. 아래층의 조용한 분위기와는 정반대였다. 누군가가 오라고 신호를 보냈고, 우리에게 끄레아에 관한 비디오를 보여 주었다. '끄레아'라는 단어는 우리에게 보여 준 공연의 장면처럼 그 자체로 힘이 있었다. 즐겁고 편안해 보이는, 50세 정도의 빨간 머리 남자가 눈에 잘 띄지 않는 문을 통해 사람들로 가득 찬 다락방으로 뛰어가는 것을 보며, 이곳이 열정적인 에너지로 넘쳐나고 있음을 생각했다.

이네스는 종종 "기쁨 없이는 혁명이 없고, 혁명 없이는 기쁨이 없다"고 말했다. 끄레아의 주연 배우로서 에너지로 가득 차 있으면서도 우아하게 움직이는 이네스는 바로 그런 느낌을 전해 주는 인물이다.

우리는 이네스에게 성공한 무용수이자 안무가로서 자신의 커리어를 포기하고, 부에노스아이레스의 가난한 사람들을 위해 전력을 다하게 된 이유를 물었다. 당시 무엇 때문에 남편의 말을 따르게 되었는지도 함께 물었다.

"어떻게 해서 그렇게 되었는지 정확히는 잘 모르겠어요. 긴장과 열정, 움직임에 대한 열심이 나 자신을 현재 내가 서 있는 곳으로 끌고 온 것 같아요. 끄레아를 통해 매일매일의 삶에서 의미를 찾을 수 있게 되었습니다. 어렸을 때, 그리고 직업 무용수로 있을 때는 내가 지금 돕고 있는 젊은이들처럼 가끔 혼자라고 느꼈습니다. 하지만 여기서는 처음으로 소속감을 경험했어요. 그리고 그 모든 게 내게 힘과 인생의 기쁨을 주고 있어요."

인간적 성숙

이네스는 자신이 직업적 커리어를 포기한 것이 아니라, 그것을 새롭게 해석한 것이며 다른 맥락 속에서 이해한 것이라 설명한다. 이네스 개인적으로는 2000년이 되어서야 비로소 끄레아 활동에 100퍼센트 전념할 마음의 여유가 생겼다. 관습적인 무대에 단조롭게 등장하는 것보다 빈민 지역에서의 활동이 훨씬 에너지 넘치고 긴장되는 일임을 해를 거듭할수록 깊이 경험했다. "최근 현대 무용에서 유일하게 비현대적인 것이 있는데, 그게 바로 미학적으로 완벽한 몸이에요. 이런 몸에 대한 사고는 그리스 신화에서 비롯된 것이죠. 하지만 모든 직업 무용수들이 똑같은 몸을 가지고서 똑같은 움직임과 똑같은 내용만을 공부한다면, 무언가 새롭고 혁신적인 무용공연을 어떻게 할 수 있겠어요? 처음에는 빈민 지역에서 받은 인상을 무대 공연에 포함시키려고 시도했어요. 하지만 슬럼 지역 젊은이들의 에너지와 스타일, 움직임 등을 그럴듯하게 전달할 수 없음을 깨닫게 되었죠. 그래서 예술적으로 좀 더 성장하기를 원했고, 신뢰할 만한 예술가들과의 작업에 이끌려 빈민가로 가게 되었습니다." 그리고 나서 2000년 아비나Avina 재단★이 끄레아 활동에 집중하고 있던 이네스에게 재정적 지원을 제공하자, 그녀는 어렵지 않게 결정을 내릴 수 있었다.

명예가 아닌 이상을

어떠한 성공이든지 그것은 항상 함께 일한 사람들의 것이라고 이네스는 강조한다. 끄레아 역시 이네스 한 사람으로만 이루어져 있지 않다. 그녀는 영웅을 믿지 않는다. "영웅들은 자주 자기가 짊어진 이상의 무거운 짐 때문에 죽음에 이르죠. 그들이라면 세상을 변화시킬 수 있다는 믿음으로 사람들이 세우고 추종하는 지도자들에게는 어떤 위험성이 있습니다. 그들은 어느 특정한 순간에 지도자가 됩니다. 그리고 항상 자기를 따르는 무리를 필요로 합니다. 시간이 지나면서 너무나 큰 권력을 갖게 되어, 그 권력을 자신의 유익을 위

아비나 재단은 스테판 슈미트하이니가 설립한 라틴 아메리카의 사회적 기업가 네트워크다. 자세한 정보는 다음의 인터넷 주소를 참조하라. www.avina.net

해 사용하고픈 유혹에 저항할 수 없을 정도가 됩니다. 자신의 명예가 아닌 큰 이상을 구해야 합니다!" 이네스는 자신이 끄레아 활동에 참여시킨 전문직 교사들이 학생들을 자기들처럼 교육자로 키우는 것을 중요하게 생각한다. 실제로 그런 방식으로 끄레아의 정신을 계속 전파하는 트레이너의 숫자는 늘어났고, 이네스의 팀도 15명으로 성장했다. 이네스는 끄레아의 미래를 함께 만들어 갈 책임과 권리를 서로 나누고 위임하려고 한다.

사회 변화와 민주적 참여

너무나 힘들었던 지난 7년의 시간은 이네스를 종종 참을 수 있는 한계까지 몰고 가기도 했다. "많은 사람들이 내 말을 믿지 못했고, 그래서 이루 말할 수 없을 정도로 피곤하고 스트레스를 받는 순간들도 있었어요. 하지만 그런 시간들은 대체로 빠르게 지나갔어요. 내가 하는 일이 워낙 활동적이라 스트레스 받을 시간도 없을 정도거든요." 이네스가 자신의 팀과 함께 매일 하는 일에서 얻는 기쁨은 사회 변화와 민주적 참여에 대한 일련의 프로젝트를 구축할 만큼 큰 힘이 되어 주었다. 이러한 사업들은 주로 예술 교육과 창작 및 공동체 문화 센터의 지속적인 발전과 관련된 것들이다.

끄레아에서는 지역 문화센터의 경영을 각 센터의 자체 대학생들과 교사들로 구성된 팀에 맡겨 민주적 참여 의식을 고취시킨다. 지역 주민들은 자기 지역의 센터를 계속해서 자율적으로 운영하고, 센터를 지역연대를 강화시키는 네트워크로 이해한다. 이를 통해 공동체 의식은 강해지고, 자신감과 유대감을 되찾는다. 끄레아는 또한 외부와의 관계구축과 개선에 노력한다. 다른 곳에 위치한 빈민가와 상이한 사회 계층, 정부 관계자들 및 끄레아의 활동을 재정적으로 도와주는 기업과 관계를 맺고자 노력을 기울인다. 이러한 모든 연결망들은 아르헨티나 사회에서 사회적 배제를 없애고, 새로운 통합을 이루기 위한 중요한 단초들이다. 물론 이러한 일들을 하는 데 있어, 그동안 끄레아 학생들이 자기 지역을 넘어 독일과 같은 외국에서도 실시했던 무용 공연과 음악 공연 같은 해외 공연들이 큰 도움이 된다. 끄레아를 통해서 많은 학생들이 음악, 연극, 미술 분야에서의 전문적인 수업을 받고 부에노스아이레스의 품격 있는 극장에서 전시회 및 공연을 가질 정도로 실력을 키우고 있다.

예술을 통한 사회 변화와 국제 연대

이네스는 여기에 그치지 않고 좀 더 많은 성과를 이루고 싶어 했다. 젊은이들과의 작업을 통해 희망을 발견한 그녀는 이러한 경험을 자신이 설립한 단체들 내부에서 나누는 것만으로는 만족하지 않았다. 비슷한 프로젝트를 추진 중이던 라틴 아메리카의 다른 단체들에 대한 얘기를 듣고 있었던 터라, 예술과 사회 변화를 주제로 하는 네트워크를 만들어 보자는 아이디어를 생각해 냈다. 이를 위한 비공식적인 4년간의 활동 후, 예술을 통한 사회 변화와 관련해 서로 배우고 경험을 나누기 위해 2007년에 산타클라라에서 20개 이상의 단체들이 만남을 가졌다. 이네스는 참여한 모든 단체들이 서로의 연대를 통해 한 걸음 더 나아가 다음 단계로 도약할 수 있으리라 생각한다. 앞으로 그녀는 끄레아의 구체적인 사업에서 약간 물러나 지금까지 끄레아가 해왔던 활동의 이념과 경험을 다른 기구나 조직에게 전파하는 일을 하고자 한다. 단순히 끄레아 식의 모델을 두 배, 세 배로 늘리는 것이 아니라, 자신의 경험을 다른 예술가들과 나누려고 하는 것이다. 이런 일을 어떻게 할지는 그녀 스스로가 결정해야 할 것이다.

삶에 대한 열정과 긴장, 그리고 움직임

"지난 세월 동안 나 스스로를 위해 무엇을 변화시켜 왔는지 정확히 말하기 어렵습니다. 하지만 한 가지는 분명히 지적할 수 있어요. 나에게 있어 예술은 항상 정치적이고 사회적인 맥락 속에 존재한다는 것입니다." 이네스는 자신의 능력을 통해, 그리고 빈민 지역에서 벌인 끄레아의 활동을 통해 성취한 것과 그것을 넘어 변화시킬 수 있었던 성과에 대해 만족하면서도 좀 더 많은 변화가 있어야 함을 분명히 한다. "금전적 이익이나 경제적 효율성, 더 나아가 폭력이나 전쟁을 미화하는 선전들이 오늘날 얼마나 그럴듯하게 만들어지는지 믿을 수 없을 정도예요. 그런 의미에서 중요한 변화들이 실제적으로 일어날 수 있도록 하기 위해서 우리의 작업은 좀 더 호소력 있게 만들어져야 합니다. 사회적 현실을 실제로 변화시키기 원한다면 그런 것들로부터 많은 점을 배울 수 있어야죠." 마지막으로 이네스는 다음과 같은 말로 인터뷰를 마쳤다. "항상 죽음을 의식하고

이네스의 끄레아 활동으로 부에노스아이레스 빈민가가 밝아지고 있다.

살아가야 합니다. 그게 삶을 훨씬 편하게 만들어 줍니다. 어떻게든 죽음을 피할 수 없다는 사실을 의식하고 있으면, 무언가를 변화시 킨다는 것은 어렵지 않습니다."

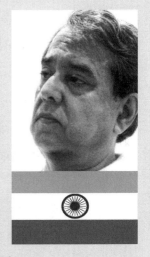

명예의 유혹을 이겨내고

아쇼크 코슬라 | 인도

"비교적 빨리 성공했고 미래에 대한 전망도
밝았지만, 내가 해야 할 일을 하고 있다는
느낌은 갖지 못했습니다. 불분명하고
불안한 감정이었지만, 그런 느낌이 늘
저를 따라다니며 점점 커졌어요."

우리가 아쇼크 코슬라에 대해 처음으로 듣게 된 곳은 화려하지만 상당히 차가와 보이는 베를린 국회의사당 건물에서였다. 당시 독일 국회의원이었던 바이츠체커가 하버드 대학교와 유엔의 고위 간부직을 사양하고 100만 개의 새로운 일자리를 만들기 위해 고국 인도로 돌아간 사람에 대해 이야기해 주었다. 상당히 흥미로웠고, 우리는 결국 뉴델리를 행선지에 포함시켜 아쇼크 코슬라를 찾아가기로 했다.

4개월 후 우리는 뉴델리의 명물인 덜커덩거리는 노란색 낡은 삼륜 자전거 릭샤를 타고 도시 외곽으로 향했다. 베를린에 비해 이곳은 날씨가 매우 뜨겁고 먼지가 많아 화려함과는 전혀 어울리지 않았다. 거리는 온통 수많은 자동차와 사람들로 뒤죽박죽이었다. 여기저기 흩어져 있는 소들은 쓰레기 더미 주변에서 무언가를 주워 먹으며 유유히 교차로 주변을 막고 있었다. 우리가 가야 할 곳은 개발대안기구Development Alternatives, DA의 사무실이 위치한 꾸땁 국제거리였다. 거의 황폐해진 건물을 지나가며 제대로 도착했는지 불안해하고 있을 때, 인도 전통 의상을 입은 한 남자가 빠른 걸음으로 우리에게 다가왔다. 아쇼크 코슬라가 직접 마중 나온 것이었다. 짧은 인사를 나누고 난 후, 아쇼크는 결국 중요한 것은 자신이 아니라 팀 자체라며 직원들을 먼저 소개해 주었다. 건물뿐만 아니라 소박하게 꾸며져 있는 사무실에서부터 아쇼크라는 인물에 이르기까지 모든 것에 겸손함이 배어 있었다. 조그만 방에서 편하게 이야기를 나눈 지 얼마 지나지 않아 우리는 겸손하고 따뜻한 마음을 간직한 매우 지적인 인물의 매력에 흠뻑 빠지게 되었다.

하버드의 천재 교수

카슈미르의 북쪽 지역에서 태어난 아쇼크가 14세가 되자, 그의 부모는 교육을 위해 그를 영국의 케임브리지로 보냈다. 그곳에서 고등학교를 졸업한 아쇼크는 미국의 명문인 하버드 대학교에서 물리학을 전공하며, 하버드 역사상 가장 짧은 시간에 졸업을 하고 박사 학위를 받았다. 이에 대학에서는 23살짜리 천재에게 대학 졸업 후 바로 물리학과 천문학 강사 자리를 제공했다. 또한 부가적으로 '인간과 자원, 그리고 환경'이라는 새로운 학위 과정을 개발하기로 계약을 체결했는데, 이후 미국의 부통령이 된 앨 고어Al Gore가 이 학과의 첫 졸업생이 되었다. 엄청나게 빠른 속도로 자신의 커리어를 쌓은 아쇼크는 우선 하버드라는 직장이 주는 사회적 위치와 부업을 통한 괜찮은 수입, 그리고 지적인 도전을 즐겼다. 당시에는 인도와 같은 과거 유럽 식민지 국가에서 온 유색인들이 많은 지원을 받았던 때라 그저 운이 좋았을 뿐이었다고 아쇼크는 말한다. "그래서 마치 왕자처럼 살 수 있었어요. 하버드에서 몇 년 동안 성공적인 시간을 보내고 나자 이미 서른한 살의 나이에 대부분 사람들에게는 꿈만 같은 그런 위치에 올라 있었습니다."

아쇼크의 이야기를 듣던 우리는 이 부분에서 다시 한 번 그의 방을 유심히 둘러보았다. 책으로 가득 차 있는 서가를 제외하고는 과거 그의 왕자 시절을 생각나게 해주는 것이 아무것도 없었다. 그가 왜 하버드의 화려한 사무실을 떠나, 신문지로 붙여 놓은 차가운 시멘트벽에 둘러싸인 채 보잘것없는 낡은 책상만 놓여 있는 이곳으로 오게 되었는지 궁금했다.

인도의 환경정책

"비교적 빨리 성공했고 미래에 대한 전망도 밝았지만, 내가 해야 할 일을 하고 있다는 느낌은 갖지 못했습니다. 불분명하고 불안한 감정이었지만, 그런 느낌이 늘 저를 따라다니며 점점 커졌어요."

아쇼크는 자신이 진정 찾고자 하는 것이 무엇인지 정확히 알지 못했지만, 아무리 좋은 배경과 조건을 가지고 성공하더라도 하버드에서는 발견할 수 없으리라는 것을 깨달았다. 그래서 1971년 미국에서 보낸 8년간의 긴장된 시간을 뒤로하고 고국 인도로 돌아가기로 결심했다. 하지만 오랜 시간 동안 서구 세계를 경험했던 아쇼크는 인도 생활에 다시 적응할 시간이 필요했고, 자기 자신과 인생에 대해 깊이 생각해 보기 위해 우선 인도 남부에 위치한 바닷가로 향했다. 자기성찰과 자기발견의 시간을 가지고 있을 때, 인도 정부가 과학기술환경부 설립을 제안해 왔고, 아쇼크는 이를 거부할 수 없었다. 이후 4년간 힘을 다해 인도 환경부 설립을 위해 헌신했다. 예전부터 생태 문제에 큰 관심이 있었고 조국에 무언가를 되돌려 주고 싶다는 생각이 있었기 때문에, 아쇼크는 자신이 맡은 과제를 열심히 수행했고, 곧 성공적인 결과를 이끌어냈다. 하지만 국내의 정치, 경제적 문제들이 심각해지자 수상인 인디라 간디Indira Gandhi가 1975년 비상사태를 선포했고, 국민의 자유는 상당 부분 제한되었다. 아쇼크는 이런 상황에서 더 이상 자기 생각대로 일을 추진할 수 없었다. 그래서 유엔의 요청을 받아들여 새로운 환경 프로그램을 구축하기로 결심했다. 1976년 그렇게 아쇼크는 인도를 떠나 케냐의 나이로비로 향했다.

지구상의 가난한 사람들을 위해

유엔의 프로젝트는 국제적인 환경문제를 개선하기 위해 아쇼크가 원래부터 참여하고자 했던 일처럼 보였다. 하버드와 인도에서의 경험은 그로 하여금 지금이 지구의 심각한 환경문제를 진지하게 다룰 적기라고 확신케 했다. 아쇼크는 오늘날 세계적으로 알려진 국제연합 환경계획UNEP의 선구적 기구인 인포테라Infoterra를 구축하고 안정화시키는 책임을 맡았다. 그는 UNEP의 본부가 있는 나이로비에서부터 전 세계를 돌아다니며 국제적으로 영향력 있는 인물들로 하여금 점점 중요하게 다루어지는 환경문제를 주요 의제로 설정하게 하고 이를 실천에 옮기도록 독려했다.

매일같이 세계의 중요 인사들과 악수를 나누다 보면, 자기도 모르게 오만과 자만에 빠질 수 있게 된다. 아쇼크 역시 시간이 지나면서 본래 자신이 부름받은 소명에서 도망쳐 새롭게 흥미로운 일을 하고 싶다는 유혹을 느꼈다. 인포테라와 관련하여 전 세계를 돌아다니는 동안에도 지구상의 가난은 매일 증가했고, 생태적 문제도 점점 악화되었기 때문이다. 돈과 권력, 그리고 도전적인 직업에 대한 유혹은 낯선 것이 아니었다. 하지만 아쇼크는 하버드 시절과 달리 자신이 해야 할 일을 분명히 알고 있었다. 아쇼크는 핵심 문제를 해결하고자 했다. 아쇼크는 약소국에 사는 수백만의 가난한 사람들, 특히 자신의 조국 인도의 가난한 사람들이 스스로 자신의 생계 문제를 해결할 수 없는 상황을 본질적 문제로 보았다. 생태적 문제를 고려하면서도 돈을 벌 수 있는 가능성에 대해 누구도 이야기하지 않는 상황이 문제였다.

가난과의 싸움

1983년 아쇼크는 내면의 목소리를 좇아 결정을 내렸다. 생태적, 사회적 기준을 지키는 일자리를 새롭게 만들어 가난의 문제를 해결하고자 했다. 그의 의견에 따르면 가난과의 싸움은 개발 과정에서 혁신적인 단초를 필요했다고 한다. 우선은 시장에서의 관심과 투자, 기술을 새롭게 조합시켜 외부로부터 받는 기부를 대체하는 것이 중요했고, 다음으로 가난한 사람들이 필요로 하는 것이 무엇인가를 정확히 재단하는 것이 중요했다.

"사람은 누구나 좋은 일을 할 수 있고, 내 역할은 그런 좋은 일을 하는 것이라는 생각이 마음속 어딘가에 유전적으로 자리 잡고 있습니다." 당시 아쇼크는 자신의 이런 생각을 공유할 사람을 찾지 못했다. 아쇼크가 보기에 세상은 과거와 마찬가지로 현재에도 가난한 사람은 더 가난해지고 부자는 더 부자가 되는 시스템으로 되어 있다. 이 때문에 기회의 불균등, 절망, 질병, 굶주림과 폭력의 악순환이 많은 사람들의 삶의 질에 결정적인 영향력을 미치며 계속되는 것이다.

가난으로부터의 해방

같은 해 아쇼크는 개발대안기구를 만들었다. 이 기구의 목표는 인도의 시골 지역에 거주하는 수백만 명의 사람들에게 환경을 해치지 않으면서도 사회적으로 의미 있는 방식으로 가족의 생활을 감당할 수 있는 기회를 제공하는 것이다. 지난 25년 동안 아쇼크는 자신의 팀과 함께 인내심을 갖고 꾸준히 가난이라는 문제를 해결하기 위해 헌신해 왔다. 개발대안기구가 제시하는 방법은 문제를 일회적이고 단기적으로 해결하는 것이 아니라, 장기적이고 사회적, 생태적으로 긍정적인 영향을 미치는 모델, 즉 재정적으로 매력적이면서 동시에 파급효과가 큰 해결책을 개발하여 이를 정착시키는 것이다. 이러한 방식은 무엇보다 소규모 사업가들에 초점이 맞추어져 있다. 개인과 가족, 혹은 소규모 집단에게 사업을 꾸릴 수 있는 기회를 주고, 그렇게 해서 버는 작은 수입으로 해당 가족이 가난으로부터 탈출할 수 있는 첫걸음을 내딛게 하는 것이다.

좀 더 나은 생활을 위한 기와

우리는 뉴델리에서 차로 4시간 반 정도 떨어진 거리에 위치한 우타르프라데시 주의 잔시에서 개발대안기구의 주요 활동을 접할 기회를 얻었다. 섭씨 47도에 이르러 숨쉬기조차 힘든 뜨거운 날씨 속에 먼지 풀풀 날리는 도로를 타고 개발대안기구의 농촌 지부로 향했다. 곳곳에서 머리에 수건을 둘러싼 사람들을 볼 수 있었는데, 먼지와 햇볕으로부터 귀를 보호하기 위해서라는 설명을 들었다.

주변 환경과는 달리 비교적 나무도 있고, 편안한 느낌을 주는 곳에 도착했다. 에어컨이 있는 자동차에서 내리자마자 곧바로 에어컨이 설치되어 있는 방으로 안내받았다. 덕분에 따가운 햇살을 피할 수 있었다. 밖에서는 잠시 동안 땅속에서 휴식을 취하던 인부들이 지붕 기와를 만드는 교육을 받고 있었다. 이들은 5명에서 10명까지 그룹을 이루어 기와 제작에 어떤 원료가 필요한지에 대해 듣고 있었다. 또한 재고 관리와 간단한 보조 기구들을 다루는 방법을 배우고 있었다. 또 다른 강좌에서는 제품 생산 과정과 관련하여, 어떻게 하면 작은 규모로 이익을 낼 수 있을까를 가르치고 있었다. 곳곳이 한적하고 생활하기 불편하다는 인상을 주고 잔시의 건물들도 임시 건물 같은 느낌을 주기는 하지만, 건축자재에 대한 수요는 늘 많다. 따라서 이들이 만든 기와는 인도의 다른 지역에서와 마찬가지로 잔시에서도 극빈자들 사이에서 많이 팔리고 있다.

잔시의 개발대안기구 지부에서는 기와 만드는 방법만 가르치지 않는다. 가장 가난한 사람들은 교육센터 주변에서 뽑아온 잡초를 원료로 하는 두 대의 발전기로 숙소와 종이공장을 비롯한 다른 공장들에 친환경적인 전기를 제공한다. 면화를 만들고 남은 나머지를 잘게 부수어 종이를 만들고 지역 특산 과일을 통조림이나 주스로 가공한다. 다른 공장에서는 젊은 친구들이 개발대안기구가 새롭게 고안한 소형 난로 만드는 방법을 배운다. 이 난로는 음식을 만들 때 발생하는 유독가스가 집안에 머무르는 것을 막고 외부로 배출시키는 장점이 있다.

이런 모든 기술들은 지역적 특성과 필요에 알맞게 개발된 것들이다. 다시 말해, 이렇게 만들어진 제품들 전부는 상당히 저렴한 가격으로 판매된다. 그래야만 가난하지만 꼭 필요로 하는 국민들에게 팔리게 되고, 성공적인 사업 모델로 발전할 수 있기 때문이다.

여성 네트워크

개발대안기구 잔시 지부에서 기와를 만들고 있다.

소규모 대출 프로젝트, 강변 댐 건설, 기와공장 등의 현장을 방문하고 나서, 우리는 개발대안기구가 조직한 여성 단체들 중 한 곳을 찾아갔다. 공동체를 중심으로 하는 개발대안기구 특유의 사업 성격은 지방에 거주하는 여성들이 자신감을 갖는 데 도움을 준다. 이 단체 대부분의 여성은 소자본 대출을 받아 사업을 시작하기 위해 여러 소규모 그룹으로 나뉘어 준비하고 있다.

마지막으로 지방에 위치한 IT 산업 현장을 방문했다. 차가 잘 다니지 않는 어느 작은 마을 두 곳에 개발대안기구가 세운 50개의 타라하트TARAhaat 중 두 곳이었다. 이곳은 소규모 컴퓨터 학교로, 주민들이 컴퓨터 이외에도 영어를 배울 수 있도록 꾸며져 있다. 비록 지붕에 위성 안테나가 하나 달려 있지만, 창문도 없고 전화도 없는 열악한 곳이다. 이곳에서는 특별히 고안된 컴퓨터 프로그램의 도움으로 몇몇 사람들이 읽고 쓰는 법을 배운다. 타라하트는 그밖에도 주민들에게 전혀 새로운 공공 서비스를 제공하는데, 농산물 수확을 위한 소규모 보험이나 현재 생산된 제품의 시장 가격에 대한 정보도 제공하고 있다.

인생의 과제인 가난과의 싸움

아쇼크와 그의 팀의 도움을 받아 개발대안기구가 추진하는 사업의 열정과 에너지를 잔시를 중심으로 진행되고 있는 프로젝트에서 느낄 수 있다. 그들의 실제적인 전략은 우리에게 많은 용기를 준다. 적절한 기술 개발과 천연 자원의 의미 있는 사용을 통한 보다 많은 사람들을 위한 기회 창출은 혁신이라는 것이 과연 무엇인가를 과감하게 보여 준다.

개발대안기구의 사업 내용을 좀 더 구체적으로 살펴보면 기업 활동에 대한 다양한 스펙트럼이 펼쳐진다. 앞서 언급했던 실제적인 예들은 아쇼크가 지난 세월 동안 주도했던 일 중의 극히 작은 부분에 불과하다. 개발대안기구는 원주민들을 독려하며 그들과 함께 대나무 집과 기타 생산품들을 어떻게 만들어 낼 수 있는지를 제시했다. 재사용이 가능한 소규모 발전기를 개발했다. 또한 제리ZERI*와 같은 협력 기구 등과 함께 에너지, 수자원, 수송 분야에서 현안 문제를 해결할 수 있는 새로운 프로젝트가 추진되고 있다.

아쇼크와 그의 팀이 자신들의 활동에 대해 보여 준 열정과 에너지를 보고 있으면, 이곳에서 한 인간이 자신의 평생 과업을 발견했음을 느끼게 된다. 이에 대해 아쇼크는 겸손하면서도 만족감을 숨

제리ZERI는 'Zero Emissions Research and Initiatives'의 약어로, 전 세계 3000여 명의 학자, 시스템 분석가, 전문가들로 구성된 네트워크다. 이들은 현 사회의 당면한 문제들에 대한 혁신적인 해결 방법을 찾고 그 아이디어를 공유한다.
www.zeri.org

개발대안기구가 설립한 소규모 컴퓨터 학교 타라하트에서 주민들이 컴퓨터 교육을 받고 있다.

기지 않은 채 다음과 같이 말한다. "현재 내가 하고 있는 일에 대해 서는 정말 선택의 여지가 없었습니다. 그것은 유전적으로 이미 정 해져 있었던 것 같습니다. 한참 동안 성공의 길을 달려가기도 했었 지요. 대학에 다니면서, 그리고 경력을 쌓으면서 사회적 성공과 부, 명예, 권력, 나만의 길을 가겠다는 이기주의적 욕망 등의 유혹을 받 기도 했었거든요."

긍정적인 영향력

아쇼크가 미국의 저명한 대학이나 유엔에서 자신의 화려한 경력을 쌓아 나갈 수 있었던 것을 생각해 보면, 당시의 결정이 개인적으로 손해 보는 것처럼 보일지도 모른다. 하지만 그 어떤 것도 자신을 통 해 의미 있는 삶을 사는 사람들을 바라보는 아쇼크만큼 행복하게 만들지 못한다. 그래도 이처럼 사람을 힘들게 하고, 종종 좌절하게 만드는 일이 많지 않은 것이 사실이다. 지방에서 프로젝트를 실제적으로 실행에 옮기는 작업은 어렵고, 지금까지 크게 성공한 계획도 많지 않으며, 대부분 생각했던 것보다 시간도 더 걸린다. 자본도 많이 필요해 실험적 프로젝트나 대규모 사업을 위해 필요한 자금을 끌어들이기 위해서는 많은 노력을 기울여야 한다. 그러한 모든 어려움과 절망적인 상황에도 불구하고 아쇼크는 용기를 내어 개발대안기구를 설립한 것에 대해 늘 기뻐한다. 그사이 개발대안기구의 활동은 200만 명 이상의 사람들, 특히 여성들에게 다양한 방식으로 긍정적인 영향을 미쳤다. 많은 사람들이 자신의 생활 조건을 개선할 수 있었고, 지속적으로 가족을 책임질 수 있게 되었다.

"지구상에서 가난을 몰아내겠다는 내 인생의 목표가 살아생전에 이루어지지 않으리라는 것을 잘 압니다. 그래서 살아 있는 한 이러한 목표를 이루기 위한 방법과 모델을 개발하고 실행에 옮기는 것을 나의 직업으로 삼았습니다. 미래에는 다른 사람들이 이 길의 마지막을 장식해 줄 겁니다."

행복으로 가는 길에는 이정표가 없다

에린 권 간쥬 | 미국

"아이들에게 좀 더 좋은 세상을 만들어
주는 데 내가 도움을 줄 수 있다는
사실이 즐거워요. 바로 이점이 세상의
돈이나 권력보다 내게는 훨씬 더 많은
영감을 떠올려 줍니다."

에린은 아버지로부터 외국 문화에 대한 열정과 언어적 재능, 그리고 사업수완을 물려받았다. 그녀의 아버지는 전 세계를 돌아다니며 국제마케팅을 가르치는 교수였고, 어머니는 1960년대 미국 평화사절단의 첫 지원자들 중 한 명이었다. 섬세함과 동시에 약소국에 사는 약자들을 돌보고자 하는 소망은 어머니로부터 물려받은 것이다.

캘리포니아에서 태어난 에린 권 간쥬에게도 다른 세상을 알고자 하는 집안의 전통은 그대로 계승되었다. 이미 고등학교 재학 중에 아시아 국가들에 대한 관심이 컸고, 중국어를 배우며 많은 여행을 경험했다.

골드만삭스와 국제 자본 도시

에린은 미국 워싱턴 대학교 국제관계학과를 훌륭한 성적으로 졸업했다. 그러고 나서 우선은 아버지의 뒤를 따라갔다. 수차례의 여행 경험과 대학에서의 공부는 에린으로 하여금 민간경제가 전 세계적으로 많은 사람들의 삶과 문화에 커다란 영향을 미치고 있음을 확신하게 했다. 현재 이 세상이 어떻게 돌아가고 있는가를 집중적으로 아는 것이 중요했고, 이것을 위해서는 자본주의 시스템의 총아이자, 전 세계의 경제 정보가 한 곳에 모이는 월스트리트의 투자은행만 한 곳이 없었다. 그래서 이제껏 살아오면서 무엇이든 대충 하는 것에 만족하지 못했던 에린은 세계적인 투자은행인 골드만삭스 Goldman Sachs에 들어갔다. 이곳에서 자신이 앉아서 일하는 사무실이 정말 어디에 있는지도 모를 정도로 정신없이 일에 몰두했다. 처음에는 뉴욕에서, 홍콩에서, 나중에는 싱가포르에서도 일했다. 근무 시간은 엄청났다. 주말을 포함하여 일주일에 80시간 넘게 일을 했다. 친구를 만나거나 외국 문화를 접할 시간이 전혀 없었다.

26세의 아직 젊은 나이로 대규모 투자은행에서 몇 년을 보내고 난 후, 에린은 골드만삭스가 환상적인 훈련 장소이기는 하지만, 자신의 열정을 온전히 쏟아부을 곳은 아니라는 사실을 깨달았다. 유리로 뒤덮인 익명의 현대적인 건물에 앉아 추상적이고 현실과 거리가 먼 일을 하는 것이 인생의 유일한 일거리가 될 수는 없었다. 또한 점점 오르는 연봉에 대한 유혹을 물리치는 것이 시간이 지나면 더욱 힘들어질 것이라는 사실도 느끼게 되었다. 그래서 싱가포르에서 앞으로 어떤 일을 하겠다는 구체적인 계획도 없이 일단 사직서를 제출했다. 막연히 다음에는 개발도상국에서 살면서 그곳 나라와 사람들을 이해하는 데 많은 시간을 보내겠다는 생각만 했을 뿐이었다.

유니레버와 베트남 프로젝트

때마침 세계적으로 유명한 식료품 기업인 유니레버Unilever가 베트남에서 새롭게 회사를 설립하려 한다는 소식을 들었다. 에린은 곧바로 기회를 잡았고, 예전에 사이공이라 불렸던 호치민 시에서 이후 3년간 흥미로운 시간을 보냈다. 이제는 교육이나 건강과 관련된 지역 문제들에 관심을 가질 시간이 생겼고, 지역 주민들과 사귐을 가질 수 있게 되었다. 유니레버가 사업 초기 베트남 국민들의 신뢰를 얻고 좋은 이미지를 심기 위해 노력했기 때문이었다. 에린은 기쁜 마음으로 유치원 건립과 건강센터, 학교 건설에 참여했다. 그러면서 예전에는 전혀 사용해 보지 못했던 자신 내면에 숨어 있던 재능을 발견했다. 하지만 많은 프로젝트에도 불구하고 1997년 여러 가능성을 열어둔 채 다시 고향인 캘리포니아로 돌아왔다.

인터넷 붐과 실리콘밸리

샌프란시스코로 돌아온 에린은 곧 인터넷 붐에 휩쓸렸다. 에린은 그 시기가 광란의 시기였다고 말한다. 실리콘밸리에서 거리를 따라 조금만 걷다 보면 누구나가 최고의 위치에서 바닥으로 떨어지던 그런 때였다. 예전에는 직접 예산을 책정하고 책임을 지는 위치에 오르기까지 대기업에서 수십 년 이상 자신의 능력을 증명해 보여야 했지만, 그때는 전혀 그렇지 않았다. 에린도 이곳에서 곧바로 국제 사업개발을 책임지는 위치에 올라 일을 시작했다. 다시 전 세계를 정신없이 돌아다니기 시작했고, 약속이 밀렸으며, 1년 안에 10개 나라에서 기업들을 매수했고, 같은 해 자회사를 증권시장에 상장하는 일까지 진행했다. 하지만 그 전개 과정이 엄청난 속도로 진행되었던 까닭에 결과는 실패로 끝나고 말았다. 에린의 회사 가치가 바닥으로 떨어져 그녀의 지분 역시 소위 깡통이 되어버렸다. 에린은 천당과 지옥을 오가는 널뛰기 장세를 경험한 이후에 얼마 지나지 않아 손쉽게 다시 다른 회사에 취직하여 국제 사업개발 책임자로 일하게 되었다. 다시금 회사의 주가는 상승하기 시작했고, 또 곧바로 곤두박질쳤다.

　당시 막 30살이었던 에린은 관례적인 성공 모델을 외면하기에는 자신의 나이가 너무 젊었다고 했다. 그때의 성공 기준은 리스크가 큰 일을 하면서 상대적으로 고액연봉을 받는 사람들 사이에 낄 수 있느냐가 기준이었다. 칵테일파티에 참석해서 지난 번 있었던 대규모 국제기업 매수라던가 페라리 자동차에 대해 이야기를 나누는 것은 나쁘지 않았다. 하지만 상상할 수 없을 정도의 빠른 템포는 항상 스트레스를 주었고, 의식적으로 개인적인 결정을 내릴 시간을 전혀 주지 못했다.

결정적인 문제들

에린은 3년 동안 두 번에 걸쳐 급작스런 주가의 상승과 하락이 이어지며 회사가 빠르게 부침을 거듭하는 장면을 목격했다. 이 때문에 끊임없이 격무에 시달리게 되는 악순환도 경험했다. 심신은 완전히 지쳤고, 처음으로 자신이 정말 인생에서 어떤 일을 하고 싶은가를 진지하게 고민하기 시작했다. 경쟁사회에서 살아남기 위해 점점 빨라지는 삶의 쳇바퀴를 계속 돌아야 하는지, 혹은 다른 회사에서 그동안 배운 경험을 통해 새롭게 일을 시작하면 혹시 발생할지 모를 실패를 막을 수 있을지, 개인적으로 '성공'했다는 것이 무엇을 의미하는지, 지난 10년 동안 가장 즐거웠던 일은 무엇이었는지, 자신에게 가장 의미 있던 일은 무엇이었는지 등 스스로에게 많은 질문을 던졌다.

에린은 이러한 질문들에 대한 해답이 골드만삭스에 있지 않다는 것을, 높은 봉급과 남부럽지 않은 위치, 호화로운 생활에 있지 않다는 것을 깨달으며 스스로 놀라워했다. 그녀가 느끼는 가장 좋았던 과거의 기억은 베트남에서의 활동이었다. 그곳에서 에린은 사람들에게 도움을 주면서 스스로의 삶을 변화시키고 기쁨을 얻을 수 있었다.

적절한 삶의 변화

에린은 내면의 목소리에 귀를 기울이며 자신의 삶에 새로운 이정표를 세우기로 결심했다. 하지만 정확히 무엇을 할지에 대해서는 확실히 알지 못했다.

우선은 좀 더 생각을 해보기로 하고 친구들과 이야기를 나누기 시작했다. 친구들 중 한 명이 그녀에게 존 우드John Wood를 소개시켜 주었다. 에린과 마찬가지로 존 역시 과거 7년 동안 마이크로소프트에서 가파른 성공을 거둔 사람이었다. 그 역시 시간이 지나면서 자신의 능력을 단지 큰돈을 벌거나 미래를 위해 화려한 경력을 쌓는 데 쓰고 싶어 하지 않았다. 그보다는 자신보다 기회가 적은 사람들에게 도움이 되는 일을 하고자 했다.

두 사람은 서로 만나자 마자 과거의 경험을 통해 비슷한 고민과 비슷한 입장을 가지고 있다는 사실을 깨닫게 됐다. 존은 네팔 어린이들에게 교육을 통해 자신의 삶을 개선할 기회를 제공하기 위해 '네팔 어린이에게 책을Books for Nepal' 이라는 공익적 회사를 설립한 경험을 들려주었다. 이런 프로그램을 다른 나라에도 도입하고 싶다는 이야기를 하자, 에린은 이곳에서 자신이 하고자 했던 역할을 찾을 수 있으리라는 생각이 들었다. 존과 에린이 어떻게 하면 이러한 사업을 위한 성공적인 조직을 만들 수 있을까에 대해 서로 비슷한 생각을 공유하고 있음을 알게 되면서, 공동의 미래를 위한 초석이 놓여졌다. 두 사람은 초등학교도 다닐 수 없는 전 세계 1억 2000만 명에 달하는 아이들의 숫자를 줄이는 데 함께 노력하기로 결심했다. 두 사람에게는 세상에 필요한 긍정의 변화가 어린 아이들의 교육으로부터 시작된다는 확신이 있었다.

프로그램 개발과 확대

에린과 존은 2001년, 좀 더 많은 나라에서 활동하기 위해서는 '네팔 어린이에게 책을'이라는 이름이 적절하지 않다는 판단 아래, 비영리 기업의 이름을 '책 읽는 방Room to Read'으로 바꾸었다. 존은 보다 많은 스폰서를 찾는 역할을 담당했다. 그동안 성공적으로 사업을 추진한 덕분에 2001년 20만 달러에 불과했던 예산이 2006년에는 600만 달러에 이르게 되었다.

에린은 또 다른 5개 프로그램을 개발하고, 이를 다른 국가로 확대시키는 작업을 맡았다. 5개의 새로운 프로그램은 지역 주민들과의 긴밀한 협조를 통한 학교 건립, 2개 국어로 운영되는 도서관 설립, 모국어로 된 유아 도서의 출간, 컴퓨터실과 어학 실습실을 만드는 일, 그리고 여학생들에게 장기간의 장학금을 지원하는 사업이 새로운 프로그램의 구체적인 내용이었다. 현재 이 5개 분야의 사업

에린의 '책 읽는 방'은 개발도상국가의 학생들에게 큰 도움이 되고 있다.

은 6개 아시아 국가와 아프리카 2개국에 도입될 만큼 믿을 수 없을 정도로 큰 성공을 거두고 있다. 캄보디아, 라오스, 인도, 네팔, 스리 랑카, 베트남, 잠비아, 남아프리카공화국에서는 '책 읽는 방'이 120 만 명 아이들의 삶에 실제적인 도움을 제공하고 있다. 국민 대부분

'책 읽는 방'에서 독서하고 있는 아이의 눈길이 진지하다.

이 하루 1달러로 근근이 생활을 이어가고 있다는 점이 이들 모든 나라들의 공통점이다.

에린이 조직해 놓은 샌프란시스코의 현지 팀은 그동안 3600개가 넘는 도서관을 개원했고, 287개의 학교를 세웠으며, 140만 권의 유아 도서를 현지어로 출간했고, 117개에

달하는 컴퓨터실과 어학 실습실을 완비해 놓았다. 또한 책 읽는 방은 140만 권에 이르는 영어책을 기부했고 2336명의 여학생들에게 장학금을 제공하고 있는데, 그 숫자는 매일매일 늘어나고 있다.

성공 요소와 현지 인력

존과 자신이 예전 회사에서 일할 때처럼 처음부터 분명한 목표와 성과를 의식하며 일을 했기 때문에 이 모든 일들이 가능했다고 에린은 말한다. 회사 생활의 경험이 계획을 세우는 데 있어 소중한 자산이 되었던 것이다.

책 읽는 방 시스템의 모든 프로젝트는 철저하게 현지 팀에 의해 운영되며, 이를 통해 이익을 얻는 프로젝트 참여 회사로부터 지원을 받는다. 바로 이점이 결정적인 실패를 막는 중요한 요인이다. 예를 들어 노동력의 제공이나 토지 및 건설자재의 제공, 혹은 자금 지원을 통해 스스로 상당한 이바지를 했을 경우에라야 프로젝트 구성원들은 프로젝트에 대한 책임과 평가를 넘겨받을 수 있게 된다. 적어도 전체 사업 비용의 30퍼센트가 자체적으로 조달되지 못하면, 책 읽는 방은 프로젝트를 절대로 진행하지 않는다. 이것은 또한 현지인들에게 처음부터 이러한 사업이 언제까지나 지원되지는 않는다는 점을 명확히 해주는 효과가 있다. 언젠가는 이들이 자신의 프로젝트를 독자적으로 수행할 수 있어야 하기 때문이다. 지금까지의 경험으로는 이러한 시스템이 성공적으로 정착되고 있음을 보여 주고 있다.

돈으로는 살 수 없는 것들

우리는 에린에게 과거의 화려했던 회사 생활이 그립지 않느냐고 물었다. 예를 들어 현재 그녀의 형편으로는 샌프란시스코에 집을 산다는 것이 거의 불가능하기 때문이다. "가끔씩 돌아가고 싶다는 생각이 들기도 하지만 거의 그렇지는 않아요." 혹시나 했던 그녀의 대답은 자신의 일을 통해 경험했던 만족감을 생각할 때 의심의 여지가 없어 보인다. 때때로 외국에서 힘들게 일하는 사람들을 찾아가 그들이 어떻게 성장해 왔는가를 보고 있으면, 에린은 지금 이 순간이 비할 수 없을 정도로 아름다운 시간임을 느낀다고 한다.

교육 활동은 에린에게 있어 차별을 받는 사람들에게 스스로의 삶을 개척할 기회를 제공하는 가장 소중한 일이다. 그 때문에 다시 일상적인 사업 세계로 돌아간다는 것은 지금 이 순간 전혀 고려의 대상이 아니다. 현재 그녀는 자신의 성공을 그 뒤에 숨어 있는 사람들의 숫자와 같은 다른 여러 가지 지표들로 측정 중이다. 책을 읽을 수 있게 된 아이들의 숫자, 학교를 다니는 아이들의 숫자와 같은 지표들은 그녀를 행복하게 만든다. 에린은 일하러 가는 것이 매일 즐겁다. 처음 회사 생활을 시작했던 10년 동안 거의 느껴 보지 못했던 감정이다.

아이들에게 좀 더 좋은 세상을 만들어 주는 데 도움을 줄 수 있다는 사실에 에린은 즐겁다. 바로 이 점이 그녀에게는 세상의 돈이나 권력보다 훨씬 더 많은 영감을 떠오르게 한다. 현재 그녀는 한 살 된 딸에게 책 읽는 방이 세상의 많은 아이들에게 어떤 일을 해주고 있는가를 보여 줄 날이 빨리 오기를 기다리고 있다.

내가 가진 재능을 세상에

조던 카셀로우 | 미국

"의미 있는 직업을 통해 필요한 돈을
정당하게 얻는 것, 그것이 인생에 있어
가장 중요한 주제 중 하나가 되었어요.
겉으로 보기에 불가능한 일을 이루이낸
사람들에게서 많은 것을 배우려고 합니다."

"성공한 안과 의사이자 안경사로 평생 동안 뉴욕에서 일을 할 수도 있겠지요. 맨해튼 한가운데 위치한 아버지 병원이 매력적이지 않은 건 아니니까요. 하지만 그렇게 사는 게 내 인생에 어떤 의미가 있을까요? 내게 있는 숨겨진 재능을 얼마나 발휘하고 살 수 있을까요?" 뉴욕의 안경 전문가인 조던 카셀로우는 자신의 인생관에 대해 위와 같이 말한다. 조던은 우리에게 자신의 직업적 소명에 어떤 가능성들이 숨어 있는가를 멕시코에 있는 어느 병원을 통해 보여 주었다.

단순한 즐거움

자신의 대학 시절에 대해 조던은 다음과 같이 회상한다. "개발도상국을 지원하는 단체에 실습 과정을 지원한 진짜 이유는 대부분의 젊은 친구들이 그러는 것처럼 여행도 조금 하면서 멕시코에서 재미있는 시간을 보내기 위해서였습니다. 약간의 실습 경험을 실제로 얻기도 했지만, 그게 본래의 목적은 아니었어요." 조던은 실습 시작 첫날부터 자신의 인생을 영원히 바꾸는 일을 경험하게 될 것을 당시에는 예감하지 못했다. 조던의 실습 첫날 앞을 보지 못하는 여섯 살짜리 소년이 치료를 받으러 왔던 것이다. "처음에는 별 생각이 없었어요. 이 소년을 치료한 것도 별다른 의미가 없었고요. 그러다 얼마간 시간이 지난 후 교수에게서 이 소년이 원래부터 시각장애인이 아니라 그저 지독한 근시에 시달리고 있을 뿐이라는 얘기를 들었어요. 그래서 우리가 모은 중고 안경들 중에서 22디옵터Diopter

의 두꺼운 안경을 선물로 주었습니다. 그러자 갑자기 소년의 얼굴이 밝아졌어요. 난생 처음으로 세상의 윤곽과 색깔을 보게 된 것이었죠. 갑자기 소년의 삶은 바뀌었고, 그와 더불어 제 인생도 바뀌었어요."

신앙심 강한 어느 나이 많은 아주머니와의 만남은 조던의 마음을 움직인 또 다른 체험이 되었다. 상담 시간에 찾아온 아주머니는 지난 십년 동안 마음의 위로와 안식이 되어 주었던 성경을 읽을 수 없게 된 것에 대해 아쉬움을 토로했다. 보통 그 나이 때 찾아오는 일반적인 시력 약화로 인해 책을 볼 수 없었던 아주머니는 조던이 선물한 간단한 독서용 돋보기를 통해 다시 성경을 읽을 수 있게 되었다. 하지만 이것이 그 아주머니에게는 단순히 다시 책을 볼 수 있게 되었다는 사실만을 의미하지는 않았다. "마치 내가 그 아주머니에게 신을 다시 만나게 해준 것 같은 느낌이었어요. 너무나 고마워했던 나머지, 이튿날 아주머니가 찾아와 몇 시간 동안이나 대기실에서 기다렸다가 내게 닭을 스무 마리나 주고 갔거든요."

이러한 경험들이 조던에게는 자신의 인생 목표와 의미를 찾게 해준 이정표가 되었다. 단순히 돈을 벌기 위한 안경사가 아니라, 자신의 능력을 통해 다른 사람들, 특히 가난하고 차별받는 사람들의 삶에 도움을 줄 수 있는 사람이 되기로 한 것이다.

하지만 조던은 자신이 새롭게 발견한 인생의 과제를 어떻게 실현시
켜 나갈지에 대해서는 아직 구체적인 계획이 없었다. 우선은 학업
을 마치고 경험을 좀 더 쌓는 것이 의미 있어 보였다. 1988년 뉴욕
의 뉴잉글랜드 대학교에서 안과학 박사학위를 받고 졸업을 눈앞에
둔 상태에서 조던은 녹내장 치료 과정을 혁신적으로 바꿔 제
3세계 국민들이 저렴한 가격으로 노안 치료를 받을 수 있는 시스템
을 개발한 닥터 브이에게 편지를 썼다. 닥터 브이와 그가 설립한 아
라빈드 안과 병원의 활동에 매료된 조던은 숙식만 해결된다면 병원
에서 무보수로 일을 하겠다고 제안했다. 조던은 닥터 브이와 함께
한 1년 동안 극빈자 계층에게 시각장애 치료가 어떤 의미가 있는지
를 가장 가까이서 배울 수 있었다.

다시 미국으로 돌아온 조던은 존스홉킨스 대학교에서 공공 의료
서비스 분야에 대한 공부를 계속했다. 이 분야의 공부는 제3세계에
대한 더 큰 관심을 갖게 했다. 조던은 우선 유아 시각장애에 대한
정확한 연구를 위해 볼리비아로 날아갔다. 이때 국제 헬렌 켈러 재
단이 아프리카의 만성 시각장애 치료를 위한 책임자를 맡아 달라는
제안을 해왔다. 조던에게 이 제안은 의미 있는 활동을 하는 데 필요
한 재정을 지원받을 수 있는 좋은 기회가 되었다. 이후 8년 동안 조
던은 50여 명으로 구성된 팀을 이끌고 19개 아프리카 국가들에서
만성 시각장애를 막기 위한 활동을 벌였다.

의료정책과 외교

조던은 아프리카에서 많지 않은 예산으로 건강정책 분야의 현지 시스템을 개선할 수 있는 방법에 대해 많은 것을 배웠다. 그러나 장기적인 관점에서 문제를 해결하기 위해서는 여전히 많은 돈이 필요했다. 건강 문제를 주요 관심사항으로 다루기 위해서 정치적 로비가 필요하다는 사실도 깨달아야 했다. 결론적으로 건강 문제가 국제적인 관심 사항이 되어야 하며, 그래야만 다급한 문제들을 해결하는 데 필요한 예산을 공동으로 얻을 수 있는 기회가 생길 수 있었다.

조던은 수년에 걸쳐 건강정책이 단순히 질병을 치료하는 문제만이 아님을 명확히 인식하게 되었다. 건강정책은 오히려 경제적 주제이자 외교, 안보 정책의 주제이고, 그래서 국제적인 이해관계에서 다루어져야 한다고 생각했다. 예를 들어 전 세계 인구의 약 25퍼센트인 16억 명 정도는 아직도 시각장애에 대한 치료를 받지 못하고 있다. 이 때문에 엄청난 생산력 저하가 발생되고 있다. 단지 시각장애라는 이유로 인해 대부분이 상당 기간 노동력에서 제외되어 평생 고통스러운 삶을 선고받는다. 숫자에 있어서 시각장애보다 심각하지는 않지만 에이즈나 말라리아, 결핵, 또는 치료나 완치가 가능하지만 여전히 끔찍한 결과로 이어질 수 있는 각종 질병들로 인한 경제적 손실 역시 이와 비슷하다. 예를 들어 남아프리카공화국에서는 에이즈 사망률이 입사 초기부터 고려되기 때문에 대다수의 일자리들이 필요한 인원의 두 배로 채워지고 있다.

돈 혹은 열정?

몇 년이 지난 후 조던은 심사숙고 끝에 결정을 내리고, 건강이라는 주제를 정치적인 영역에서 다루기 위해 의사로서 제3세계에서 활동하는 것을 포기했다. 자신의 생각에 확신을 가지게 된 조던은 워싱턴에 위치한 전문가로 구성된 독립기구인 외교 문제 위원회의 소장과 만나, 자기 의견을 소개할 기회를 갖게 되었다. 소장은 조던에게 그가 주장하는 주제에 대해 명확한 근거를 제시할 수 있는 소규모 연구를 통해 자신에게 확신을 심어 달라고 요구했다. 연구 작업은 깊은 인상을 심어 주었고, 조던은 미국에서 매우 유명한 싱크 탱크인 이 위원회 안에 건강 문제를 담당할 부서를 새롭게 만드는 일을 맡게 되었다. 이후 5년간 자신의 이야기를 듣고자 하는 수많은 사업가와 정치가, 그리고 영향력 있는 사람들과 대화를 나누고 토론을 이끌었다. 과거 아프리카, 남아메리카, 아시아 지역에서 일하면서 함께 고생했던 사람들이 그립기도 했지만, 이러한 활동은 꽤 마음에 들었다.

조던은 대화를 나누고 회의를 하면서 금융가 사람들과 비정부기구 사람들이 서로에게 부러움을 느끼고 있다는 사실을 발견했다. 금융인들이나 변호사들은 자기 직업에서 어떤 깊은 의미를 찾고자 했고, 비정부기구 직원들은 금융인들이나 변호사들이 누리는 풍요로운 라이프스타일을 부러워했다. 조던은 이것을 지켜보면서 물질적인 풍요와 의미 있는 일에 대한 열정 가운데 정말 어느 하나만을 선택해야 하는가에 대해 고민하게 되었다. "의미 있는 직업을 통해 필요한 돈을 정당하게 얻는 것, 그것이 인생에 있어 가장 중요한 주제 중 하나가 되었어요. 겉으로 보기에 불가능한 일을 이루어낸 사람들에게서 많은 것을 배우려고 합니다."

누구에게나 품질 좋은 안경을

조던은 외교 문제 위원회에서 5년간 성공적으로 일을 마친 후 2000년 새롭게 독자적인 활동을 시작했다. 동료 한 명과 함께 스코조 비전Scojo Vision이라는 기업을 설립하고, 공익적 목적의 스코조 재단을 만들었다. 스코조 비전은 공업국가에서 좋은 디자인으로 안경을 만들어 적절한 가격에 제공하는 사업을 한다. 안경 시장의 틈새를 노린 것이다. "사람들은 예쁘고 비싼 안경을 쓰거나, 아니면 의료보험에서 지원받아 싸지만 무거운 안경을 쓰거나 둘 중 하나를 선택

조던의 스코조 비전은 제3세계 국가 사람들의 시력을 되찾게 하는 데 큰 역할을 하고 있다.

합니다." 5년 전부터 스코조 비전은 혁신적인 방식을 통해 생산된 꽤 괜찮은 안경을 7~70유로에 판매한다. 뉴욕의 사무실에서 조던은 우리에게 몇몇 제품들을 보여 준 적이 있다. 이렇게 만들어진 안경은 특히 미국의 백화점 체인점을 통해 판매된다. 하지만 제3세계 사람들에게 도움을 주고자 했던 조던의 열정은 어떻게 된 것일까?

| 달러짜리 안경

조던은 인도나 아프리카 지역에도 미국에서와 같은 비슷한 수요가 있음을 발견했다. 그곳에서도 사람들은 자기가 감당할 수 있는 가격에 품질 좋은 안경을 쓰기를 원한다. 기부금과 스코조 비전의 수익 중 일부를 지원받는 스코조 재단은 바로 이들을 위해 설립된 기구다. 재단은 제3세계에서 노안으로 인한 근시용 안경을 1~3달러에 제공한다. 그리고 소위 스코조 기업인을 교육시켜, 이들로 하여금 '보따리 사업'을 하도록 한다. 이들은 기본 교육을 마친 후 자신이 살고 있는 외딴 마을을 찾아가 직접 시력 테스트를 하고 바로 안경을 판매한다. 판매되는 안경의 대부분은 선진국에서는 슈퍼마켓이나 편의점에서 손쉽게 구할 수 있는 단순한 돋보기 안경들이다.

스코조 재단은 대부분의 국가들에서 프랜차이즈 파트너로서 사회적 기업가들과 손을 잡는다. 현지 파트너들이 먼저 교육을 받고 나서, 이들이 다시 자기 지역에서 스코조 기업가들을 교육시킨다. 이들은 처음에 안경 판매용 장비를 갖추기 위한 약 60유로에 달하는 자금을 소규모 대출로 해결하고, 일을 시작한다. 그래도 운영 비용은 높은 편이어서 스코조는 적은 계약금으로 우선 일을 시작하게 하고, 이들이 나중에 새로운 스코조 기업가에게 별 문제없이 초기 장비를 물려주는 것으로 대출을 상쇄하게 한다. 장비를 물려받은 새로운 기업가는 처음 안경을 판매한 돈으로 다시 초기 투자 비용을 갚도록 한다. 이러한 판매 시스템은 그 신뢰관계가 악용되는 사례 없이 지금까지 성공적으로 정착되고 있다고 한다.

스코조 재단은 자신들이 직접 안경을 판매하지 않고, 수많은 소규모 스코조 기업가를 교육시키고 지원하는 방식으로 빠른 시간 안에 커다란 성공을 거두었다. 덕분에 스코조 안경은 현지인들에게 상당히 긍정적인 효과를 미치고 있다. 우선은 현지 고객이 유리한 가격으로 고품질 안경을 사용한다. 게다가 안과 질병에 대한 지식이 높아져 좀 더 많은 일자리가 만들어지고 유지된다. 소규모 기업가들이나 안경 덕분에 일을 계속할 수 있게 되거나 다시 일할 수 있게 된 고객들 모두에게 상호 이익이 되고 있는 것이다.

여성의 역할과 재정 조달

새로운 프로그램을 개발하면서 스코조는 항상 의식적으로 올바른 기업가를 찾으려고 했다. 그 가운데 주안점을 두고 있는 대상은 여성들이다. 상당한 사회적 차별을 받고 있는 여성들에게 소규모 안경 사업을 통해 돈을 벌거나 부업을 하도록 기회를 제공함으로써 이들과 자녀들이 자연스럽게 의료 서비스나 교육, 적절한 영양 상태를 제공받을 수 있도록 하는 것이다. 이것이 장기적인 관점에서는 좀 더 건강하고 안정적인 사회를 만드는 데 기여할 것이기 때문이다.

최근 스코조 재단은 과테말라, 인도, 엘살바도르, 방글라데시에 진출했다. 조던의 다음 계획은 특히 더 많은 제3세계 국가 사람들이 스코조 안경을 사용할 수 있도록 사업 확장에 힘쓰는 것이다. 재단의 장기적 재정은 개별 국가들에서 수행되는 프로그램의 운영 비용과 함께 스코조 기업가들의 수익을 통해 조달하도록 계획을 세우고 있다. 뉴욕에 있는 본부의 비용은 매년 스코조 비전이 벌어들이는 수익 중 5퍼센트에 해당하는 금액을 통해 충당할 예정이고, 새로운 프로그램 개발과 새로운 국가에서의 스코조 인프라 확충에 필요한 재정은 계속해서 기부를 통해 조달할 계획이다.

스코조 활동에 어느 정도 만족감을 표시한 조던은 계속해서 자

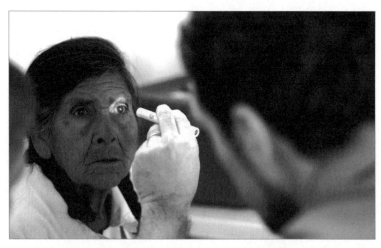

조던은 매년 적어도 8주는 제3세계에서 일을 하고 있다.

신의 에너지를 사업과 혁신적인 개발 지원을 결합시키는 일에 투자하려고 한다. "내가 가장 잘 하고 또 가장 효과적으로 할 수 있는 일들을 계속 찾아내야 합니다. 가끔씩 내가 일을 제대로 하고 있는 건지, 혹시 내가 다른 사람에게 이 일을 맡기고 다른 일을 해야 하는 것은 아닌지 자문해 봅니다. 내가 지닌 강점은 무엇보다 경제 분야에서, 소위 말하는 자금 조달 분야에서 방법을 찾고 다리를 놓는 역할에 있습니다. 그게 바로 내가 해야 할 일이죠."

스코조 비전과 스코조 재단, 그리고 때때로 아버지 병원에서 일하면서 조던은 자신의 인생 목표를 이루어 나간다. 필요한 만큼의 돈을 벌며 자신의 능력을 차별받는 사람들을 도와주는 데 사용한다. 조던은 미래의 어느 시점에 자신의 인생을 즐거운 마음으로 되돌아볼 수 있게 되리라 확신한다. "만약 당신의 삶에 '무엇을 할 수도 있는데', '무엇을 하는 게 좋은데', '그렇게만 된다면', 이런 문장들이 많다면, 당장 그 일을 시작하는 게 좋습니다."

개인의 자유와 잠재력

조던의 활동에는 전적으로 한 가지 단점이 있다. 일이 너무 많다는 것이다. 하지만 이것은 희생이 아니라 스스로의 선택이다. 때문에 조던은 자신의 일을 특히 가족과 같은 다른 중요한 문제들과 조화롭게 연결시키려 한다. 최근 이 문제는 가족과 함께 저녁 휴식을 보낸 다음에 밤늦게까지 일을 하는 방법으로 해결하고 있다. 이렇게 열심히 활동하는 이유에 대해 묻자 조던은 주저하지 않고 대답한다. "아마도 가장 그럴듯한 이유는 내가 그저 일하고 문제를 해결하는 것을 좋아하기 때문일 거예요. 이렇게 큰 세상에 직접 뛰어든다는 건 긴장되고 재미있거든요. 그래서 예나 지금이나 매년 적어도 8주는 제3세계에서 보내고 있어요."

"개인의 자유가 중요하다고 생각해요. 자신의 열정을 따라 일할 수 있는 자유, 내가 지닌 잠재력을 마음껏 펼칠 수 있는 자유가 중요해요. 이런 자유를 누리지 못하고 있는 사람들을 도와주고자 하는 이유도 바로 그 때문이죠. 이 세상 어디서나 사람들에게서 발견할 수 있는 게 있어요. 누구나 자기 아이들에게는 좀 더 나은 세상을 물려주고자 한다는 것이죠. 그들은 항상 좀 더 좋은 세상을 위해 투자하고 노력할 준비가 되어 있습니다."

Key Point

★ 돈과 명예, 권력이 주는 만족은 오래가지 못하며, 때때로 연기처럼 사라질 수 있다. 이런 것들이 참된 행복을 언제까지나 보장해 주지는 못한다. 은행 잔고가 아무리 많이 남아 있어도, 그것은 인생의 의미와 관계없다.

★ 참된 성공을 이루기 위해서는 자신의 인생 목표와 개인적 가치관에 대한 깊은 고민이 있어야 한다.

★ 어느 특정 분야에서 이미 성공을 이루었다면, 그곳에만 안주하기 쉽다. 때문에 지금까지의 성공이 오히려 자신의 행복을 위한 불행이 될 수도 있다.

★ 진정한 인생의 목표는 간혹 죽음을 앞두고 인생의 무상함을 느끼며 다음과 같이 자신의 삶을 반추할 때 드러난다. "내게 정말 행복했던 순간은 언제였던가? 내게 정말 중요한 것은 무엇인가?"

★ 인생의 터닝 포인트를 찾는 것은 언제나 늦는 법이 없다. 목표는 수정될 수 있고, 약간의 용기만 있다면 자신의 삶에 새로운 방향을 설정할 수 있다.

★ 대부분의 성공하는 사람들은 인생의 목표를 수정한 이후 처음 성공을 이루는 데 도움이 되었던 자신의 능력과 재능을 이용하여 두 번째 성공을 향해 달려간다.는 것이 좋다.

6장

다른 사람들은
나에 대해
어떻게 생각할까?

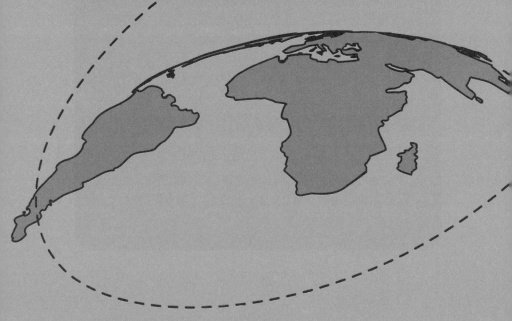

우리 모두는 우리가 자라오고 살고 있는 환경의 지배를 받는다. 교육, 학교, 친구 등은 우리의 사고와 행동 및 감정에 커다란 영향을 미친다. 개인적 가치관 역시 그것이 현재 마음에 들고, 들지 않고의 문제를 떠나 사회적 맥락에 의해 규정된다.

때문에 다양한 의견과 확신을 표출하고 그에 따라 살아가기 위해서는 추진력과 자신감이 크게 요구된다. 때때로 주변인으로 몰려 다른 사람들로부터 거부당하고 불신받으며 이해를 구하지 못하는 경우도 있기 때문이다.

이 장에 등장하는 인물들에게는 때때로 사회적 규범과 가치관의 영역 밖에서 활동하는 것이 쉽지 않았다. 하지만 이들은 관습적인 규준을 따르지 않고 자신의 길을 묵묵히 걸어갔다. 내면의 목소리에 귀를 기울이며 자신의 열정과 확신을 좇았다. 그러자 시간이 지나면서 이들의 확신은 초기 회의적이었던 친구들, 동료들, 친척들의 마음을 바꾸게 하였고, 그중 몇몇은 이들의 활동을 존중하고 지원하며 동참하기에 이르렀다.

수많은 반대 의견에도 불구하고 자신감을 잃지 않고 자신이 확신하는 일을 해나가면서 만족과 행복을 찾은 이들의 이야기를 소개한다.

독침이 바꾸어 놓은 인생

로마 데바브라타 | 인도

"내일 죽는다 해도,
내 인생에 그보다 더 좋은 일을
할 수는 없을 거예요."

인도 정부의 고위 관료였던 아버지와 지주의 딸로 부유하게 자란 어머니 사이에서 태어난 로마 데바브라타는 부모의 기대를 한 몸에 받으며 성장했다. 6살 때부터 고전무용 수업을 받았던 로마는 최고의 프리마발레리나가 되기 위한 최상의 교육을 받았다. 훌륭한 성적으로 학교를 졸업하였고 가끔씩 던진 좋은 세상을 만들기 위해 노력하겠다는 말은 이미 콜카타(옛 캘커타)의 가난한 사람들을 위해 활동하고 있던 어머니의 마음을 기쁘게 했다.

하지만 로마는 21살이 되자 빠른 시간 안에 무용을 그만두기로 결심했다. 허름한 오두막에서 매일매일을 굶주림 가운데 살아가는 사람들이 도처에 있는데 자신의 토슈즈만을 걱정하고 있을 수가 없었다. 콜카타 거리에서 매일같이 벌어지는 비참함 속에서 무용수로서의 존재가 어떤 의미가 있는지 도무지 알 수 없었다. "내가 프리마발레리나로서 몇몇 훌륭한 무용수를 길러내는 동안 수백만의 사람들이 고통받아야 한다면, 그게 무슨 의미가 있겠어요?" 하지만 그녀의 이러한 결정은 전통적인 사고에 젖어 있던 부모님의 이해를 얻지 못했다.

오해의 날들

무용과 병행해 문학 석사학위를 받은 로마는 뉴델리 대학교의 문학 교수가 되기로 결심했다. 그러자 주변의 반응은 싸늘했다. 그동안 무용수로서 쌓아 왔던 경력은 무시되었고, 1960년대 인도의 일반 가정에서와 달리 집안과도 멀어지게 되었다. 그러나 이러한 환경

변화가 로마의 결정을 바꾸지는 못했다. 이듬해부터 로마는 학생들에게 문학을 가르치며, 사회에 존재하는 모순을 인식하도록 돕는 일을 즐겼다. 문학의 범주를 넘어 학생들의 세계관을 넓히고, 이를 통해 인도에 존재하는 사회적 현실을 직시할 수 있도록 노력했다. 그밖에 무보수로 사회 프로젝트를 조직한 대학 그룹의 일원으로 활동했다. "항상 내 의식 속에는 무엇인가를 변화시키고 싶다는 생각이 있었어요. 특히 사람들을 감정적, 심리적으로 고통스럽게 만드는 상황이 마음을 편치 않게 만들었어요. 그런 상황들은 인간을 인간답지 못하게 만들어요. 물론 많은 사람들이 부당하게 대우받는 사람들의 운명에 대해 걱정을 표합니다. 하지만 그들의 인간답게 대접받아야 할 권리를 실제로는 인정하지 않으면서 거만하고 동정적인 입장으로 말하는 사람들이 많은 게 사실이에요. 걱정을 걱정으로만 끝내고, 실제적인 행동으로 옮기는 경우는 아주 드뭅니다."

든든한 지원군

부모님의 반대와 주변 환경의 어려움도 자신이 옳다고 생각하는 일을 하는 로마를 막지는 못했다. 교수로서 버는 돈과 남편의 지원이 큰 도움이 되었다. 엔지니어였던 남편은 노조 활동과 여성운동에 적극적으로 참여했던 가정 출신으로, 로마가 하는 일을 이해하고 지원해 주었다. "남편과 대학이 내게는 든든한 지원군이 되어 주었어요."

이듬해부터 로마는 사회적으로 차별받는 사람들을 위해 더욱 힘을 쏟았다. 뉴델리의 거리를 보면 자신이 좋은 교육을 받고 대학에서 일을 할 수 있도록 특권을 받은 것처럼 생각되었고, 그래서 사회에 무언가를 되돌려 줘야겠다는 필요성을 느꼈다.

로마는 자신의 활동이 틀림없이 어머니로부터 영향을 받은 것이라 믿는다. 하지만 그녀는 어머니의 소망과는 다른 삶을 살고자 했고, 사람들과 훨씬 더 직접적인 관계를 갖고자 했다. 이 시기 대부분의 시간은 교수로서 일하며 보냈고, 가족과 함께 있는 시간을 즐겼다. 그녀의 꿈 중 하나는 11명의 딸을 가지는 것이었지만, 직접 낳은 딸은 한 명이었다. 좀 더 집중적으로 사회 활동에 참여하는 것이 이때의 소망이었기 때문이다. 하지만 수년 동안 어떤 형식으로, 어떤 분야에서 일하는 것이 좋을지 정확히는 잘 몰랐다.

인생을 바꾼 독침 테러

1992년 로마는 평소 가까이 지내던 변호사로부터 부탁을 받고, 학대받은 14세 소녀의 증언을 통역해 주려고 재판에 동행했다. 나중에 들은 바로는, 공식 통역사가 소녀의 증언을 거짓으로 통역하지 않을까 검사가 걱정했다고 했다. 소녀의 이름은 하미다였고, 열살 때 부모에 의해 어떤 남자에게 팔려 갔다. 그 남자는 부모에게 소녀를 도시로 데려가 잘살게 해주겠다고 약속했다. 하지만 잘살게 해주겠다던 삶은 그 남자뿐 아니라 다른 여러 남자들에 의해 수년 동안 매일같이 성적 학대를 받는 것이었다. 그들 중에는 경찰도 있었다. 이들이 불법적인 미성년 매춘을 숨기고 있는 사실이 분명했다. 끔찍하고 비참한 사실이었다.

　로마의 통역 덕분에 하미다의 증언은 거짓 없이 전달될 수 있었다. 소녀는 자신을 학대한 사람들을 정확히 지목했고, 재판정 내부에는 소란이 일었다. 로마는 어떤 위협을 감지했고, 사람들 앞에 자신을 소개하면서 소녀를 보호하려고 했다. 그러자 순간 등 뒤쪽에 따끔함을 느꼈고 바닥에 쓰러졌다. 누군가 혼란을 틈타 분명 소녀를 향했을 독침을 그녀의 척추에 꽂은 것이었다. 로마는 3개월 동안 병원에서 고통스러운 시간을 보내야 했고, 이 사건을 극복하기까지 부분적으로 마비 증세를 보이기도 했다.

매일 아침 눈을 뜨는 이유

현재 58세인 로마를 뉴델리 근방에 위치한 그녀의 소박한 사무실에서 만났다. 젊은 여성 한 명이 그녀의 말에 귀를 기울이고 있었고, 누군가 들어와 서명을 받고 인사를 건네고 있었다. 로마는 작지만 아주 분명한 목소리로 말했다. "평생 동안 내 삶에 깊은 의미를 줄 수 있는 있는 일을 찾고자 노력했어요. 학대받은 소녀 대신 독침을 맞아 거의 죽을 뻔했던 바로 그 순간에 살아 있는 동안 내가 무엇을 해야 할지를 알게 되었어요. 내가 이 세상을 변화시킬 수 있으리라고는 생각하지 않아요. 그저 학대받는 여성들과 아이들이 조금이나마 나은 삶을 살 수 있도록 도움을 주고 싶을 뿐이에요." 그 이후 로마는 재판정에만 가면 이전에 전혀 느낄 수 없었던 자신의 내면에 숨겨져 있던 끈기와 열정을 느낀다고 했다.

STOP

로마는 뒤늦게 발견한 인생의 과제를 좀 더 적극적으로 실현시키기 위해, 1997년 '아동과 여성의 인신매매 및 학대 금지STOP Trafficking and Oppression of Children and Women(약칭 STOP)'라는 기구를 설립했다.

여기서 활동하는 스무 명으로 구성된 팀과 자원 봉사자들은 아동과 여성의 납치 및 이로 인해 발생되는 인간적 비극을 종식시키는 것을 목표로 세웠다. STOP의 활동은 어린 소녀들을 매음굴에서 직접 데리고 나오는 것과는 큰 관련이 없다. STOP은 그곳을 빠져나온 아이들이 직업 교육이나 새로운 고향 찾아 주기, 혹은 일자리 찾아 주기와 같은 프로그램들을 통해 자립할 수 있도록 도움을 준다.

"이들은 돈 때문에 끌려가고, 팔려가고, 섹스를 강요받은 아이들이에요. 이들은 이제 자신을 구속하던 곳에서 빠져나와 처음으로 자기가 하고 싶은 것, 자기가 되고 싶은 것을 스스로 선택할 수 있는 권리를 갖게 되었어요. 이런 권리를 정당하게 행사할 수 있도록 우리는 할 수 있는 한 이들을 지원하려고 합니다."

STOP의 중요한 활동 중 하나는 끌려간 미성년 소녀들

로마의 STOP 활동으로 인신매매와 미성년 매춘이 크게 줄어 들고 있다.

이 감금되어 있는 장소에 대한 정보를 구축하는 일이다. 그렇게 되면 경찰과 함께 가능한 한 많은 소녀들을 미성년 성범죄자들로부터 구출할 수 있는 신속한 접근과 대처가 가능해진다. "우리의 역할은 소녀들을 숨기고 있는 장소에 대한 실제적인 정보를 수집하는 겁니다. 때문에 폭넓은 네트워크 구축이 필요해요. 예를 들어 협력 단체나, 의사, 자원봉사자, 때때로 도심 지역의 릭샤 운전사들이나 심지어 성매매자들에게서도 정보를 받고 있어요. 소녀들을 구출하기 위해서는 거의 군사작전을 방불케 하는 구출 과정을 따로 만듭니다. 신속하게 하지 않으면, 아이들의 흔적을 영영 놓치게 되기 때문이죠. 만약 여기서 아이를 잃어버리면 거의 찾지 못하게 됩니다." 그러한 구출 활동에는 이미 비슷한 경험을 가지고 있는 아이들이 큰 도움이 된다. 이들은 짧은 시간 안에 신속하고 익숙하게 숨겨진 장소를 찾아낸다. 로마가 지난 몇 해 동안 구해낸 아이들 중 몇몇은 악몽과 같은 지난 세월에 당당히 맞서고 비슷한 경험을 했던 다른 아이들을 도와주기 위해 조심스럽게 교육을 받고 있다.

우리는 충격과 놀라움, 경외심이 뒤섞인 상태에서 우리의 대화를 옆에서 조용히 집중해 듣고 있던 젊은 여성에게 시선을 돌렸다. "구출 작전이 끝나면 소녀들을 경찰서로 데려가 의사에게 검진을 받도록 합니다. 아이들이 혹시나 다시 끌려가게 되지 않을까 두려워하기 때문이죠. 때때로 그런 일이 일어나기 때문에 이해가 가기도 합니다. 우리는 경찰이 아이들을 정당하게 조사한다고 믿어요. 아이들의 얼마 되지도 않는 물건들을 빼앗지도 않고, 뇌물도 받지 않으며, 재판이 열리기 전에 우선 안전한 곳으로 아이들을 데려간다고 믿어요. 그 모든 절차들이 끝나면 우리가 이들의 재활을 돕는 겁니다."

이런 계획이 위험하거나 혹시 위협을 받지 않는지 물어보자, 로마의 대답은 의외로 단호했다. "내일 죽는다 해도, 내 인생에 그보다 더 좋은 일을 할 수는 없을 거예요." 로마가 조금 걱정스러워 하는 부분은 유일한 혈육인 딸이다. 현재 유엔에서 활동하고 있는 딸은 자기 어머니가 절대로 타협하지 않는 사람임을 확신한다.

팔려나가는 수백만의 아이들

매년 전 세계적으로 400만 명의 소녀들이 앞서 소개한 하미다와 비슷한 운명을 겪고 있다는 유엔의 충격적인 발표는 로마의 활동이 얼마나 시급하고 중요한 것인지 보여 준다. 인도 정부의 통계에 따르면 2005년 5세에서 15세 사이에 있는 약 200만 명의 아이들이 성적 착취의 대상이 되고 있다고 한다. 이들 대부분은 거짓 약속에 속아 가족에 의해 빵 한 조각도 안 되는 돈에 팔려가거나 소위 어린 신부가 되어 인신매매범에게 넘겨진다. 인도에서는 매년 그 부끄러운 숫자가 50만을 넘어서고 있다. 미성년을 대상으로 하는 성적 착취의 규모는 50억 달러의 규모에 이른다. 이 때문에 해마다 수천 명의 아이들이 네팔에서 인도로 끌려가고 있는 실정이다.

대가족이 주는 기쁨

지금 로마는 행복하다. 대학에서 받는 봉급은 STOP 활동을 위해 사용한다. 먹고 사는 데는 그렇게 많은 돈이 필요하지 않다. 인도 전통 의상인 사리 한 벌 값은 3달러에 불과하다. 잠은 하루 4시간 이상 자지 않는다. 그것도 가끔은 서재에서 잔다. 먹는 문제는 그녀의 대가족이 해결한다. 딸을 많이 낳아 대가족을 이루겠다는 꿈도 실현되었다. 우리의 대화는 로마와 급하게 논의할 일이 있어 보이는 한 쌍의 젊은 친구들이 찾아오는 바람에 잠시 중단되었다. 세 명은 잠시 포옹을 한 뒤, 짧은 대화를 나누었고, 대화가 끝나자 두 사람은 곧 만면에 웃음을 띠며 사무실을 떠났다. 젊은 남자가 자신의 '딸'과 결혼하겠다고 승낙을 받으러 온 것이라고 했다. 로마는 그 남자가 자신의 딸을 잘 대해 주리라는 확신이 들었고, 딸의 결정을 존중해 승낙해 주었다. 로마의 집에 오랜 동안 거주해 오면서 '딸'로 불리는 45명의 다른 여성들과 마찬가지로, 이 여성도 운전면허증을 땄고 이제는 택시 기사로 일하고 싶어 한다. 곧 남편이 될 사람은 이에 대해 회의적이지만, 누구도 그녀의 성공을 빼앗아 가지는 못할 것이다.

로마의 딸들은 기부금으로 지은 집에서 대가족을 이루어 살고 있다. 이곳에서 영어, 요리, 정원 일, 운전 및 그 밖의 많은 것들을 배운다. 이들은 이를 통해 더 이상 희생자로 머물지 않고, 자신감 있는 독립적인 인간으로 성장한다. 로마는 많은 시간을 이곳에서 보내며 어머니의 역할을 실제로 감당한다. 이들 중 17명은 이미 결혼하기도 했다.

로마는 확신한다. "이런 게 바로 내가 그토록 원했던 삶이에요. 원래 아이들을 많이 갖고 싶기도 했죠. 이제 주변에는 내가 도움을 줄 수 있고, 그 성장 과정을 보며 즐거워할 수 있는 사랑스러운 아이들이 많아요. 내 나이도 예순이 다 되어 가요. 일은 제대로 하는 것 같은데 시간은 부족하고 해야 할 일은 많아요. 그래서인지 매일 매일이 새 날 같아요. 어제 남겨진 건 하나도 없고 새로운 일만 시작되는 그런 날 말이에요."

미래를 위한 비전

데이비드 스즈키 | 캐나다

"죽기 전에 손자들의 눈을 보면서
할아버지는 할아버지가 할 수 있는
모든 일을 다 했다고 말해 주고 싶습니다.
그게 바로 내가 살아가는 이유입니다."

청바지에 나무꾼 셔츠를 입은 데이비드 스즈키가 소파에 편하게 기대어 앉아 있다가 우리를 맞이했다. 동양적인 눈매에 자신감이 차 있는 그는 우리의 질문에 일목요연하게 대답해 주었다. 우리는 이미 다른 인터뷰 대상자들로부터 이 놀라운 인물에 대해 익히 듣고 있던 터였다. 캐나다 사람인 데이비드는 30년 이상 전부터 자신이 세운 재단과 수많은 TV 및 라디오 시리즈, 그리고 책 출간을 통해 환경문제를 알리고 전파하는 데 노력해 왔다. 1936년 밴쿠버에 거주하던 일본인 부모에게서 태어난 그가 어떻게 스타 유전학자에서 캐나다의 지속가능한 미래를 책임지는 아이콘이 되었는지 물어보았다.

동물학 박사과정

어릴 때 아버지와 함께 캠핑과 낚시를 즐겨 다녔던 경험은 데이비드의 젊은 시절에 큰 영향을 미쳤다. 자연과 함께 많은 시간을 보내는 것을 좋아하게 되었고, 식물과 동물을 관찰하는 것은 큰 즐거움이었다. 자연스럽게 있는 그대로의 자연을 좋아했던 덕분에 별다른 어려움 없이 대학에서 동물학 전공을 선택했고, 이후 1958년 미국 애머스트 대학교에서 훌륭한 성적으로 박사과정을 마쳤다. 박사과정을 미국 시카고에서 졸업한 것은 계획된 것이라기보다는 행운에 가까웠다고 데이비드는 말한다. 당시에는 미국 대학의 수준이 캐나다 대학보다 훨씬 높았기 때문이다.

자연을 좋아하는 아웃사이더

데이비드는 청소년 시절에 일본 출신이라는 이유로 캐나다 친구들로부터 종종 따돌림을 당했다. 또 제대로 못하는 일본어 실력 때문에 일본 친구들로부터는 종종 놀림을 당하기도 했다. 아웃사이더가될 수밖에 없었던 상황으로 인해 데이비드는 아주 일찍부터 자신이훌륭한 사람이 될 수 있는 능력을 갖췄음을 모두에게 증명하고자했다. 이런 열망이 자연에 대한 사랑과 더불어 인생의 중요한 두 가지 추진력이 되었다. 유전학 학위를 받은 후에는 조교수로 임명되어 곧바로 실험실을 마음대로 쓸 수 있게 되었다. 1969년에서 1972년까지는 35세 미만의 뛰어난 캐나다 과학자에게 수여되는 장학금도 받았다. 동료들 사이에서 데이비드는 관습에 얽매이지 않는 사람으로 통했다. 학생들을 친구처럼 대해 주었고 그들의 반대 의견도 열린 마음으로 수용했다. 긴 머리를 하고 다녔으며 편안한 옷차림을 즐겼다. 그럼에도 학자들 사이에서는 열심히 연구하는 연구자로 좋은 평판을 얻었다.

과학자의 사회적 책임

1970년대에 데이비드 역시 성공적인 유전학자로서 유전공학이 이룩한 혁신적 성과로 촉발된 일련의 들뜬 분위기에 휩쓸렸다. 식물과 동물, 인간의 특성을 새롭게 구성할 수 있게 만든 DNA의 재조합 같은 신기술들은 대부분의 과학자들에게 마약과 같은 영향을 미쳤다. 처음으로 인간이 특정한 목적에 따라 자신의 본래적 특성을 변형시킬 수 있게 된 것이었다. 당시 데이비드는 뛰어난 과학자들과 함께 훌륭한 시설을 자랑하는 연구실을 운영하고 있었다.

　그때 현재 환경운동의 대부로 통하는 레이첼 카슨Rachel Carson의 책《침묵의 봄Silent Spring》을 구해 다음의 구절을 읽게 되었다. "과학자들은 학문에만 크게 집착하기 때문에 실험실이 실제 세계가 아니라는 점을 쉽게 잊어버린다. 실제 세계에서는 모든 것이 다른 모든 것과 서로 관련을 맺고 있다. 따라서 실험실에서의 테스트는 특수한 효과를 낳는다. 이러한 테스트는 실제 세계와는 전혀 다른 영역에서 이전에 누구도 예상치 못했던 결과를 나타낼 수 있다." 데이비드는 위 문장이 당시 자신의 마음을 사로잡았다고 고백한다. 그는 평생 동안 특수한 분야에 한정된 과학자가 되도록 교육받아왔다. 초파리의 특정 유전자를 분석하고 그 역할과 변형 가능성에 대한 연구를 수행했다. 데이비드는 이러한 전문화, 특수화가 생물학적인 전체 관계를 보지 못하게 만드는 우를 범할 수 있다는 사실을 이해하기 시작했다. 카슨의 책을 읽고 나서는 유전자 조작으로 인해 발생 가능한 결과들에 대한 유전학자들의 생각이 깊지 않음이 더욱 명확해졌다. 실험실이 아닌 실제 세계에서 변형된 식물이 우리의 환경에 미치는 영향에 대해 누가 책임질 것인가? 그 식물을 먹는 동물과 인간에게는 어떤 영향이 미칠 것인가?

유전자가 갖는 의미

데이비드는 가끔 자신의 유년 시절에 대해 생각한다. 6살 때 가족

과 함께 전쟁포로 수용소에 갇힌 적이 있다. 단지 일본 출신이라는
점, 다시 말해 일본인 유전인자를 가지고 있다는 이유 때문이었다.
제2차 세계대전 당시 인종적 차이에 대한 유전학자들의 발언은 수
백만 명의 사람들에게 끔찍한 결과를 가져왔다. 데이비드 자신도
어린 시절 일본인으로서 남들과 다른 유전자를 가지고 있다는 이유
로 친구들로부터 집단 구타를 당한 경험이 있다.

　세월이 많이 지나 대학들이 유전학 전공 학생들에게 유전학 연
구의 부정적인 결과에 대해 아무것도 알지 못하게 했다는 소식을
들었다. 데이비드는 거의 증오에 가까운 감정을 느꼈다. 이때부터
많은 동료 연구자들의 반대에도 불구하고 과학자들이 감당해야 할
책임에 대해 공식적으로 말하기 시작했다. 자연을 사랑했던 데이비
드는 유전자 조합과, 그것이 자연에 미칠 수 있는 부작용에 대해 조
심스러운 경고를 보냈다.

과학이 문제의 일부

데이비드는 현 상황에서 자신이 좋아하는 과학이라는 것이 해결책
이 아니라 문제의 일부라는 사실을 깨달았다. 이 분야의 전문적 지
식을 가지고 있으면서도 자신의 이익만을 좇지 않는 사람만이 이러
한 주제에 대해 적극적으로 발언할 수 있으리라는 확신이 들었다.
그래서 1978년~1979년 유전학자로서 실험실에 안주하며 연구하
는 활동을 포기하기로 결심했다. 과학자로서 학문을 사랑하고 한
분야에서 안정적으로 연구 활동을 벌이는 작업은 부와 권력을 약속

해 주었다. 하지만 데이비드는 자신의 결정을 후회하지 않았다. 이미 어린 시절부터 아버지에게서 사람은 돈과 권력을 얻기 위해 사는 것이 아니라는 사실을 배워 왔기 때문이다. 데이비드의 아버지는 큰 차와 비싼 옷과 같은 물질적인 화려함으로 치장한 사람들을 부러워하지 말라고 가르쳤다. 그에게 있어 돈과 권력은 자신의 인생을 걸고 추구할 만한 가치가 없는 것이었다. 데이비드는 결국 심사숙고 끝에 자신의 확신을 따르기로 결정했다. 그리고 밴쿠버에 위치한 브리티시컬럼비아 대학교의 교수로서 2001년 은퇴하기 전까지 수년 동안 과학과 정치 분야에서 책임 있는 행동을 촉구하기 위한 전제 조건을 마련하기 위해 노력했다.

또 데이비드는 30년 이상 〈만물의 본성The Nature of Things〉이라는 TV 프로그램을 진행하면서 수백만 캐나다 사람들의 안방으로 다양한 과학적 지식과 환경에 대한 정보를 이해하기 쉽게 전달하는 일도 하고 있다.

해결책을 구할 시기

1988년에서 1990년까지의 시기는 데이비드 스즈키 인생에 있어 두 번째 전환점이 되었다. 1988년 라디오 시리즈 〈생존의 문제〉를 준비하면서 다양한 환경 철학을 가지고 있던 150명에 이르는 저명한 캐나다 과학자들과 인터뷰를 가졌다. 생각보다 부정적인 이야기들이 전해지자 데이비드는 놀라움을 금치 못했다. 이미 수년 전부터 지구상에서 벌어지고 있는 심각한 환경문제들을 다루고 있던 그였지만, 이들의 이야기에 두려움까지 느끼게 되었다. "지구는 인간이라는 맹수의 공격에 몸살을 앓고 있어요, 이들의 공격에 살아남지 못하게 될 수도 있는 상태예요." 1990년 이 방송이 마침내 주목을 끌게 되자, 데이비드는 청취자들로부터 1만 6000통에 달하는 편지를 받았는데, 그 내용은 대부분 비슷했다. "당신의 프로그램을 들었어요. 엄청난 공포심을 일깨워 주었는데, 이 문제를 해결하기 위해 우리 각자가 어떤 일을 할 수 있을까요?" 데이비드의 부인인 타라는 당시에 다음과 같이 말했다. "당신은 수년 전부터 우리가 큰 어려움에 직면해 있다고 말해 왔어요. 이제는 어떤 해결책을 실천에 옮길 때예요." 이에 데이비드는 다른 활동가들과 함께 그룹을 조직해 3일 동안 이에 대해 토론을 벌였다. 토론은 위기를 극복하

앨 고어(우측)와 이야기를 나누고 있는 데이비드 스즈키

기 위한 많은 단체들이 조직되는 결과를 낳았다. 하지만 그렇다고 위기의 원인이 된 문제들이 뿌리 채 뽑힌 것은 아니었고, 다만 위기의 징후들만이 다루어질 정도였다.

환경파괴의 근본적인 문제인 소모적 가치 체계가 변화되지 않는 한, 단기적인 활동은 별 도움이 되지 못했다. 그래서 데이비드가 속한 그룹은 1990년 데이비드 스즈키 재단을 설립했다. 재단은 인류의 뿌리 깊은 문제들을 세상에 알리고, 여기에 기반을 두어 그 해결책과 대안행동을 개발하는 것을 목표로 세웠다. 과학적 분석에 근거를 둔 해결책을 마련해 좀 더 많은 대중들에게 다가가기로 했다. 《변화를 위한 좋은 소식》이라는 책을 출간해 캐나다 국회의원 대부분에게 보내 변화를 이끌어내려 했으나, 반응을 얻지 못하고 실패한 경험이 있기 때문이었다. 데이비드는 이 사건을 통해 변화라는 것은 위에서부터 시작되지 않는다는 사실을 깨달았다. "대부분의 사회 지도자들은 항상 예전과 같은 상태가 지속되기를 바랍니다. 그래야 자기들이 얻을 수 있는 이익이 가장 크거든요." 결국 일반 시민들에게 다가가 자신이 무엇을 할 수 있고 무엇을 해야 하는가를 보여 주기로 목표를 세운 것이다.

캐나다의 미래를 위한 전략

데이비드는 수년에 걸쳐 새로운 해결책을 위한 단서를 놓았다. 2000년대 초에는 전체 캐나다 사람들에게 다가올 미래를 예상하며 다음과 같은 질문을 던졌다. "모든 사람들이 계속해서 지금과 같은 높은 수준의 생활환경 혹은 좀 더 나은 삶의 질을 향유하고자 할 때, 2030년이 되면 캐나다는 어떤 모습을 하고 있어야 할까요?" 이 같은 질문에 대부분의 캐나다 사람들은 그때도 역시 공기는 맑아야 하고 별다른 걱정 없이 먹을거리를 구할 수 있어야 하며, 깨끗한 물을 마실 수 있어야 한다고 대답했다. 데이비드 스즈키 재단은 2004년《한 세대의 지속성》이라는 제목으로 자료집을 만들었다. 이제는 어떻게 하면 공동의 미래를 위한 이 같은 목표를 이룰 수 있을까가 문제의 핵심이었다. 재단은 또한 그러한 목표를 훼손하는 사람들을 처벌할 수 있는 가능성을 타진했다. 이 모든 작업과정의 결과들은 《캐나다의 미래를 위한 국가적 지속 발전 전략》이라는 제목의 기록물에 포함되어 2006년 발간되었다.

손자들에게 미래를

70세의 나이에도 이처럼 녹록치 않은 활동을 계속하는 이유가 무엇인지를 물어 보았다. "내 활동에 동기를 부여하는 이들은 손자들이에요. 나도 내 재단도 세상을 구하지는 못할 겁니다. 하지만 나 같은 사람 100만 명 정도가 최선을 다한다면, 데이비드 스즈키 재단과 같은 수많은 단체들이 열심히 활동한다면, 상당한 힘을 발휘할 수 있어요. 난 그저 죽기 전에 손자들의 눈을 보면서 할아버지는 할아버지가 할 수 있는 모든 일을 다 했다고 말해 주고 싶습니다."

데이비드는 이미 20년 전에 자기 혼자서는 세상을 구할 수 없다는 사실을 깨달았다고 고백한다. 그는 언젠가 거울을 보며 자신에게 다음과 말했던 순간을 정확히 기억하고 있다. "도대체 넌 누구라고 생각하니? 스스로가 세상을 구할 수 있을 정도로 중요한 사람이라고 생각하는 건 아니겠지? 그렇게 이기적이고, 거만하며 순진하게 굴지 말자." 이날 이후 데이비드는 자기가 짊어진 것 같았던 무거운 짐을 모두 내려놓은 것 같은 느낌이 들었다고 한다.

나이를 먹게 되자 데이비드는 자신이 다른 사람들에게 어떻게 기억되기를 원하는지 자문했다고 한다. "난 피델 카스트로 같은 사람입니다. 그가 언젠가 말했죠. 태양은 40억 년 후에도 계속 불타오를 텐데 누가 벌써부터 미래를 걱정하느냐고 말이에요."

미래를 바라보며

데이비드는 우리가 지구상에 있는 우리의 위치를 제대로 인식하지 않으면, 종으로서 몰락할 수밖에 없다고 확신한다. "오늘날 많은 사람들은 너무나 똑똑한 나머지 자연은 더 이상 필요하지 않다고 생각하기도 합니다. 하지만 이건 끔찍한 비극입니다. 우리에겐 정말 지구를 경영할 만큼 뛰어난 지식도 없습니다. 우리가 함께 하는 공동체, 가족, 물질, 자연 등과 같은 참된 부유함이 무엇인지 다시 깨달아야 합니다. 이러한 사실을 다시 받아들인다면 우리는 더욱 행복하게 살고 덜 파괴적인 피조물로 살아갈 수 있습니다."

안전하고, 정의롭고, 아름다운 세상 만들기

에머리 로빈스 | 미국

"아무것도 하지 않으면,
아무것도 변화시킬 수 없습니다."

1947년 워싱턴 DC에서 엔지니어였던 아버지와 사회운동가였던 어머니 사이에서 태어난 에머리 로빈스는 태어나면서부터 순탄치 않은 삶을 시작했다. 열 살 때까지 적혈구 부족으로 자신의 신체적 질병과 싸워야 했기 때문이다. 그의 건강상태는 몇 주간 학교에 갈 수 없을 정도로 좋지 않았다. 그러나 다행스럽게도 이러한 사실이 다양한 분야에 호기심이 많았던 똑똑하고 명랑한 에머리를 크게 괴롭히지는 못했다. 자신이 가장 좋아하는 것, 즉 독서에 집중할 수 있었기 때문이다. 폭넓은 독서와 다양한 전문 분야에 대한 관심은 동료 학생들보다 에머리를 뛰어난 학생으로 만들어주었지만, 그 나이에 마땅히 어울려야 할 친구들과의 사귐에는 어쩔 수 없이 문제가 있었다. 이미 열다섯 살에 물리학 과외로 생활비를 벌고, 수학, 화학 및 그 밖의 자연과학 분야에서 인상적인 성적을 받는 동시에, 거의 대학을 졸업한 수준의 악기 연주를 하고, 고전을 섭렵하며 상당한 수준의 전문 사진작가가 되어 버린 천재와는 아무도 함께 놀아주려 하지 않았다. 하지만 에머리는 동료 학생들의 의견에 크게 신경 쓸 시간이 없을 정도로 다른 분야에 대한 관심이 너무 많았다.

대학이라는 섬

열여섯 살 때 에머리는 매사추세츠 암헤스트를 떠나 엘리트 대학인 하버드로 갈 기회를 얻었다. 노벨상 수상자에게 물리학 강의를 들을 수 있었기 때문에, 하버드 대학교는 이 젊은 천재를 잠시나마 매료시킬 수 있었다. 하지만 젊은 나이에 벌써부터 특정 분야에 한정된 전문가가 되고 싶지는 않았다. 에머리는 지금도 서로 간에 긴밀하게 연결되고 얽혀 있는 과학을 지나치게 전문화시켜 파편적으로 공부하는 것을 의미 있는 작업으로 생각하지 않으며, 오히려 부정적으로 평가한다. 그래서 열여덟 살이 되자 연구와 실험에서 학제적 분위기가 강했던 영국의 옥스퍼드로 자리를 옮겼다.

당시의 상황을 말하는 에머리의 두 눈에는 약간의 반항적인 표정도 엿보였다. "머릿속을 그저 지식으로만 채울 수는 없었어요." 물리학 과외를 통해 벌었던 돈이 점점 떨어져가자, 스쿼시를 함께 즐기던 한 인도 친구가 장학금을 신청해 보라고 조언을 해주었다. 장학금을 신청하면서 지원 양식을 혼동해 옥스퍼드 한 학기 장학금이 아닌 영국에서 가장 훌륭한 대학 중 한 곳인 머튼 칼리지의 3년짜리 연구 장학금을 신청하게 됐다는 사실은 이후 면접심사 때 알게 됐다고 한다. 에머리를 잘 아는 사람들은 그가 이처럼 특별한 능력을 지니고 있다는 사실과 다양한 관심사와 더불어 특히 생물물리학 분야에 깊은 관심을 가지고 있다는 점에 특별히 놀라워하지 않는다.

진정 중요한 문제

2년간에 걸친 집중적인 연구 이후 에머리는 지구상에서 정말 해결해야 할 진지한 문제는 에너지 및 천연자원과 관련된 문제라는 사실을 깨달았다. 그러나 1971년 당시에는 머튼 칼리지를 비롯한 그밖의 다른 대학에서도 에너지를 테마로 연구하고 박사학위를 받을 수 있는 기회를 얻을 수 없었다. 그때가 바로 세계적으로 첫 번째 석유파동이 일어나기 2년 전이었고, 기후변화와 화석연료의 부족, 그리고 천연자원의 파괴에 대한 문제가 광범위하게 논의되던 시기였다. 그래서 많은 교수들과 동료들의 충고에도 불구하고 다시 한 번 학업을 중단했다. 당시 "당신 스스로가 해결책의 일부가 아니라면, 문제의 일부입니다"라고 말한 카마이클Carmichael의 주장은 강렬한 인상을 심어 주었다. 에머리는 계속해서 수년을 연구실에서 버티면서 책임을 피하고 있을 수만은 없었다. 대학에서의 활동이 매력적이기는 했지만, 이 같은 활동이 지구상의 에너지 문제와 자원문제를 해결하기에는 턱없이 부족하다는 단순한 느낌 때문이었다.

1971년 대학이라는 공간에서 이러한 비판적인 테마들을 다룰 수 없었기 때문에, 에머리는 24세의 나이에 독자적인 컨설팅 회사를 세웠다. 에머리의 컨설팅 회사는 에너지 문제를 진지하게 다루고 변화시키고자 하는 대규모 에너지 기업과 개인기업의 자문 활동에 집중하기 시작했다. 이때부터 그는 환경운동을 펼치던 당시 많은 활동가들의 우려에도 운동이 아니라 세계적인 기업들을 컨설팅하는 것이 실제적으로 긍정적인 결과를 이끌어내는 좀 더 효율적인 수단이라는 사실을 확신했다. 1970년대는 그렇게 운동은 있으되, 그 과정에서 기업은 배제시키는 시대였다.

태양열과 해발 2200미터 위에서의 체온

이후 10년 동안 에머리는 런던에서 활동하며 세계적인 기업들과 컨설팅 프로젝트를 집중적으로 수행했다. 당시 유럽은 이미 세계 어느 곳 보다도 에너지 정책에 있어 앞서 나가는 지역이었다.

다재다능했던 에머리는 이 시기에 숲 보호에 관한 서적을 출간 하고 곧이어 환경보호 단체인 지구의 친구들Friends of The Earth과 접 촉하여 이후 이 단체의 유럽지부장을 역임했다. 등산, 트레킹, 사진 에 대한 열정이 컸던 그는 또한 그것과 관련된 여러 권의 사진집을 출판하기도 했다.

1979년 결혼 이후에는 다시 미국으로 돌아왔고, LA에 잠시 머 문 뒤 부인 헌터와 함께 로키 마운틴 연구소Rocky Mountain Institute, RMI 를 설립하기 위해 콜로라도 스노우매스로 거처를 옮겼다. 우리가 한 겨울에 에머리를 만났던 인상적인 건물에 이 연구소가 위치해 있다. 연구소 건물은 스키를 즐기는 관광객들로 북적이는 아스펜 지역과 멀리 떨어진, 해발 2200미터 고도 위에 처음부터 자원친화 적인 건축물의 모범적인 사례로 세워졌다. 이 건물의 에너지 효율 성은 이미 정평이 나 있다. 편안한 느낌을 주는 상당한 두께의 석벽 은 외부의 냉기를 차단해 주며, 필요한 물은 지하수를 사용하고, 온 실은 가능한 모든 태양광을 이용하도록 설계되어 있다. 이러한 효 율적인 에너지 사용뿐만 아니라, 내부의 아늑한 분위기는 태양광과 체온을 이용한 난방 시스템을 갖춘 이 건물의 특색을 상징적으로 보여 준다.

신중하고 논리적인 대화

중간 정도의 키를 가진 에머리는 생동감 넘치는 두 눈을 소유한 친절한 사람이다. 겉모습으로 봐서는 전형적인 마음씨 좋은 삼촌의 모습이다. 우리가 로키 마운틴 연구소에 도착했을 때, 그는 막 전화 회의를 마치고서 어디서 왔는지를 물으며 독일어로 인사를 건넸다. 독일어로 인사말 이상을 하지 못했지만, 냉장고에서 바이에른 지방의 맥주잔을 꺼내 산에서 흘러나오는 깨끗한 물을 담아 주었다. 그러고 나서는 지속가능한 발전에 대한 로마 클럽Club of Rome★의 폴란드어 번역본을 보여 주었다. 이곳을 찾아오는 모든 손님들을 항상 즐거운 마음으로 맞이할 준비가 되어 있다는 것을 보여 주고 싶어서였을 것이다.

우리는 곧 흥미로운 대화를 나누었는데, 번번이 전화가 걸려와 중단되었다. 꽤 많은 전화를 받았음에도 에머리는 중단된 대화를 막힘없이 이어나갔고, 그때마다 초점을 벗어나지 않는 그의 이야기에 우리는 적잖이 놀랐다. 그의 답변은 신중하고 논리적이었다.

세상을 살 만하게

에머리는 우선 연구소 초기 시절에 대해 이야기를 꺼냈다. 에머리 부부는 1980년대 스노우매스에서 몇몇 동료들을 모아 단체를 만들

1968년 4월 서유럽의 정계·재계·학계의 인사들이 이탈리아 로마에서 결성한 국제적인 미래 연구단체로 인구·자원·환경 등의 미래 연구를 목적으로 한다.

고, 이들과 함께 당시 경험을 통해 얻은, 그리고 오늘날까지 유효한 연구소의 목표를 이루고자 했다. "천연 자원의 재사용과 효율적인 사용을 촉진하고 세상을 좀 더 안전하고, 정의롭고, 아름다운 살 만한 곳으로 만드는 것"이 그 목표였다. 간단히 말해, 합리적 시스템을 통해 자원을 효율적으로 활용하는 것이다.

연구소의 전문위원회가 이룩한 수많은 성과물에 대한 출판과 연구 이외에도, 현재 50여 명으로 구성된 팀은 지난 20년 동안 50개국 22개 지부에서 자원 활용에 대한 혁신적 해결책을 개발해 왔다. 그동안 로키 마운틴 연구소는 개별 기업들을 포함해 미국의 경제전문지 《포천Fortune》이 선정한 세계 500대 기업 중 화학제품이나 컴퓨터 칩 개발과 관련된 80개 기업을 지원해 왔다.

에머리와 그의 동료들은 가능한 특정 분야를 리드하는 기업, 전문 분야에서 최고 수준으로 변화의 의지를 보이는 기업을 도와 에너지 시스템을 개혁하도록 지원하고자 하는데, 이는 이러한 기업들이 성공적인 사례로서 같은 영역의 다른 기업들에 변화의 영향력을 미치도록 하기 위해서다. 그렇게 되면 팀은 재빨리 다른 영역으로 활동 범위를 옮길 수 있게 된다. 지구상에 지속가능한 발전 시스템을 위한 변화를 제시간에 끌어내기 위해서는 할 일이 많다는 이유에서다.

사기업을 위한 컨설팅 활동 이외에도 연구소는 미래와 관련된 중요한 문제를 놓고 정부와 협력한다. 그래서 최근 특히 펜타곤을 위해 《석유, 그 마지막 게임의 승자》라는 책을 출간했다. 현재 에머리는 펜타곤과 함께 앞으로 수십 년 안에 미국을 석유에 의존하지 않도록 만들기 위해 몇몇 중요한 활동에 참여하고 있다. 첫째, 세상을 구할 것. 둘째, 그러면서 즐겁게 일 할 것. 세 번째로 돈을 벌 것. 이 같은 연구소 활동의 우선순위는 에머리 스스로도 비현실적인 것이라고 인정한다. 하지만 그의 확신과 일의 순서는 변함이 없다.

매일매일의 외줄타기

기업들을 상대하며 활동을 벌이는 까닭에 적과 동침한다는 비난을 받는 것에 대해 에머리는 두 눈을 깜박이며 담담하게 대답한다. "아무것도 하지 않으면, 아무것도 변화시킬 수 없습니다." 낙관주의자로서 그는 실험적 인간의 미래를 의심하지 않으며, 자신의 재능을 당면한 문제를 해결하는 방법을 찾는 데 사용한다. 그가 말하는 해결책이란, 우리가 사는 세상을 좀 더 안전하고 아름답고, 무엇보다 살 만한 곳으로 만드는 시스템을 만들어 내는 것이다. 그리고 현재의 변화를 위해 가장 많이 요구되고 필요로 하는 분야가 어떤 것인가를 찾고, 거기에 자신이 가진 에너지를 쏟아붓는 것이다. 예를 들어 지난 수십 년 동안 에머리는 탄화수소와 이산화탄소를 많이 배출하는 자동차산업의 구조를 바꾸기 위해 많은 시간을 공들였다. 천연자원을 효율적으로 사용하기 위해 건설업, 반도체산업, 수력발전 등 에너지 분야에 있어서 혁신적 해결책을 개발하고 지원해 왔다. "사회를 변화시키는 데 있어 중요한 역할을 수행하는 세 가지 분야가 있습니다. 국가, 비정부기구로 대표되는 시민사회, 그리고 사기업이 그것입니다. 그 가운데서도 세 번째 분야에는 능력 있

에머리는 자원의 효율적 이용과 관련해 많은 노력을 기울이고 있다.

는 사람들과 필요한 자원이 많이 몰려 있어 굉장히 효과적입니다. 우리가 무엇보다 이 분야에 집중적으로 일을 하고 있는 이유가 바로 이것입니다. 많은 사람들은 우리가 적들과 함께 일하고 있다고 말하기도 합니다. 매일매일 외줄타기를 하는 기분이지만, 그게 변화를 이끌어내는 우리의 방식입니다. 과거에 나쁜 일을 하기도 했지만, 현재 상당한 수준에서 실제적인 변화를 꾀하고자 하는 기업들과는 항상 함께 일할 준비가 되어 있습니다." 실례로 로키 마운틴 연구소는 그다지 좋은 평가를 받지 못하고 있던 대기업인 월마트와 함께 일하며 탄화수소 배출량을 현저하게 줄이는 데 성공했다.

싸움이 아닌 춤을

에머리는 때때로 자신이 이미 25년 전에 제시했으나 당시 아무런 주목도 받지 못했던 해결책이 지금에 와서야 관심을 받는 것에 대해 좌절감을 느끼기도 한다. "1980년에 만약 그대로 따르기만 했다면, 원자력의 사용을 피할 수도 있었을 제안을 한 적이 있습니다. 그런데 잘 안됐죠. 그래서 현재 해야 될 일은 치밀하게 진행해야 합니다. 실수를 저지른 사람들에 대해서는 더 이상 생각하지 않으려고 합니다. 그런 생각은 우리를 앞으로 나아가지 못하게 만듭니다. 합기도에서는 이렇게 말을 합니다. '다른 사람이 당신 자신을 설득시키지 못한다 하더라도, 그 사람의 신념은 존중해 주어야 한다. 당신은 적과 싸우는 것이 아니라 상대방과 춤을 추는 것이다.'"

에머리는 연구소 활동을 통해 대부분의 산업들이 변화하기 위해서는 상당한 기간의 시간이 필요하다는 사실을 깨닫게 되었다. 자동차산업 분야는 30년, 에너지 분야는 50년 정도가 소요된다는 것이다. 그럼에도 꾸준하게 혁신적 해결책을 찾기 위해 노력해야 하는데, 그래야만 적절한 시기에 실제적인 변화를 이끌어낼 수 있다. 많은 인내가 필요하기는 하지만, 매일매일 한걸음씩 나아갈 수 있다는 만족감이 있고, 무엇보다 좀 더 나은 세상을 만들어 가기 위해 올바른 일을 하고 있다는 자신감이 있어 좋다.

인간에 대한 실험

에머리는 새로운 것을 배우고 자신에게 영감을 주는 사람들과 중요한 문제의 해결책을 함께 찾는 것에서 즐거움을 발견한다. 그에게는 풀어야 할 문제들을 다른 사람들과 함께 고민하고 이를 통해 근본적인 변화를 이끌어 내는 것보다 더 아름다운 일은 없다. "어쩔 수 없네요, 미안합니다." 이렇게 말하면서 인류의 미래에 대해 나 몰라라 하는 것은 전혀 상상할 수 없다.

"'인간에 대한 실험'이 진화론적으로 정말 좋은 생각인지에 대해 말하기에는 아직 이릅니다. 하지만 우리는 항상 좀 더 나은 인간이 되고자 합니다." 실험물리학자인 에머리는 이러한 발전과정에 자신의 노력을 다하고자 한다.

에머리는 우리 모두가 책임감을 가지고 지금까지 그래왔던 것과는 달리 프로젝트나 기계들을 미래에 훨씬 더 잘 만들어야 한다고 생각한다. "다행스럽게도 우주에는 어떤 문제를 해결하려고 노력하는 60억 명의 두뇌보다 더 강력한 것이 없습니다. 그리고 이 두뇌는 한 사람당 하나씩 공평하게 나뉘어 있어요."

더 좋은 인간이 되기위해

"많은 사람들이 멍하게 TV 시리즈를 보거나 폭력적인 비디오 게임을 즐기면서 인생을 보내고 싶어 한다면, 그건 그들의 일일 뿐입니다. 내게 그런 삶은 헛되이 시간을 낭비하는 것입니다." 에머리는 자신의 활동을 통해 인간 삶의 질을 뚜렷하게 개선시키고 시스템 분석가들로 이루어진 팀과 함께 로키 마운틴 연구소의 미션을 하루하루 현실화시켜 나가기기를 소망한다. 그렇게 되면 세상은 좀 더 안전하고, 정의롭고, 아름다우며 살 만한 세상이 될 것이다. 그가 지난 25년 동안 추구해 온 비전은 최신 유행과는 상관이 없다.

효율적인 자원 활용은 에머리에게 있어 하나의 수단이지 목표가 아니다. "우리가 만들고자 하는 세상은 아무것도 빼앗지 않는 세상, 아무것도 낭비하지 않는 세상, 아무것도 다치게 하지 않는 세상입니다. 순수하게 기술적인 진보를 이루는 것 이외에도 우리는 지구상에서의 삶이 살아갈 가치가 있다는 분명한 생각을 발전시킬 수 있기를 바랍니다. 정의롭고 안전한 세상을 만드는 것은 효율적인 자원 활용의 문제보다는 훨씬 더 많은 노력이 필요합니다. 그러한 세상으로 가는 길에서 나 스스로가 좀 더 좋은 인간이 되기를 바라며, 다른 사람들을 지원하고 도울 수 있기를 소망합니다."

길거리의 남자들에게 희망을

찰스 메이셀 | 남아프리카공화국

"최근 많은 사람들이 성인으로서 스스로
사고하고 행동하지 못하는 사람처럼
대우받고 있어요."

남아프리카공화국의 수도 케이프타운 중심가에서 약 20분 정도 떨어져 있는 창고들 사이로 '길가의 남자들Men at the Side on the Road, MSR' 본부가 있다. "찰스는 지금 거기 없어요. 오늘 아침 중요한 문제를 논의하기 위한 요청이 있어 장관을 만나러 갔어요." 찰스의 부인인 조슬린이 우리를 대신 맞아 주었다. 남편을 도와 본부의 재정 계획 관련 일을 맡고 있는 그녀는 망치, 집게, 삽, 잔디 깎는 기계, 정원 손질 도구, 페인트 도구 등 중고 장비들로 가득 차 있는 '길가의 남자들'의 심장부를 보여 주었다. 일상적으로 볼 수 있는 모습은 아니었지만, 점차 이곳이 사회 개발과 관련 있는 곳이라는 사실은 분명해졌다. 이 장비들은 남아프리카공화국 전체에서, 그리고 일부 외국에서 기증받은 것이다. 길가의 남자들은 이것들을 공들여 수리해서 되팔거나 케이프타운에 거주하는 수천 명의 가난한 남자들에게 굉장히 저렴한 가격으로 빌려 준다. 이들은 이 장비들 덕분에 정원사로, 미장이로, 페인트 공으로 일하며 힘들게나마 가족의 생계를 겨우 이어나갈 수 있을 만큼의 돈을 번다.

길가의 남자들

케이프타운에 있는 500여 곳이 넘는 장소에서는 매일같이 5만 명이상으로 추정되는 일일 노동자들이 그날의 일거리를 얻기 위해 줄을 선다. 어느 날 찰스 메이셀은 이 남자들과 대화를 나누기 시작했다. 이들은 찰스에게 자신들이 종종 화장실 수리와 같은 단순한 작업도 마음대로 못할 정도로 부당하게 대우받고 있으며, 임금도 형편없고 무엇보다 이런 끔찍한 조건에 대항할 아무런 힘도 없다고 이야기했다.

찰스는 곧바로 계획을 세웠고, 2년 만에 '길가의 남자들'이라는 기구를 만들었다. 이 기구는 사회에 노동자들의 목소리를 전달하고, 조직을 만들어 서로 도움을 줄 수 있도록 지원하는 역할을 수행한다. 많은 고용주들은 일일 노동자들에게 그들의 작업에 대해 약속한 것보다 훨씬 적은 임금을 지불한다. 때때로 케이프타운에서 수백 킬로미터 떨어진 곳에서 일을 해도 약속한 차편을 제공받지 못해 집까지 걸어와야 하는 일도 있다. 이러한 상황을 스스로 창피해하기 때문에, 대부분의 남자들은 자신들의 노동 조건에 대해 입을 열지 않는다.

길가의 남자들이 초기에 거둔 성공적인 성과들 덕분에 찰스는 자신의 계획을 계속 진행시킬 수 있었다. 일일 노동자들이 일거리를 기다리며 그늘에서 쉴 수 있는 대기실을 만들었고 화장실을 고쳤다. 직업교육을 받은 사람들이 훨씬 더 많은 돈을 벌 수 있다는 사실을 알게 된 찰스는 곧 페인트 작업, 수공업, 정원일 등을 가르치는 학교를 세웠다. 하지만 수년간의 경험을 통해 매일 생존의 문제로 싸워야 하는 사람들에게는 무료 교육만으로 충분치 않다는 사실을 깨달았다. 학교와 집을 오가는 교통비, 그리고 교육에 집중할 수 있도록 교육중인 사람들과 그들의 가족들을 위한 식비가 지불되어야 했다. 그래서 찰스는 노동시장의 준비 단계로서 자신의 프로그램을 지원하는 남아프리카공화국 정부와 협력계약을 맺었다. 하지만 단순한 교육만으로 남아프리카공화국에서 직업을 갖기가 쉽지 않기 때문에, 두 번째 단계의 모델을 도입했다.

찰스는 노동자들이 필요한 도구나 연장을 가지고 계약을 맺어 일을 하면 훨씬 유리할 것이라는 확신이 들었다. 하지만 그들은 새로운 연장을 구입할 여건이 안됐고, 또한 계약 같은 것을 생각할 여력이나 관계도 없었다. 마침 찰스는 친구 집에 들렀다가, 창고에 거의 사용되지 않거나 고장 난 연장들이 여기 저기 흩어져 있는 것을 보게 되었다. 그는 곧바로 수집 운동을 벌여 연장이나 도구를 모으고 고치는 일을 조직했다. 이러한 운동이 외국에까지 알려져 지금까지 2만 점 이상의 도구들이 수집되었고, '길가의 남자들'은 그동안 이렇게 수집된 도구들을 남아프리카공화국의 다섯 곳에 모아 수리하고 빌려주고 있다.

사람들로 하여금 안정적인 일자리를 갖게 하기 위해 '길가의 남자들'은 직업소개 회사를 설립했다. 현재 이 회사는 정원사와 페인트공을 비롯해 모든 종류의 수공업자를 중계하는 남아프리카공화국에서 가장 큰 회사 중 하나가 되었다.

예술가적 자세

이틀 후 케이프타운 외곽의 어느 카페에서 찰스를 만났을 때, 우리는 그의 이야기를 들으며 웃음을 멈출 수 없었다. 그의 말 한마디 한마디는 유럽과 미국의 사업가들이 가지고 있는 세계관을 근본적으로 뒤흔드는 이야기였다. 편안한 차림에 털모자를 쓴 찰스는 우리 맞은편에 앉아 자신의 이야기를 들려주었다. "내 입장은 아주 단순합니다. 난 이익을 극대화하려는 기업을 위해 일하지 않습니다. 물질적인 목표를 세우지 않고 그것을 위해 일하지도 않습니다. 돈을 많이 벌기 위해서는 절대 일하지 않아요. 돈이 최고의 성공을 가져다주는 충분하고 적절한 수단이라고 생각하지 않습니다. 그와 반대로 자신의 열정을 따라 열심히 일한다면, 자동적으로 내가 '예술'이라고 표현하는 것을 성취해 낼 수 있습니다. 난 예술을 사랑과 열정을 가지고 했기 때문에 완벽하게 이루어 낸 어떤 것의 결과로 이해합니다. 회계사로 일하든, 검사, 의사, 혹은 사업가로 일하든 그것은 중요하지 않습니다. 어느 분야에서도 예술적으로 일을 할 수 있어요."

찰스는 직업을 얻기 위해 학교를 다니거나 직업교육 프로그램을 수강하는 것을 추천하지 않는다. 대신 상당히 전문적인 수준을 가지고 있으면서도 애정을 가지고 자신이 하고자 하는 일을 하는 사람들 곁에서 함께 일하며 지켜보기를 권한다. "지금 하고 있는 일이 현재의 당신에게 정말로 의미 있는 일이라면, 당신이 성취하는 것은 늘 새롭고, 정력적이며 혁신적인 일이 됩니다. 사람들은 당신의 일을 지켜보며, '대단합니다!' 라고 말하고 당신과 정신적인 유대관계를 발견하려 할 겁니다……. 내 조직에서 일하는 동료들은 자신들이 받고자 하는 임금을 스스로 제안합니다. 하지만 다른 일을 하기 위해 떠날 경우에는 후임자를 반드시 구해야 합니다. 특별히 정해 놓은 근무시간도 없고, 규칙도 없습니다. 일을 위해 특별히 요구되는 경력도 없고 불필요한 보고서나 모임도 없습니다."

찰스의 신분은 그가 오늘날 주장하는 방침과 비교하면 그다지

'길가의 남자들'은 이런 도구들을 모아 수리해 되팔거나 케이프타운의
가난한 사람들에게 빌려 주고, 이런 것들이 사람들에게 큰 도움이 되고 있다.

혁명적이지 않다. 그는 남아프리카공화국의 부유한 집안 출신으로
좋은 학교를 다니고 최고의 대학에서 경제학을 전공할 수 있는 특
권을 누렸다. 23세 때에는 뛰어난 성적으로 대학을 졸업하고, 2년
간 군대에 다녀왔다. 이후 세상을 좀 더 넓게 보고자 했고, 그래서
1년 동안 유럽을 여행했다. 1992년 남아프리카공화국으로 돌아온
다음에는 그 자신이 스스로 명명했던 '예술가'로서 당면한 문제의
해결책을 찾는 활동을 시작했다. "수많은 프로젝트를 계획하고 추
진했습니다. 그 가운데는 가정폭력을 줄이는 프로그램, 도시에서
멀리 떨어진 시골 마을에 도로를 만드는 시스템을 개발하는 일 등
이 있습니다. 아이들과 함께 많은 일을 하기도 했고, 차별 문제를
해결하기 위한 혁신적인 모델을 개발하는 일 등을 했어요. 길가의
남자들은 이중 가장 큰 프로젝트예요. 프로젝트 기획하는 일을 좋

아해요. 그 다음에 프로젝트를 계속 이끌어갈 수 있는 사람들을 구하고 그에 맞추어 최선의 시스템을 개발합니다. 마치 화가가 자신의 그림을 선보이는 것과 같은 거죠. 다만 돈만 받지 않을 뿐입니다. 내가 가지는 건 아무것도 없으니까, 부자가 되진 못할 거예요. 내가 만들었다고 해서 내가 프로젝트를 운영하지는 않죠. 그저 내가 내 자신에게 상을 주고, 스스로에게 인정받으며, 그럼으로써 행복하고 만족스러운 얼굴 표정을 선물로 받는 겁니다."

기부금에 의존하는 것을 원치 않고 시스템을 갖추어 오랫동안 독자적인 생존이 가능하기를 바라기 때문에, 재정적인 분야는 찰스의 활동에 있어 매우 중요한 관심사다. 그래서 그는 독자적인 자립이 가능한 방식으로 모든 시스템을 만들었다. "열정을 가지고 일하면 모든 게 간단하게 해결됩니다. 내게는 정말 단순하게도 한 가지 능력밖에 없어요. 바로 틈새를 발견하는 겁니다. 그러면 다른 사람들로 하여금 틈새시장을 비집고 들어가도록 하는 것이죠. 내가 발견한 틈새는 사회적 특성에 기인한 것들이에요. 일단 발견하면, 이 틈새시장을 매울 혁신적인 방법과 프로젝트를 찾습니다. 재정적 자립을 이루기 위한 새로운 방법을 찾을 때까지, 시간이 얼마가 걸리든 적절한 시스템을 만들어 냅니다. 난 어느 특정 분야의 전문가가 아닙니다. 그저 문제를 해결할 새로운 방법을 찾아내는 거죠. 다양한 모델들을 만들어 놓고, 의식적으로 그것을 계속 수행할 수 있는 사람들을 찾아 나섭니다."

'길가의 남자들' 과 관련해서 찰스는 다음과 같이 말한다. "수집된 작업 도구들은 그저 전체 시스템의 일부에 불과합니다. 가장 중요한 성과는 대부분 케이프타운 빈민 지역에 거주하는 거리의 사람들을 조직화시켰다는 것입니다. 난 그들 스스로가 자신들의 문제를 말할 수 있도록 어떤 통로를 마련해 주고 싶었습니다. 그들이 스스로 조직을 만들고 자신들만의 정체성을 개발하며, 이를 통해 사회에서 인정받을 수 있도록 도와주었습니다. 인권과 정당한 노동권에 대한 정보를 접하며 이들은 처음으로 자신들이 권리가 있음을 경험하게 되었습니다. 이후 우리는 그들이 독자적으로 페인트공 조합, 목공 조합, 정원사 조합 등을 만들 수 있도록 도움을 주었어요. 아직까지 이들 중 자기 사업을 하는 사람들의 숫자가 매우 적기 때문에, 직업소개소를 세웠습니다. 현재 아주 빠른 속도로 성장을 거듭하고 있는데, 향후 3년 안에는 남아프리카공화국에서 가장 큰 소개소가 될 겁니다. '길가의 남자들'을 통해 추진하고 있는 프로젝트 중에서 가장 애정을 쏟고 있는 사업은 대략 5평 정도 되는 아프리카의 평균적인 집에서 사용할 작지만, 특별하게 고안된 다기능 가구들을 디자인하고 만들어 내는 일입니다. 그리고 단조롭고 슬픈 느낌의 옷을 입지 않도록 하기 위해 아프리카적인 화려한 색깔의 활동의상을 만들어 내는 일도 있어요. 우리는 이 옷들을 전 세계에 판매할 겁니다."

한편으로 찰스는 길가의 남자들 프로젝트에서 손을 떼려고 한다. 그의 말대로 이 사업이 이제는 어느 정도 궤도에 올랐고, 자기는 경영자 타입이 아니라는 이유다. 이미 다음 프로젝트의 구상을 끝낸 찰스는 자기와 함께 프로젝트를 기획하며 능력을 검증받은 사람들에게 '길가의 남자들'을 맡기려 한다. 물론 찰스는 일반적인 기업에서처럼 자기의 노력과 열정을 쏟아부은 사업을 정리하면서 받게 되는 보상을 전혀 바라지 않는다. 그에게 있어 중요한 것은, 자신의 능력 덕분에 중요한 문제가 해결되었다는 사실과 이러한 해결책이 미래에도 지속되리라는 기대감이다.

아이디어 사고팔기

좋은 생각The Great Ideas Company이라는 새로운 회사를 차린 찰스는 이 회사를 통해 좋은 아이디어는 많지만, 실행에 옮겨지는 경우가 거의 없는 이러한 문제를 실제적으로 해결하고자 노력한다. 기본적인 방법은 휴대전화를 기반으로 하여 수백만 건에 달하는 아이디어를 사고, 팔고, 교환하는 것이다. 기술적으로 휴대전화를 이용하는 이유는, 아프리카에서는 인터넷보다도 휴대전화에 대한 접근성이 훨씬 좋기 때문이다. 찰스는 이미 지난 수년 동안 문자메시지를 통해 개별적으로 아이디어를 구입하고, 관심이 있고 실행에 옮길 능력이 있다고 생각되는 사람들에게 그 아이디어를 되팔고 있다.

어찌 보면 고장 난 작업 도구들을 모으는 일보다 훨씬 더 미친 짓으로 보일지도 모른다. 하지만 찰스는 낙관적인 입장을 견지한다. 지금껏 그 누구도 아이디어를 사고파는 사업을 한 적이 없으며, 더욱이 투자가들이나 은행들이 위험하다고 여기는 그런 일은 아니기 때문이다. 이 사업의 주요 타깃은 젊은이들이다. 그들이야말로 창조적이고 혁신적이기 때문인데, 머지않아 찰스는 좋은 아이디어들로 가득 찬 거대한 창고를 갖게 될 것이다.

개인의 성장을 위한 공간

왜 일을 하면서 안정적 수입이나 다른 사람의 의견을 고려하지 않는지 묻자, 찰스는 다음과 같이 대답한다. "대학을 졸업하고 듣도 보도 못한 사회적 프로젝트를 시작하자 친구들 대부분과 가족들은 처음에 이해하지 못했습니다. 국제적으로 명성을 얻고 있는 재단과 정부에서 주는 상을 받고 나자, 그제서야 부모님은 내가 하는 일을 인정해 주기 시작했어요. 어쨌든 사회적 문제들에 대한 해결책을 제시한다는 점에서 난 내가 하는 일이 일종의 예술과 같은 일이라고 확신합니다. 다른 많은 분야에서도 성공할 수 있었겠지만, 그건 내 관심사가 아닙니다. 난 내가 가진 능력을 사회적 발전을 가져오는 데 사용하는 게 재미있어요. 다른 사람의 이익을 위해, 그리고 나 자신을 위해 좋을 일을 하고, 이를 통해 매일같이 들려오는 긍정적인 반응을 접하는 게 즐겁습니다. 그것이 매일 아침 즐거운 마음으로 눈을 뜨게 만드는 이유입니다. 사회적 기업가 정신에 대한 믿음을 가지고 있습니다. 기업가로서 물론 많은 돈을 벌수도 있고 또 벌어야 합니다. 하지만 돈을 버는 방법은 다른 사람의 삶에 긍정적으로 기여할 수 있는 방식이어야 합니다. 또한 직원들의 삶의 환경을 개선시키는 데 도움이 되어야 합니다."

"우리 사회가 가지고 있는 가장 큰 질병 중에 하나가 스트레스예요. 대부분 자기가 하고 싶은 일을 하지 못하기 때문에 얻게 되는 병입니다. 많은 반대가 있었지만, 난 내가 사랑하는 일을 합니다. 어느 화가나 작가에게 많은 돈을 벌지 못한다는 이유로 그림 그리고 글 쓰는 일을 그만두라고 말해야 하나요? 내 생각에는 모든 직업이 다 그런 것 같아요."

직원들의 대우 문제 역시 찰스에게는 큰 관심사 중 하나다. "최근 많은 사람들이 성인으로서 스스로 사고하고 행동하지 못하는 사람처럼 대우받고 있어요. 종종 세세한 것까지 규정해 놓는 실수가 저질러집니다. 그러면 스스로 성장할 수 있는 기회가 없어집니다. 난 내 직원들이 자유롭게 생각할 수 있도록 독려해 줍니다. 그래서 '길가의 남자들'에는 서로 간에 수직적인 위계질서가 없어요. 누구나가 자신의 목소리를 낼 수 있어야 하거든요. 다만 회계장부에는 명확한 규칙이 있어야 합니다. 그래야 어디에 돈을 사용하는지 정확히 알 수 있게 됩니다. 우리는 누구나가 성인으로 대우 받는 공간을 만들었습니다. 이곳에서는 가끔 실수도 할 수 있지만, 개인적으로 성장할 수 있습니다. 실수를 통해서도 무언가를 배울 수 있으니까요. 실수는 그래서 있는 겁니다. 내가 진행한 프로젝트들은 이런 원칙에 따라 지금까지 성공적으로 진행되고 있습니다."

저항을 딛고 일어선 변화

틸로 보데 | 독일

"자동차, 컴퓨터, 금속배관 등을
파는 것으로는 충분치 않습니다.
난 세상을 바꾸고 싶습니다."

우리는 1990년대 초반 언론을 통해 틸로 보데를 알게 되었다. 대부분 포경선이나 석유시추선에 자신을 묶어 놓은 채 시위를 벌이는 그린피스Green Peace 활동가에 대한 신문기사를 통해서였다. 그의 이름은 〈기후변화에 관한 교토 의정서〉와 오존층 문제를 둘러싼 논의들과 관련이 있었고, 이후에는 다국적 정유기업인 셸Shell의 석유시추선인 브렌트 스파Brent Spar 호의 수장水葬문제와 관련된 스캔들*과 연관되어 있었다.

우리는 과거 그린피스 회장을 지냈던 보데가 현재 어떤 활동을 하고 있는지 궁금했다. 최근 푸드워치Foodwatch라는 식품감시 단체를 이끌고 있는 그를 사무실에서 만나 대화를 나누었다. 조직된 지 얼마 되지 않은 푸드워치의 사무실은 베를린 어느 건물의 뒷마당에 위치해 있다. 곧 있을 자문위원회 모임에서 다룰 재정계획을 수립 중이던 보데가 편안한 미소를 지으며 우리를 맞아 주었다. 거의 60세가 다 된 그는 우리가 세상에 긍정의 임팩트를 미치는 사람들과 인터뷰를 하고자 한다는 소식을 이미 듣고 있었다. 보데는 겸손하게도 자신이 과대평가되어 있다고 말했다. "좋은 팀과 함께 해야만 뭔가를 해낼 수 있습니다. 그리고 적절한 곳에서 적절한 시간에 올바른 능력을 써야 합니다."

✈ ....

다국적 석유회사인 셸은 1995년에 수명이 다한 대형 석유시추선 브렌트 스파 호를 북해에 수장, 폐기하려고 했다. 이 계획을 입수한 그린피스는 브렌트 스파 호에 수백여 톤의 독성 폐기물이 남아 있음을 폭로하고, 셸 주유소 불매운동 등 강력한 직접행동을 통해 이 계획을 취소시켰다.

젊은 시절의 정치와 깨달음

틸로 보데는 독일 남부 에싱Eching의 보수적인 가정에서 성장했다. 그는 이미 젊은 시절부터 사회적 불의의 근원적 문제를 해결하는 것에 매력을 느껴왔다. 이런 관심이 어디서부터 유래하게 되었는지는 지금도 정확히 말할 수 없지만, 단순히 당시의 시대적 분위기 때문일 것이라고 한다. 아무튼 처음부터 좀 더 좋은 세상을 만들어 보겠다는 의지가 있었던 것이다.

보데는 10대 시절 초기에 유조스Jusos(독일 사민당 청년사회주의자 노동조직)라는 지역 단체를 조직하고 지역 의장이 될 정도로 열심히 활동했다. 하지만 5년간의 정치활동을 통해 기존의 정치적인 시스템이 실제적인 변화를 이끌어내기에는 한계가 있다는 사실을 인식하게 되었다. 뮌헨과 레겐스부르크에서 대학을 다니면서는 초기 사회학과 이후 국민경제학을 전공했는데, 당시에는 활발한 정치 참여가 큰 즐거움을 주기도 했다. 그러나 수많은 토론과 논쟁은 이론에 그치는 경우가 대부분이었다. 그래서 아시아 지역에서의 직접 투자에 대한 논문으로 박사과정을 마친 후 1975년 제3세계 지원활동에 뛰어들었다. 이 활동을 통해 보데는 자신이 지난 시절에 배운 모든 것을 실행에 옮길 수 있다는 자신감을 얻게 되었다.

부족한 지원 조직

보데는 12년 동안 제3세계의 원조와 재건을 위한 재정연구소의 개발 연구원으로 활동했다. 그는 특히 수자원 개발과 에너지 분야의 프로젝트를 설계하고 재정적인 문제를 지원했다. 하지만 개발원조와 관련하여 스스로 한계를 느끼고 환멸을 느끼기에 이르렀다. 지금 되돌아보면, 당시 추진되었던 개발원조라는 것은 여러 가지 면에서 문제가 많았다고 한다. 재정적인 규모나 관련 분야의 지식이 부족해서가 아니라, 이를 뒷받침할 조직이나 기구의 부족이 문제였다는 것이다. 당시에는 개발원조에 대한 근본적인 철학이 없었기 때문이다. 다행스럽게도 최근 들어 이 같은 상황은 많이 변하고 있다.

중소 제조업체의 열악한 조건

10년 이상 동안 제3세계 개발원조 활동을 벌였던 보데는 이후 산업 분야에서 독자적인 경험을 쌓고자 했다. 그래서 금속가공 분야의 어느 중소기업에서 고문으로 일하기 시작했다. 그는 이곳에서의 3년 반 동안의 활동을 통해 많은 것을 배우면서, 특히 자영업자와 중소기업에 대한 경외심을 갖게 되었다. 석연치 않은 성과에도 상당한 금액의 보상을 받는 다국적 기업의 최고경영자들과는 달리, 대부분의 중소기업가들이 받는 대가는 놀라울 정도로 높지 않았다. 이들은 안정적인 기업 활동을 위해 열악한 외부 조건과 싸워야 했다. 산업 분야에서의 활동은 기업가들이 어떤 생각을 하고 어떤 압력을 받고 있는지를 이해하는 데 도움을 주었다. 이들에 대한 이해는 기업가들과 대립했던 향후 활동에 긍정적으로 작용했고, 종종 그들로부터 존경을 받는 계기가 되었다. 보데는 현재 비정부기구에서 활동하면서 좀 더 나은 세상을 만들고자 하는 사람은 한 번쯤 산업체에서 일해 보는 것도 괜찮다고 말한다. 하지만 그는 무언가를 팔면서 남은 인생을 보내고 싶지는 않았다. "혹자에게는 자동차, 컴퓨터, 금속배관 등을 파는 게 재미있을지 모르지만, 내게는 참된 만족을 주지 못합니다. 난 내가 가진 에너지를 세상을 좀 더 정의롭게 만드는 데 사용하고 싶습니다."

그린피스

이미 정신적으로 제조업 분야와의 이별을 준비하고 있던 시기에 틸로 보데는 신문에서 그린피스의 광고를 보게 되었다. 독일 지부의 새로운 대표를 구한다는 내용이었다. 그다지 큰 기회라고 여기지는 않았지만, 흥미로운 도전이 될 것 같았고, 세상을 변화시킬 수 있는 자리라고 생각했다. 그래서 그 자리에 지원했고, 새로운 직업을 얻었다. 처음부터 보데는 그린피스에게 대중적인 호응을 얻지 못하는 정책도 펼 수 있도록 요구했다. 우여곡절 끝에 이러한 요구가 받아들여졌고, 1989년부터 보데와 그린피스 사이에 12년 동안 이어지는 긴밀하고 성공적인 관계가 시작되었다. 지금 돌이켜보면 자신은 그저 그린피스에 변화가 필요했던 시기에 거기 있었을 뿐이라고 말한다. 이후 그는 독일 대표로서, 그리고 1995년부터는 그린피스 국제연맹의 사무총장으로서 세계를 상대로 활동을 시작했다.

틸로 보데가 그린피스에 왔을 때는, 조직이 가파르게 성장하던 시기였다. 세계적인 환경운동기구로 발전하고 있었고, 상당한 영향력과 명성을 얻고 있던 시절이었다. 하지만 성장기에 전형적으로 나타나는 특징들로 조직 내부의 문제와 지도력 부재의 문제가 쌓여 가기도 했다. 이때 보데는 자신의 경험을 십분 발휘해 경제적 노하우를 겸비한 정치적 사고력을 지닌 지도자로서 그린피스를 새롭게 성장시킬 수 있었다. 처음에는 보데 자신도 어느 것부터 시작해야 할지 분명한 판단이 서지 않았다. "그린피스에 대한 어떤 분명한 콘셉트나 비전은 없었어요. 다만 다른 사람의 말을 잘 들어 줄 용기만 있었죠. 그러고 나서 수년간 이어진 토론을 통해 하나의 방향과 비전을 발전시켰습니다. 어떤 일이든 개혁을 효과적으로 이루기 위해서는 우선적으로 조직의 약점과 가능성에 대한 이해가 선행되어야 합니다."

그렇게 쉽지만은 않았지만, 보데는 이러한 절차를 성공적으로 따랐다. 조직 내부에서 처음으로 대규모 환경정책의 변화를 고민하던 시기였다. 국제사회로 하여금 오존층 보호를 위한 몬트리올 협약, 멸종위기에 놓인 동식물 보호조약, 〈교토 의정서〉 등을 체결하도록 한 것은 이러한 변화의 결과물이었다. 그린피스는 환경문제에 적극적으로 개입하여 환경운동을 리드하는 국제적인 기구로 발전했다.

변화의 필요성

보데는 첨예하게 대립하는 협상 테이블에 앉아 '악'에 대항해 '선'의 측면을 대변하는 일이 즐거웠다. 하지만 이러한 성공적인 결과에도 불구하고 2001년 마음속으로부터 자신의 길을 계속 가기 원한다면, 그린피스를 떠나야 한다는 목소리가 들리기 시작했다. 그린피스가 과거의 성공에 도취되어 미래의 변화를 준비하지 못하고 있다고 생각했기 때문이었다. 동료들의 이해를 구하지는 못했지만, 여기서 그만 두고 다음 할 일을 찾는 것이 논리적인 수순이었다. 다음 할 일이 구체적으로 어떤 것인지는 당시에는 보데 자신도 알지 못했다고 한다. 안정적인 활동을 그만 두고 새로운 변화를 선택하는 것에는 어느 정도 모험이 따른다는 사실을 잘 알고 있었다. 한편으로 무언가 분명한 방향은 없었지만, 다른 한편으로 새로운 길을 찾지 않으면 스스로에게 만족할 수 없을 것 같았다.

보데는 수년간의 경험을 통해 정치와 기업에서의 변화 가능성이 시스템적으로 묶여 있기 때문에 제한적일 수밖에 없음을 깨달았다. "그러한 조직들은 변화가 아닌 안정을 원합니다. 무언가를 변화시키고자 하는 사람은 변화를 목표로 삼고 있는 조직으로 들어가야 합니다."

훼손된 민주주의

새롭게 방향을 찾는 시간이 이어졌다. 그러던 중 어느 출판사로부터 책을 한 권 써 보지 않겠냐는 제안을 받았다. 괜찮은 제안이었지만, 그린피스 내부의 문제를 다루는 책을 쓰고 싶지는 않았다. 그래서 점차적으로 관심을 끌고 있는 변화의 필요성과 관련된 테마를 잡았다. "최근 우리의 민주주의가 훼손되고 있다는 생각에 이르렀어요. 이 같은 사실은 몇몇 강력한 이익집단의 요구를 들어주기 위해 공공의 안녕을 저버리기 때문이에요."《민주주의의 배반》이라는 책에서 보데는 국내 정치 및 국제 정치와 경제 조건 등이 일반 시민에 의한 통제를 벗어나 강력한 로비에 의해 얼마나 많은 영향을 받고 있는지를 보여 준다. 하지만 그는 이미 그린피스에서의 활동을 통해 일반 시민들이 서로 힘을 합쳐 목표를 이루고자 할 때 어떠한 영향력을 미칠 수 있을지를 경험했다. 보데는 우리가 생각보다 훨씬 강한 힘을 가지고 있다고 말한다. "우리가 조직만 잘 갖춘다면, 침묵의 정치, 이익집단의 정치가 쌓아 놓은 단절의 벽을 쉽게 부술 수 있습니다. 한 사람 한 사람은 난장이에 불과하지만, 뭉치면 거인이 됩니다."

소비자의 힘

보데는 책을 쓰는 일과 병행해 푸드워치라는 새로운 기구를 설립했다. 푸드워치는 식료품 분야에서 소비자의 이익을 대변하고, 이를 통해 훼손된 민주주의를 복원하는 것을 목표로 삼고 있다. 정치적으로 독립적인 활동을 하기 위해 푸드워치는 회원의 자발적인 회비와 기부금을 통해 재정을 충당한다. 그렇게 해야만 내용적으로 독립적인 활동이 가능하다는 확신에서다. 푸드워치는 시장의 투명성과 소비자 보호를 위한 안전한 먹을거리 제공을 위해 노력하며, 자신의 건강과 동시에 사회와 국가 간의 영향 관계를 고려하며 먹는 것에 주의하는 사람들을 타깃으로 활동한다.

푸드워치는 소비자가 자신과 자신의 가족이 먹는 먹을거리 속에

틸로 보데는 푸드워치를 조직해 먹을거리 문제에 대한 대중의 관심을 고조시켰다.

무엇이 들어 있는지 알 권리가 있음을 주장한다. 생산자는 자신들이 만든 식자재에 대해 책임을 져야 하며 엄격한 관리를 받아야 한다는 것이다. 푸드워치의 홈페이지에는 10명으로 이루어진 팀원들의 임무가 다음과 같이 소개되어 있다. "푸드워치는 먹을거리 속에 들어있는 유해물질에 대해, 불법으로 유통된 저질 육류의 배후인물이 누구인지, 그리고 친환경제품이 정말 친환경적인지에 대한 정보를 제공한다." 소비자의 이익을 관철하기 위한 명료한 법률제정과 제정된 법률의 실천 역시 푸드워치의 주요 임무에 속한다. 푸드워치는 이 같은 활동을 통해 먹을거리 분야에서 민주주의가 다시 제자리를 찾을 것으로 기대한다. 먹을거리와 민주주의와의 관계에 대해 보데는 다음과 같이 설명한다. "먹을거리 분야에서 민주주의가 훼손되고 있다는 점을 사람들에게 분명히 이해시키기가 쉽지 않습니다. 이 분야에는 정말 투명성도 부족하고, 선택의 자유도 거의 없으며, 소비자 권리를 보호받기 어렵습니다. 언론이 깊이 있는 정보를 제공하지 않기 때문에, 이 분야를 통제할 장치가 거의 없는 형편입니다. 그 때문에 난 푸드워치를 민주주의를 위한 하나의 상징으로 봅니다. 무언가를 개선시키기 위해서는 사람들이 적극적으로 연대해야만 한다는 사실을 분명하게 알리고 싶습니다."

최근 괄목할 만한 성장을 거듭하고 있는 푸드워치는 사람들의 이목을 끄는 캠페인을 전개하면서 언론과 정치권에 조언을 해주며 주목받고 있다. 불법 유통된 저질 육류 사건과 그와 비슷한 사례들은 우리 사회에 푸드워치와 같은 조직이 얼마나 필요한지를 분명하게 보여준다.

틸로 보데는 '프로 개혁가'로서 경험했던 자신의 직업적 활동을 다음과 같이 정리한다. "사회적 문제, 특히 사회적 불의와 같은 문제들에 대해서 항상 관심을 가져 왔습니다. 젊었을 때는 정당 활동에 참여했고, 이후에는 제3세계 원조활동과 산업계에서도 일을 했죠. 그러다 변화를 위한 가장 효과적인 방법은 개개인의 이익을 서로 연대시키는 것에 있다는 확신에 이르게 되었습니다."

희망의 샘

준코 에다히로 | 일본

"우리 사회가 직면하고 있는
여러 문제들의 중요한 원인 중 하나는,
우리가 우리들 스스로와 주변 사람들,
그리고 특히 자연과의 연대감을
상실해 가고 있다는 사실입니다."

우리는 인터넷을 통해 준코 에다히로와 그녀의 프로젝트에 관한 정보를 얻을 수 있었다. '일본'과 '지속가능 발전'이라는 검색어를 구글 검색창에 넣었더니 '지속가능한 발전을 위한 일본'이라는 항목이 앞쪽에 나왔다. 준코가 설립한 조직은 환경과 지속가능 발전 분야에서 일본이 이룩한 진보적 성과를 세상에 알리는 것을 목표로 한다. 그래서 조직의 이름이 '지속가능한 발전을 위한 일본'이다.

우리는 도쿄 도심의 조용한 지역에 위치한 그녀의 소박한 사무실에서 준코를 만났다. 이 지역은 드물지만 녹음이 우거져 있고 새들의 노래 소리를 들을 수 있는 곳이다. 좁은 면적에 인구 3500만 명 이상이 살고 있는 삭막한 느낌의 인공적인 거대 도시에서는 좀처럼 보기 힘든 모습이다.

우리는 먼저 일본의 예절을 따라 사무실로 들어서기 전에 신발을 벗어 달라는 정중한 부탁을 받았다. 사무실 벽은 별다른 인테리어를 하지 않았지만, 코르크 판으로 짜 놓은 알림판과 서가로 채워져 있어 편안한 인상을 주었다. 서가에는 모두가 일본어로 된 책들만 꽂혀 있어 어떤 종류의 책들인지 알 수 없었고, 다만 유명한 환경운동 이론가인 레스터 브라운Lester Brown의 영문판 몇 권들만이 우리에게 친숙한 느낌을 주었다. 브라운의 책들이 어떻게 대부분 일본 책들만 놓여 있는 서가에 자리 잡게 되었는지에 대해 완벽한 영어를 구사하는 준코가 진지한 표정으로 설명을 해주었다.

평범한 일본 소녀

30대까지 준코 에다히로는 환경이나 지속가능한 발전 문제, 그리고 영어와 전혀 관계없는 삶을 살았다. 도쿄에서 성장하고 고등학교를 마친 그녀는 일찍 결혼했고 도쿄 대학교에서 교육심리학 석사과정을 졸업했다. 외국어에 대한 거부감이 있었지만, 29세 때에 프린스턴 대학교에서 수학하기 위해 미국행을 결정한 남편을 따라 2년간 미국 생활을 하기로 결정했다. 그전까지 준코의 삶은 전형적인 일본 여성의 모습과 다르지 않았다. 좋은 가정에서 좋은 교육을 받고 남편과 가족을 뒷바라지 하는 데 집중하는 삶, 그것이었다.

전형적인 일본인에 대한 선입견과는 달리 준코는 미국 생활 2년만에 완벽하게 영어를 배웠다. 그녀의 영어 실력은 동시통역사로 활동할 정도로 거의 완벽했다.

문학에 대한 관심이 컸던 준코는 미국 체류 시절에 영어 책을 일본어로 번역하기 시작했다. 초기에는 특정한 테마 없이 다양한 책들을 번역했지만, 시간이 지나면서 점차적으로 생태 문제를 다룬 책들에 집중했다. 그러면서 자신에게 즐거움과 재미를 주는 분야를 찾게 되었다.

생태문제에 대한 관심

일본으로 돌아온 이후 준코는 1993년 생태 운동의 전설적인 인물 중 한 명인 레스터 브라운을 개인적으로 알게 되었다. 레스터가 일본에 체류하던 기간 중에 그의 강연과 대화를 통역하면서 생태 분야에서의 활동도 활발해져 갔다. 세계의 시스템을 꼭 필요하면서도 지속가능한 형태로 구성하는 문제를 두고 벌어진 혼란스럽고 다양한 대화들은 그녀에게 많은 영감과 지식을 제공해 주었다. 준코는 자신의 활동 속도를 약간 개선하며 다양한 작업을 벌였다. 자신이 번역한 것을 책으로 묶어 출간한 것이다. 그런 식으로 이듬해부터 20권이 넘는 책을 일본어로 번역했는데, 그중 거의 대부분이 레스터 브라운의 서적들이었다.

번역 작업은 준코가 기획한 긴 여정의 출발점이 되었다. 그녀는 곧이어 지속가능한 발전에 대해 자신이 직접 책을 쓰고 출간했다. 꽤 만족스러운 책이었지만, 대중들에게 특별한 관심을 얻지는 못했다.

새벽 두 시에 일어나면 가능해요

곧 이어 준코는 엄마가 되었다. 유감스럽게도 출산은 대부분의 일본 여성들에게 독자적인 활동을 어렵게 만드는 요인이다. 하지만 준코에게 엄마가 되었다는 사실이 그동안의 적극적인 활동의 종말을 의미하지는 않았다. 그와 달리 출산과 양육은 준코가 그동안 출간한 책들 중에서 가장 성공한 책을 쓰게 만든 기회가 되었다. "새벽 두 시에 일어나면 모든 걸 할 수 있어요!" 보통 준코는 저녁 8시에 딸을 재우면서 함께 잠이 들었다. 평균 6시간의 잠이 필요했던 준코는 출산 이후 새로운 신체리듬을 찾았고, 새벽 두 시에 다시 일어났다.

전화나 이메일에 시달리지 않으면서도 새벽 두 시부터 아침 아홉 시까지 생산적으로 시간을 사용하는 방법을 생활화하면서, 준코는 이에 대해 책을 내고 대중들의 많은 관심을 받았다. 물론 지속가능한 발전에 관한 테마가 이 책에 포함되어 있었지만, 그것을 전면에 드러내진 않았다. 전략적인 방법이었다.

생태적 문제에 앞서 있는 일본

자신이 쓴 책이 베스트셀러가 되자 이에 고무된 준코는 생태 문제에 대해 점차로 큰 관심을 기울이기 시작했고, 이듬해 또 다른 분야에서의 성공을 위한 새로운 구상을 서둘렀다. 1999년 일본에 관한, 그리고 지속가능한 발전과 관련된 주제들로 일본에서 개최된 다양한 회의에서 자신이 들은 흥미롭고 중요한 소식들을 묶어 이메일 소식지를 만들어 배포하기 시작했다. 그러면서 일본이 생태 문제의 해결책을 제시하는 부분에서 일반적으로 생각하는 것보다 그렇게 뒤져 있지 않음을 확신하게 되었다. 초기 18명에 불과했던 소식지 독자가 시간이 지나면서 일본과 일본 이외의 지역을 포함해 8000명에 이르렀다. 그러자 준코는 2002년 소식지를 기반으로 지속가능한 발전을 위한 항구적인 플랫폼을 구축하기 위해 '지속가능한 발전을 위한 일본'이라는 기구를 만들기로 결심했다. 물론 혼자 힘으로만 이 같은 일을 추진할 수는 없었다. 편집, 교정, 출판과 같은 상이한 과제를 위탁받은 350여 명의 자원 활동가로 구성된 혁신적 시스템을 조직하였고, 이들이 매달 대략 30여 개 항목의 수준 높은 기사를 출간할 수 있도록 지원했다.

"내 활동의 기저에는 내 자신이 어떤 것에 반대하기 위해서가 아니라 무엇을 적극적으로 옹호하기 위해서 일한다는 생각이 깔려 있습니다. 생산적인 대화를 많이 이끌어내려 하기 때문이지요. 덕분에 기업이나 기타 공공 기관과의 협조가 성공적으로 이루어지고 있습니다." 준코와 그녀의 팀은 좀 더 긍정적인 사례들을 발굴하여 소식을 전한다. 예를 들어 일본 기업이나 일본 정부, 그리고 개개 시민들이 지속가능한 발전 분야에서 실행에 옮기고 있는 사례들을 소개하는 식이다. 다시 말해 주어진 시간을 누군가를 고소하고 고발하는 일에 사용하지 않는다. 적어도 일본에서의 경험을 통해 얻은 결론은, 그렇게 해야만 사람들로 하여금 실제적인 소식을 제공하도록 분위기를 만들어 질적으로 수준 높은 정보를 많은 비용을 들이지 않고서 얻을 수 있다는 사실이다. 이런 방식으로 준코는 자신이 소식을 전하면서 동시에 상당한 분량의 관련 정보를, 게다가 질적으로 뛰어난 정보를 되돌려 받는다. 각각의 테마별로 새롭게 만들어진 생산품이나 프로젝트, 해결책, 관련 활동뿐만 아니라 피드백과 최신 경향들에 관한 정보를 얻는 것이다.

희망의 샘이 되는 삶

준코는 그 어떤 특별한 계기나 자기 인생의 모든 것을 뒤바꾼 사건, 혹은 특이한 경험 때문에 지속가능한 발전을 위해 열정적인 활동을 하게 된 것이 아니었다고 말한다. 그보다는 평소의 관심사가 서서히 커졌을 뿐이라고 한다. 준코 자신이 특별히 고민했던 점은 지구의 미래에 대해 비관적인 입장을 가지고 있는 사람들이 상당히 많다는 사실이었다. 준코 스스로도 우리가 지구상에 인간으로서 계속 살아남을 수 있을지 확신하지 못하고 있다. 하지만 계속해서 좀 더 나은 세상을 위해 자신이 가지고 있는 능력을 최선을 다해 사용하리라는 생각에는 변함이 없다. 최근 그녀는 목표 지향적이면서도 개방적인 자세로 활동하며 당면한 문제들에 침착하게 대응하고 있다. 그러한 모습들은 그녀의 꾸밈없는 헤어스타일과 진지하면서도 친근한 얼굴 표정에서 잘 드러난다.

준코는 자신이 보기에 점점 심각해지고 점점 비관적으로 변해 가고 있는 분야에서 다른 이들에게 희망의 샘이 되고 싶은 소망을 가지고 있다. 그녀는 우리가 생태 운동을 이끌고 있는 주요 리더들과의 대화에서 들었던 중요한 이야기들을 다시 한 번 확인시켜 주었다. "좀 더 나은 세상을 만드는 데 기여하고자 하는 의지가 중요합니다. 이러한 의지만 있다면, 그것이 주는 매일매일의 만족과 열정 덕분에 아무리 이기적인 사람이라도 그러한 세상을 만드는 데 좋은 일을 하도록 만듭니다."

가장 시급한 문제

준코의 의견에 따르면, 우리 사회가 직면하고 있는 여러 문제들의 중요한 원인 중 하나는 연대감의 상실이다. 우리들 스스로와 주변 사람들, 그리고 특히 자연과의 연대감 상실은 우리 스스로를 위한 일상적인 활동 중 많은 것들을 중장기적으로 무기력하게 만든다.

사람들로 하여금 서로간의 모든 관계성을 상실한 공간에서 움직이게 만드는 것이다. 예를 들어 경제적 활동이 그와 동시에 벌어지는 심각한 환경파괴와는 별개의 문제인 것 같고, 이 땅의 대규모 무역 현장에서 매일같이 거래되는 유동적인 자본의 흐름이 많은 사람들의 삶에 그 어떤 실제적인 영향력을 미치지 못하는 것처럼 보이는 것이다.

준코는 또한 우리들 가운데 많은 이들이 자기 자신과의 연대감마저 잃어버리고 있으며, 때때로 과도한 노동과 과도한 소비를 멈추는 것이 얼마나 유익한 것인지를 인식하지 못하고 있다고 지적한다. 자연과의 연대감 상실이 우리로 하여금 자연 자체를 아무 생각 없이 파괴하도록 만들며 우리 삶의 토대가 자연이라는 사실조차 깨닫지 못하도록 만든다는 것이다. 더불어 살아가는 사람들과의 유대감 상실도 큰 문제다. 예를 들어 12억 명의 사람들이 물 부족으로 고통받고 있으며, 매일 3만 명의 사람들이 치료 가능한 질병으로 죽어간다. 그런데도 동시에 엄청난 금액의 돈이 파괴적인 무기의 생산과 확충에 투자되고 있다. 이러한 상호의존성의 상실, 연대감의 상실이 오늘날 우리가 풀어야 할 가장 중요한 문제 중 하나라고 준코는 강조한다. 인류의 역사를 되돌아 볼 때, 이제는 이러한 연대감을 다시 회복할 때가 되었다는 것이다.

새로운 활동과 계획

준코는 최근 몇 년 동안 다양한 분야에서 활동하며 새로운 운동과

저자 요안나와 이야기를 나누고 있는 준코.

다른 사람들의 활동을 지원하고 있다. 예를 들어 2003년에는 '슬로우 라이프Slow Life 운동'과 함께 '촛불 켜는 밤' 행사를 주도했다. 매년 두 차례씩 약 500만 명의 일본인들이 준코의 목소리를 듣고 한밤중 야외에서 촛불을 켜고 몇 시간 동안 조용한 시간을 보내는 것이다.

계속해서 준코는 에코 네트워크Eco Networks, 체인지 에이전트 Change Agent, 그리고 e's를 설립했다. e's는 영어English, 생태Ecology, 에너지Energy, 열정Enthusiasm, 그리고 에다히로Edahiro의 앞글자 e를 따서 만든 것이다. 이 기구는 친환경적인 제품을 판매하고 특히 일본 여성들을 위한 세미나를 개최해, 이들이 직장생활과 라이프스타일에서 개인적으로 의미 있는 변화를 꾀할 수 있도록 지원한다. 세미나를 통해 습득한 능력은 개인적인 변화에 도움을 줄 뿐만 아니라, 여성 자신이 속한 조직과 사회에서 변화의 과정을 주도할 수 있도록 용기를 심어 준다고 한다.

에코 네트워크는 사회적 기업의 책임과 지속가능한 발전을 주제로 한 커뮤니케이션 분야에서 일본 기업들을 위해 번역과 컨설팅 서비스를 제공한다.

체인지 에이전트라는 기구는 한 단계 더 나아간다. 이 기구의 목표는 이름 그대로 변화의 리더를 양성하는 것이다. 시스템 이론과 시스템 모델링을 통해 얻는 인식을 바탕으로 일본에서 대규모 변화의 바람을 일으키도록 사람들을 교육시킨다. 이곳에서는 변화를 위한 이론과 방법이 제공되며 참가자들을 관련 네트워크에 연결시켜 준다.

준코가 최근 주도적으로 참여하고 있는 활동 중 하나는 미래의 아이들을 위한 웹 플랫폼을 개발하는 프로젝트다. 이를 통해 지속가능한 발전과 관련하여 다음 세대를 교육하고, 계속해서 자신의 활동을 성공적으로 이끌기 위한 인적 자원을 양성하는 것이 목표다.

진정한 성공의 의미

준코 에다히로에게 성공이란 세상에서 돈과 명예를 쌓는 것을 의미하지 않는다. 어떻게 하면 세상을 지속가능하게 발전시킬 수 있을까 하는 것이 그녀의 관심사다. 준코에게 진보란 마티스 바커나겔 Mathis Wackernager이 '생태 발자국Ecological Footprint'으로 표현한 것처럼, 자원 활용 분야에서 인류의 생존을 장기간 가능하게 만드는 방향으로 세상을 지속 발전시키는 것이다. 실제적인 변화의 결과가 없다면, 책이나 세미나를 통한 명성은 아무런 의미가 없다는 것이다.

준코는 자신의 모든 활동을 통해 살 만하고 지속가능한 발전을 이루는 세상을 만들고 싶어 한다. 그리고 이를 통해 사회적 압력과 타인의 거부감 때문에 항상 자신의 선택에 대해 주저하고 소극적인 태도를 보이는 일본 여성들에게 모범적인 사례를 만들고자 한다. 사람들의 모든 기대를 만족시킬 수 없다 하더라도, 여성들 스스로가 자신이 가지고 있는 가능성을 자유롭게 펼칠 수 있음을 보여 주고 싶어 한다.

아이들이 이제는 어느 정도 성장해 함께 잠이 들지는 않지만, 준코는 여전히 새벽 2시에 잠에서 깬다. "앞으로 우리는 지구상에서 벌어질 수많은 끔찍한 사건들에 대처해 나가야 합니다. 그러면서 절망을 경험하게 될지도 모릅니다. 하지만 난 긍정의 소식들이 전하는 긍정의 힘을 믿습니다. 나 자신은 언제나 희망의 샘이 되고 싶습니다."

Key Point

★ 자기 자신의 길을 찾는 것이 중요하다. 다른 사람의 생각에 따라 사는 것은 의미가 없다.

★ 이러한 길을 발견하면 생각지 못했던 가능성과 에너지를 얻을 수 있다. 그렇게 사는 삶은 행복과 만족을 준다.

★ 주변의 반대와 회의적 시선을 극복하기 위해서는 용기와 자신감이 필요하다. 자신의 길을 의심하지 않고 묵묵히 걸어가면, 시간이 지남에 따라 회의적인 사람들로부터 인정을 받게 된다. 이해와 존경은 자기 스스로에게서부터 생겨난다.

★ "스스로 타오르는 사람만이 불을 지필 수 있다." 열정을 지닌 사람은 시간이 흐르면서 다른 사람을 감동시키고 열광시킬 수 있다.

★ 최종 결과뿐만 아니라, 자신이 걸어가는 길 자체 역시 삶의 목표다.

7장

내가 확산하는
긍정의 임팩트

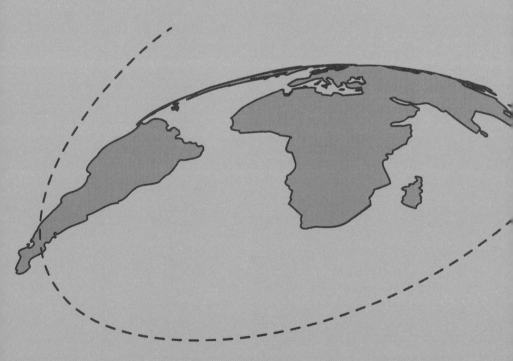

긍정의 임팩트를 위한 기준

"진지하게 고민하지 않는 것들은 곧바로 기억에서 사라진다……."
마르셀 프루스트

이 책에서 여러분은 전 세계에서 활동 중인 롤모델로 삼을 만한 사람들을 알게 되었다. 이들은 자신의 성공적인 직업 활동을 통해 지속적으로 세상을 좀 더 살 만하게 만들어 가는 사람들이다. 그러면서 스스로 행복과 만족을 얻게 된 사람들이다. 이들은 자신이 하는 일과 자신의 소망, 꿈, 비전을 조화롭게 일치시킬 줄 알며, 매일 아침 자리에서 일어나는 이유를 안다. 그래서 이들과의 인터뷰는 흥미로울 뿐만 아니라 즐거움을 더해 준다. 이들은 우리에게 용기와 영감을 주고, 스스로 행동하고 실천하도록 자극을 준다.

최근 많은 사람들이 자신의 직업에서 의미 있는 삶을 발견하고자 한다. 이들은 자신이 하는 일이 사회적으로 어떤 의미가 있을까를 고민한다. 겨자씨 같은 아주 작은 역할을 할 수도 있겠지만, 다음 세대를 위해 뚜렷한 흔적을 남기고 좀 더 나은 세상을 위해 기여하고 싶어 한다.

아마도 여러분 역시 다음과 같은 사람들 중 한 사람일지 모르겠다. 지금 하고 있는 일이 앞으로도 계속 만족을 줄 수 있을까, 성공하기를 원하면서도 동시에 돈을 버는 것 이상의 무언가 다른 것을 원하는 것은 아닐까, 스스로에게 질문을 던지는 사람들 말이다.

직업을 통해 사회적 성공과 동시에 의미를 찾는 방법은 매우 다양하다. 앞선 인터뷰 대상자들에게서처럼 그 발전 단계 역시 상이하다. 그러나 우리 모두에게 그러한 변화가 가능하다는 점은 그들의 인생사가 보여 주는 한 가지 공통점이다. 이들의 이야기는 우리로 하여금 우리 자신의 삶을 되돌아보게 해주며, 우리가 소망하고 이상적으로 생각하는 것에 대해 진지하게 고민을 하도록 자극한다.

여러분은 아마도 이 책을 읽으면서 여러분 자신의 인생과 비슷한 부분을 발견했을 것이다. 아니면 이미 오래전부터 여러분이 해오고 있는 어떤 일들과 관련이 되어 감동을 받았을 것이다. 지속적인 발전을 위해서는 항상 외부로부터의 격려와 자극이 필요하기 때문이다.

앞에서 묵묵히 자신의 길을 가며, 지속적인 발전을 이루기 위한 몇 가지 사항들을 정리해 보았다. 이 내용들은 200명이 넘는 사람들과의 인터뷰를 통해 얻은 경험의 결과물이다. 그들이 체험하고 경험한 것들, 그리고 우리가 수많은 사람들과의 만남을 통해 배운 것들을 정리한 것이다. 이것이 여러분에게 즐거움과 동시에 지금까지 여러분이 해온 일을 다른 시각에서 바라볼 수 있게 하는 계기가 되기를 바란다.

새로운 직업을 찾기 위해서는 많은 용기와 모험을 두려워하지 않는 자세가 필요하다. 쉽지 않은 일이지만, 그만한 가치가 있는 일이다. 결국에 가서는 좀 더 나은 세상, 좀 더 지속가능하고 살 만한 세상을 만드는 데 참여하는 일이 깊은 만족과 행복을 준다는 인식을 얻을 수 있기 때문이다.

긍정의 임팩트를 가진 직업을 찾기 위한 방법

우선 고려해야 할 것은 어느 분야에서 활동하는지와 무관하게 우리의 직업이 '질적인 삶'을 구성하는 다양한 요소들에 어떤 영향을 미치는지 곰곰이 생각해 보아야 한다. 그것은 물질적인 기본욕구의 충족, 건강, 안전, 건강한 사회관계 및 선택과 행동의 자유, 이상 다섯 가지다.

아래와 같은 질문들이 우리의 판단에 도움이 될 것이다.

1. 다른 사람의 삶의 질을 향상시키는 데 내가 하는 일은 어떤 영향을 미치는가? 특히 내가 영향을 미치려고 하는 사람은 어떤 사람인가?
2. 지금까지 전혀 의식하지 못했지만, 내가 하는 일은 어디에 간접적인 영향을 미치고 있는가?
3. 내가 하는 일은 누구를 위한 것인가?

4. 경우에 따라 내가 하는 일이 특정인에게 손해를 미칠 수 있는가?

5. 내가 하고 있는 일이 다른 사람에게 긍정의 임팩트를 준다고 할 수 있는가? 아니면 그렇게 되도록 그 일을 바꿀 수 있는가? 만약 그렇다면 어떻게 할 수 있는가?

여러분의 직업에 대한 지극히 개인적인 입장을 반성해 보기 위해서는 다음과 같은 질문을 던져 볼 수 있다.

1. 나이가 들어서도 지금까지 해왔던 일과 그 결과에 대해 만족스럽게 회상할 수 있을까? 그것을 손자에게 자랑스럽게 말해 줄 수 있을까?

2. 돈을 받지 않아도, 혹은 이미 충분한 돈이 있어도 이 일을 계속할 수 있는가?

3. 내가 곧 죽게 된다고 해도, 이 일을 계속 할 수 있는가?

나에게 알맞은 직업 찾기

여러분은 앞의 질문들에 대해 깊이 생각해 본 적이 있는가? 혹시 그러한 질문들이 여러분이 이미 오래전부터 고민해 오던 문제들은 아닌가? 그렇다면 이미 현재 직업을 새로운 시각으로 관찰하며 그것에 변화를 주거나, 새로운 방향을 잡고자 하는 필요성을 느꼈을 것이다.

지금까지와는 다른 활동을 하기 위해 나름대로 자기에게 알맞은 길을 찾을 수 있다. 하지만 이러한 길은 누구나 쉽게 갈 수 있는 길이 아니며, 그 위에는 커다란 모험이 기다리고 있다. 그러나 이 길을 가게 되면 동시에 만족과 행복을 얻게 되는 기회를 발견하게 된다.

최상의 결과를 얻기 위해서는 각각의 주어진 질문에 대해 꼼꼼하게 고민해 볼 필요가 있다. 모든 질문에 대해 단번에 만족스러운 대답을 하는 것이 결정적인 것은 아니다. 그보다 중요한 것은 시간이 지남에 따라 점차로 긍정의 임팩트를 가지는 직업을 찾는 데 한 걸음씩 나아갈 수 있도록 이러한 질문들에 대해 늘 고민하고 노력하는 자세다.

현재의 직업 활동		긍정의 임팩트를 가진 미래의 직업 활동
	문제 설정: 나는 어떤 문제에 가장 관심이 많은가?	
	달란트: 나는 어떤 특별한 능력을 가지고 있는가?	
	동기: 변화에 대한 가장 큰 동기는 무엇인가?	
	이상: 과거 내게 중요했던 이상은 무엇이었는가?	
	회상: 무엇을 했을 때 가장 큰 행복을 느꼈었나?	
	열정: 나는 어떤 일에 가장 큰 열정을 가지고 있는가?	

긍정의 임팩트를 가진 직업을 찾는 방법

긍정의 임팩트를 가진
직업을 찾는 6단계

1. 문제설정 : 나는 어떤 문제에 가장 관심이 많은가?

처음으로 제시된 방법은 과거나 현재의 문제적 상황에서부터 출발한다. 우리의 인터뷰 대상자들 중 상당수는 지금까지 만족할 만한 해결책을 찾지 못해 늘 마음 한구석에 불편을 느껴 왔던 문제를 발견한 사람들이다. 이들은 여행을 통해, 과거의 활동을 통해, 혹은 책을 통해 이 같은 문제에 관심을 가지게 되면서, 자신을 도와줄 수 있는 사람을 계속해서 얻을 수 있을 때까지 흔들림 없는 믿음을 가지고 문제의 해결책을 찾기 위해 오랫동안 활동을 벌였다. 문제를 해결할 수 있다는 확신을 가지고 있었기 때문이었다.

캄보디아의 사법 시스템을 재건하는 과정에서 낙후된 법률 체계로 인해 무고한 사람들이 겪는 끔찍한 결과들을 함께 체험해야 했던 카렌 체의 경우가 이에 대한 좋은 사례다. 카렌은 이러한 상황을 수용할 수 없어 해결책을 찾고자 했고, 그래서 '사법정의를 위한 국제 중개소'를 설립했다.

문제 설정과 관련한 주요 문제

1. 나는 이 세상의 어떤 문제에 가장 큰 관심을 보이는가(예를 들어 뉴스를 볼 때)? 무엇이 나의 마음을 편치 않게 만드는가?
2. 그 해결책이 나에게도 중요한 의미가 있었지만, 이를 위해 내가 지금까지 전혀 시간을 내지 못했던 문제가 있는가?
3. 어떤 문제의 해결책을 찾기 위해 고민해 본 적이 있는가? 혹시 어떤 해결책의 실마리를 이미 발견해 본 경험이 있는가?

이 책에 소개된 사피아 미니와 데이비드 스즈키의 사례를 참조하기 바란다.

2. 달란트 : 나는 어떤 특별한 능력을 가지고 있는가?

자신이 가지고 있는 특별한 재능과 능력에 집중하고, 이것을 긍정적으로 실천하고 사용할 수 있는 길을 찾는 것이 중요하다.

이 같은 생각이 우리의 인터뷰 대상자들로 하여금 자신의 조직이나 기업에서 새로운 위치를 받아들이거나 만들도록 했다. 일반적으로 사람들은 자신의 능력과 가능성을 완전히 소진하기 위해 자기 조직을 만든다.

찰스 메이셸은 사회적 문제를 인식하고 적절한 해결책을 개발하는 재능을 가지고 있다. 그는 자신이 신뢰하는 사람들에게 기꺼이 사업 운영을 넘기며, 자기가 가장 잘 할 수 있는 일, 즉 문제를 인식하고 해결책을 찾는 일에만 집중한다.

달란트와 관련한 주요 문제

1. 나는 어떤 특별한 능력과 재능을 가지고 있는가?
2. 과거 내가 특별히 손쉽게 했던 일은 무엇이고, 지금 그렇게 할 수 있는 일은 무엇인가?
3. 그러한 능력은 어떤 분야에서 특히 유용하게 사용될 수 있는가?
4. 나의 재능이 사회의 어떤 문제를 해결할 수 있는가?

이러한 방법에 대해서는 이 책에 소개된 크리스 아이레와 닥터 브이의 사례를 참고하기 바란다.

3. 동기 : 변화에 대한 가장 큰 동기는 무엇인가?

지구촌 사람들의 관심사가 다양하고 각자가 처한 환경이 다르기 때문에 가장 효과적으로 문제를 해결하기 위해서는 동기 유발에 자신의 에너지를 집중할 필요가 있다.

우리의 인터뷰 대상자들 가운데는 사회의 긍정적인 변화에 기여할 수 있는 활동 분야를 발견하기 위해 매우 체계적인 단계를 개발한 인상적인 사람들이 있다. 이들은 이 세상에서 해결해야 할 가장 큰 문제들이 어디에 있으며, 그러한 문제들을 해결하기 위한 가장 효과적인 수단이 어디에 있는지를 정확히 고민했다. 그러고 나서 이러한 수단이 올바른 방향으로 사용되도록 노력을 기울였다.

틸로 보데는 그 대표적인 사례다. 다양한 시스템을 개발한 틸로 보데는 변화에 대한 동기를 유발시키는 가장 효과적인 방법은 각 시민들의 관심을 하나로 묶는 것에 있다고 믿는다. 이 같은 효과를 십분 활용하기 위해 그는 '푸드워치'라는 기구를 설립했다.

동기와 관련한 주요 문제

1. 21세기 인류를 위해 내가 도전해야 할 가장 큰 과제는 어디에 있는가?

2. 이러한 도전을 하는 가장 큰 동기는 무엇인가?

3. 이러한 도전을 성공적으로 수행하기 위해 변화시켜야 하는 중요한 사회적 관심사는 무엇인가?

4. 사회적 관심사를 올바른 방향으로 돌리기 위해 나는 어떤 기여를 할 수 있는가?

이러한 방법에 대해서는 이 책에 소개된 에머리 로빈스와 마리아 에밀리아 꼬레아를 참고하기 바란다.

4. 이상 : 과거 내게 중요했던 이상은 무엇이었는가?

많은 사람들이 자신의 현재 직업을 이상적인 가치관에 기초하여 선택하지만, 일상적인 단조로움 속에서 그러한 가치관을 잃어버린다. 한 시간이 지난 후에 그것의 가치와 이상에 대해 반추해 보았다. 그리고 현재의 직업이 자신이 원래 생각했던 이상적인 그것과 크게 관런이 없음을 깨닫게 되자, 자신의 직업적 활동영역을 바꾸었다.

마리아나 갈라르차의 경우가 대표적인 사례다. 그녀는 처음에 위대한 의사들의 활동에 감동을 받아 의사가 되고자 했다. 하지만 의과대학에 다니면서 의학이 전적으로 환자들만을 돌보며, 질병 없이 건강을 유지하는 데는 관심을 기울이지 않는다는 사실을 깨닫게 되었다. 하지만 이러한 참을 수 없는 상황이 마리아나에게는 긍정의 변화를 가져다주었고, 그녀로 하여금 독자적인 기구를 설립해 의학계의 패러다임 전환을 꾀하는 계기를 마련해 주었다.

이상과관련한 주요 문제

1. 나에게는 직업상 어떠한 가치와 이상이 중요한가(했는가)?

2. 나는 평소 나의 가치와 이상을 따라 살고 있는가?

3. 나의 가치와 이상을 실현하기 위해 내가 가진 직업과 능력을 어떻게 사용할 수 있는가?

4. 내가 가진 윤리적 확신을 중요하게 생각하는 활동 분야 혹은 기구가 있는가?

이상과 관련한 사례로 무엇보다 플로리안 크래머와 아쇼크 코슬라의 경우를 참고하기 바란다.

5. 회상 : 무엇을 했을 때가장 큰 행복을 느꼈었나?

지금까지의 활동을 반성해 보고, 올바른 일을 하고 있다는 느낌이

들었던 바로 그때의 기억을 떠올려 보자.

우리의 인터뷰 대상자들 중 몇몇이 이미 이러한 방법을 사용한 바 있다. 이들은 직장생활에서 상당한 기간 동안 불만족스러운 경험을 겪고 난 이후에, 자신의 어떤 활동이 가장 좋은 추억으로 남아 있는지, 언제 그리고 어디에서 일을 했을 때 행복하고 기뻤는지를 곰곰이 생각했다. 그러고 나서 만족스러운 삶, 의미 있는 삶을 위해 지금까지보다 더욱 많은 시간을 사용할 수 있는 일을 찾았다.

에린 권 간쥬의 경우는 이에 대한 모범적인 사례다. 그녀는 세계적인 투자회사인 골드만삭스와 다국적 대기업 유니레버의 베트남 지사에서의 성공적인 직장생활, 그리고 두 번에 걸친 실리콘 밸리에서의 성공과 실패 이후에 사회적으로 통용되는 전통적인 성공의 기준을 버렸다. 참된 만족과 행복을 위해 그동안 자신이 쌓은 커리어를 불살라 버린 것이다. 지금까지 해왔던 직장생활 중에서 어떤 경험이 정말 의미가 있었는가에 대해 깊이 고민하던 그녀는 결국 차별받는 아이들의 교육과 관련한 일을 하기로 결정을 내렸다. 그리고 그러한 결정을 한 번도 후회하지 않고 있다.

회상과 관련한 주요 문제

1. 지금까지 나는 어떤 일을 하면서 가장 큰 행복을 느꼈었나? 내가 옳은 일을 하고 있다는 느낌은 언제 가졌었나?

2. 어떤 일을 가장 좋은 추억으로 기억하고 싶은가? 그리고 그 이유는 무엇인가?

3. 내가 했던 일 중에서 현재 어떤 일을 가장 자랑스러워하는가? 미래

의 손자들에게는 어떤 일에 대해 들려주고 싶은가?

4. 어떤 일을 하면서 정말 제대로 된 기쁨을 느꼈는가?

알비나 루이스 리오스와 아이작 송웨의 사례를 통해 회상과 관련한 계속적인 이야기를 발견할 수 있다.

6. 열정 : 나는 어떤 일에 가장 큰 열정을 가지고 있는가?

혹시 특정한 직업을 갖게 만든 어떤 열정이 있었는지 기억해 보자. 만약 그렇다면 그러한 열정을 다시 새롭게 직업 활동과 연결시킬 방법을 찾을 수 있다.

이에 대한 좋은 사례가 폭넓은 여행을 통해 자연에 대한 열정을 일깨우고, 이후 이러한 열정을 미술사와 박물관학이라는 자신의 전공과 연결시킨 미아 하넥의 경우다. 그녀가 세운 '세계자연박물관'에는 환경보호라는 쉽지 않은 테마가 생명력 있고 영감이 충만한 방식으로 전시되어 있다.

열정과관련한 주요 문제

1. 특정 분야에 대해 늘 특별한 열정을 가지고 있었는가?

2. 내가 직접 선택하지는 않았지만, 내가 가진 열정과 좀 더 어울릴 수도 있었던 직업을 가진 적이 있는가?

3. 어떻게 해야 내가 가진 열정을 긍정적으로 사용할 수 있는가?

4. 어떻게 해야 내가 가진 열정을 직업 활동과 조화롭게 연결시킬 수 있

는가?

5. 내 열정을 직접적으로 쏟아부을 수 있는 사람이나 조직을 찾을 수 있
   는가?

열정과 관련하여 도움을 얻을 수 있는 사례로 이네스 상기네티와 비키 콜버트 아르볼레다의 경우를 참고하기 바란다.

나만의 길

앞서 살펴본 바와 같이, 긍정의 임팩트를 가진 직업을 찾는 길은 여러 가지가 있다. 이 책에 소개된 모든 인터뷰 대상자들은 나름의 방식으로 자신의 길을 걸어간 사람들이다. 이들 중 상당수는 아쇼크 코슬라의 경우처럼 그 길을 찾는 방법과 관련된 문제들에 나름의 대답을 가지고 있기도 했지만, 데이비드 부소처럼 일부는 자신의 길을 가기 위해 좀 더 많은 세월이 필요하기도 했다.

대부분의 경우 긍정의 임팩트가 있는 직업을 찾는 길은 제법 시간이 걸리는 과정으로, 상황에 따라 여러분은 이 과정을 통해 몇 가지 내면의 변화를 겪게 된다. 그러한 내면의 변화는 아름다운 순간이 될 수도, 고통스러운 순간이 될 수도 있다. 어쨌든 이 길을 찾기 위해 시간을 투자해 보자. 그렇다고 당장 새롭고 의미 있는 길을 반드시 찾아야 한다는 부담감에 스트레스 받는 일이 생기지는 않기 바란다. 나만의 길을 찾는 과정에서 어떻게든 많은 것들을 배우게 될 것이며, 이를 통해 자신을 더욱 잘 알게 될 것이다.

긍정의 임팩트를 가진 직업을 찾기 위한 몇 가지 선택사항들

내가 할 수 있는 일과 우선순위

고민 끝에 처음 떠오르는 몇 가지 흥미로운 일들과 그에 따른 선택
사항들이 여러분의 직업적 미래를 결정할 수도 있다. 따라서 가능
한 한 구체적으로 내가 할 수 있는 일과 그렇지 못한 일을 분명히
하는 작업이 필요하다. 짧게나마 그 내용을 적어 보는 것도 도움이
될 것이다. 내가 할 수 있는 일은 과연 무엇인가?

  그렇다면, 지금까지 정리한 직업들과 그 직업들에 따른 다양한
선택사항들 가운데 우선순위를 두고, 다음과 같이 각 항목별로 곰
곰이 생각해 보자.

기쁨과 열정

장기적으로는 어떤 선택이 나에게 가장 큰 기쁨을 선사할 것인가? 어떤
선택이 가장 큰 열정을 줄 수 있을까?

능력과 잠재성

내가 한 선택은 내가 지닌 능력과 잠재성에 부합하는가? 이러한 질문에 대답하는 것을 두려워할 필요는 없다. 이 책에 소개된 인터뷰 대상자들의 인생사에서 확인할 수 있는 것처럼, 그것을 간절히 하고자 할 경우 이룰 수 없는 것은 아무것도 없다.

삶의 총체성

내가 한 선택을 나의 총체적인 삶 속에서 실현시킬 수 있을까? 그것 때문에 생활에 필요한 기타 부분들이 손해를 보는 것은 아닐까? 이러한 질문은 대부분 처음에 생각했던 것보다 훨씬 더 중요하다. 자신의 직업을 통해 사회에 긍정의 임팩트를 미치지만, 그럼에도 불구하고 항상 행복하지만은 않은 사람들이 꽤 있다. 이러한 사람들은 일방적으로 자신의 직업 활동에만 관심과 에너지를 쏟고, 나머지 삶의 분야는 소홀히 하는 사람들이다. 따라서 다음에 제시된 삶의 일곱 가지 분야에 대해 깊이 생각해 보고 그 의미를 고민해 보기 바란다.

> 직업과 커리어 | 가족과 개인생활 | 봉급과 재정상태 | 건강한 몸 상태 | 정신적인 내면의 평온 | 개인적인 성장과 발전 | 사회 참여

위에서 제시된 항목들의 균형을 의미 있게 맞추면 여러분은 여러분이 가진 시간의 100%를 직업 활동에 쏟으면서도 행복해질 수 있다. 하지만 가족이나 여가 활동을 위해 시간을 쓰게 되면, 그 비중은 작아지게 된다. 직업 활동 이외에 자신이 참여하는 공동체 활

동에 집중적으로 참여하거나, 직업 활동을 사회 참여와 연계시키고
자 하는 경우에도 마찬가지다.

지속 가능한 삶의 질

내가 한 선택은 지속가능한 삶의 질 향상을 위해 어떤 기여를 하는가?
이 질문에 대한 대답을 위해서는 이 책을 참고하기 바란다.

마지막 점검

여러 가능성들 가운데 이제 하나 혹은 둘 정도 선택을 했다면, 마지
막으로 다시 한 번 다음과 같은 질문들을 통해 내가 한 선택을 점검
해 볼 필요가 있다.

1. 이 일에는 어떤 가치와 원칙이 있는가? 그것이 내가 생각하는 가치
   와 일치하는가?
2. 이 일을 하면서 내가 가진 잠재력을 발휘할 수 있는가? 그렇게 하기
   위해서 나는 무엇을 더 실제적으로 배워야 하는가?
3. 월급을 받지 못해도 혹은 이미 경제적으로 돈이 필요하지 않은 상태
   에 있어도, 이 일을 하려고 하는가?
4. 내가 원하는 시간에 내가 하고 싶은 일을 의미 있게 수행할 수 있는가?
5. 내가 일하고 싶은 곳에서 내가 하고 싶은 일을 수행할 수 있는가?
6. 내가 하고자 하는 일을 통해 내가 원하는 만큼 돈을 벌 수 있는가?
7. 내가 하고 싶은 일을 실행하고자 할 때 생길 수 있는 가장 큰 문제들

은 무엇인가? 만약 잘 안 됐을 때 그 대안은 무엇인가?

8. 계획대로 되지 않을 경우에는 어떻게 할 것인가?

9. 이 일을 하게 된다면, 그 일이 임종을 앞 둔 내게 좋은 추억으로 남을 수 있을 것인가?

용기를 가지고 실천하라

나름의 분석과 확신을 통해 현재 최상의 가능성으로 보이는 일을 용기 있게 시작하라.

우리의 모든 인터뷰 대상자들에게는 하나 같이 자기의 길을 찾고 그 길을 가기 위해 지금까지 누렸던 안락한 환경을 기꺼이 포기하는 용기가 있었다. 100% 확신이 들지 않는다 하더라도, 새롭게 출발하는 것 자체는 중요하다. 목표보다 그 과정이 훨씬 중요하다. 길이 조금 멀고 돌아간다 해도, 그 과정 중에 여러 가지를 경험할 수 있고 내가 도달해야 할 목표를 더욱 잘 알 수 있다.

과거 홍콩에 위치한 어느 특급 호텔의 경영자였지만 현재 휴양지를 생태적, 사회적으로 의미 있게 운영하기 위한 기구를 이끌며 이와 관련된 컨설팅 업무를 담당하고 있는 사람이 우리에게 다음과 같이 말한 적이 있다. "내가 평생 동안 일하고 배워 온 것은 바로 지금 하고 있는 일을 하기 위해서였다는 느낌이 듭니다."

여기 소개된 모든 사람들은 자신의 내면의 목소리를 듣고 따른 것을 한 번도 후회한 적이 없다. 이들에게 그 어떤 절망이나 손해보다 중요했던 것은 올바른 일을 하고 있다는 확신과, 언젠가 나이가

들어서도 기쁘고 자랑스럽게 자신이 걸어온 길을 회상할 수 있으리라는 희망이었다.

최소의 사례만 받는다 하더라도, 심지어 아무런 보상도 받지 못한다 하더라도 이 길을 계속 갈 것이라고 많은 이들이 우리에게 말했다. 그리고 대부분이 내일 죽음이 닥친다 하더라도 지금의 일을 계속 할 것이라고 힘주어 이야기했다.

우리 중 얼마나 많은 이들이 이들처럼 자기 직업에 대한 소명의식을 가질 수 있을까?

여러분도 그러한 직업을 찾을 수 있기를 바란다.

여러분이 찾고자 하는 길에 성공과 행운이 함께하기를!

경제적 사회 기업가들이 해결책이다

무함마드 유누스 | 2006년 노벨평화상 수상자, 그라민은행 총재

"새롭게 내디딘 한 걸음이 다시금
다음 단계로 이어지도록 나 스스로를
이끌었고, 그렇게 시작된 단계는
늘 새로운 지극과 용기를 주어 도전을
피하지 않게 해주었다."

자본주의에 대한 편협한 해석에 대하여

지구상에 존재하는 많은 문제들이 아직까지 해결되지 못하는 이유는 자본주의를 너무나 편협하게 해석하기 때문이다. 우리는 이러한 편협한 해석의 틀에서 기업가의 역할을 일차원적으로 바라본다. 예를 들어 기업가를 종교적, 감성적, 혹은 정치적인 삶의 차원으로부터 고립시키는 것이다. 일차원적인 기업가는 기업 활동의 유일한 목표로서 이익의 극대화에만 전력을 다한다. 일차원적인 기업가는 같은 목표를 가지고 있는 다수의 일차원적인 사람들로부터 투자를 받아 지원을 받는다. 일차원적인 투자가와 일차원적인 기업가들과 함께 간섭을 받지 않는 시장자유주의는 최고의 기능을 발휘한다. 규제 없는 시장의 자유에 너무나 경도된 우리는 그것에 대해 감히 의심을 품지도 못해 왔다. 우리가 그렇게 열심히 일했던 이유 역시 가능한 이러한 원론적인 일차원적 인간이 되어 자유 시장의 메커니즘을 별다른 마찰 없이 기능하도록 하기 위해서였다.

전력을 다해 자기 자신을 위한 이익을 극대화할 경우에라야 이 세상과 사회에 최고의 기여를 하게 된다고 경제이론은 주장한다. 하지만 내가 나를 위해 최고의 이익을 극대화시킬 때, 다른 모든 사람들 역시 최고의 이익을 얻으려고 한다.

이러한 원칙을 맹목적으로 따라가게 되면, 우리는 때때로 정말 옳은 일을 하고 있는가 하는 의심을 하게 된다. 주변을 돌아보면, 상황이 그렇게 최상의 상태로만 움직이지 않기 때문이다. 하지만 우리는 이러한 상황을 '시장의 결함'으로 돌리면서 모든 의심을 떨쳐 버린다. 제대로 기능하는 시장이 결국에는 만족스러운 결과를 가져다 줄 수 있으리라고 생각한다.

　내 견해에 따르면, 일이 잘 되지 않는 것은 시장의 결함 때문이 아니다. 문제는 더욱 심각한 이유에서 기인한다. 용기를 내어 그 이유가 '개념화의 결함'에 있다고 고백해 보자. 좀 더 정확히 말해, 우리의 이론으로서는 인간이라는 존재를 이해하는 것이 불가능하다고 말해 보자. 인간은 일차원적인 존재가 아니라 놀라울 만큼 다차원적이고 다채로운 존재다. 각자가 가진 감성이나 믿음, 선호도, 행동 유형 등은 말로 표현할 수 없을 정도로 다양하고 다채롭다.

경제적 사회 기업가가 시장에서 차지하는 중요한 역할

세상에 두 가지 타입의 인간, 그 둘 모두 일차원적이라 하더라도, 각각 상이한 목표를 가지고 있는 두 가지 타입의 인간이 있다고 가정해 보자. 첫 번째 타입은 전통적인 인간형으로, 이익의 극대화를 꾀하는 사람이다. 두 번째 타입은 새로운 인간형으로, 이익의 극대화에는 관심이 없는 사람이다. 이런 타입의 사람들은 세상에서 무언가를 좋은 방향으로 개선시키는 일을 목표로 삼아 전력을 기울인다. 이들은 다른 사람들이 좀 더 나은 삶의 기회를 갖도록 도와주고 싶어 한다. 그리고 이러한 자신의 목표를 미래 지향적인 기업을 세우거나 지원하는 것을 통해 이루고 싶어 한다. 자신이 지원하거나 설립한 기업이 수익을 창출하는가, 그렇지 않은가에는 크게 상관하지 않지만, 다른 모든 기업들과 마찬가지로 손해를 보고 싶어 하지는 않는다. 그래서 이들은 '비적자' 기업이라 할 수 있는 새로운 종류의 기업을 설립한다.

이러한 타입의 사람들이 실제적으로 존재하는가? 대답은 그렇다이다. 이 세상에는 우리가 '의인'이라고 부르는 사람들이 있다. 공식적인 용어로 '사회적 기업가Social Entrepreneurs'라 불리는 이들이 그들이다. 사회적 기업가 정신은 인류사의 근본적인 구성요소다. 대부분의 사람들은 다른 사람을 도와주면서 기쁨을 얻는다. 모든 종교들 역시 인간에 내재한 이러한 자질을 특히 강조한다. 정부도 세제지원을 통해 사회적 기업가들에게 혜택을 준다. 사회적 기업가를 위한 특별한 법률적 장치를 만들고, 이들이 목표를 달성할 수 있도록 관련 법률가를 양성하기도 한다.

목표 달성을 위해 많은 사회적 기업가들은 자신이 가진 돈을 이용한다. 또 다른 사회적 기업가들은 자신이 가진 시간이나 노동력, 재능, 능력, 혹은 그 밖에 다른 사람들에게 유익한 무언가를 사용한다. 돈을 이용하는 사람들 중에는 상황에 따라 수수료나 그에 상응하는 보상으로서 자신이 투자한 금액의 일부 혹은 전체 금액을 되돌려 받고자 하는 이들도 있다.

돈을 투자하는 사회적 기업가들은 다음과 같이 네 가지 타입으로 구분할 수 있다.

1. 투자비용에 대한 보상을 요구하지 않는 사회적 기업가
2. 투자비용에 대해 일부 보상을 요구하는 사회적 기업가

3. 투자비용에 대해 전액 보상을 요구하는 사회적 기업가

4. 투자비용에 대해 전액 보상 이상을 요구하는 사회적 기업가

자신의 투자비용에 대해 100% 혹은 그 이상을 요구하는 순간이 사회적 기업가에게는 무한한 가능성을 지닌 사업의 세계에 발을 들여놓는 순간이 된다. 이러한 순간은 축하를 받을 만하다. 재정적인 예속 상태를 이겨내고, 이제 계좌에서 돈을 인출할 수 있게 되었기 때문이다. 제도적으로 하나의 중요한 변화를 가져오는 결정적인 순간으로, 자선활동의 세계에서 사업의 세계로 그 무대를 옮겨간 것이다. 이러한 사회적 기업가를 위에서 제시한 또 다른 두 가지 타입의 사회적 기업가와 구분하기 위하여, 우리는 '경제적 사회 기업가'라는 명칭을 사용한다.

경제적 사회 기업가의 등장으로 시장은 더욱 흥미롭고 경쟁도 더욱 치열해질 것이다. 두 가지 상이한 목표 설정이 서로 경쟁하고, 그와 더불어 가격 결정을 위한 두 가지 상이한 기본체계가 생겨나기 때문에 시장은 더욱 재미있어질 것이다. 그리고 지금보다 훨씬 더 많은 활동가들이 등장하기 때문에 경쟁도 더욱 치열해질 것이다. 이러한 새로운 활동가들은 다른 기업가들처럼 자신의 목표를 이루기 위해 적극적이고 사업마인드에 충실한 것으로 보인다.

경제적 사회 기업가들은 국내외 경제 분야에서 가장 왕성한 활동가로 발전할 수 있다. 그러나 현재 전 세계에서 활동 중인 경제적 사회 기업가들의 모든 자산을 합쳐도, 그것이 세계 경제에서 차지하는 비중은 겨자씨만큼도 못하다. 근본적으로 성장 가능성이 없기

때문이 아니라, 사회적 기업가라는 존재 의미가 인정받지 못하고 있고 시장에서도 그 활동 범위가 넓지 않기 때문이다. 이들을 괴짜로 생각하고 안정된 경제활동 영역으로의 접근을 용인하지 않는 태도도 문제다. 그동안 학교에서 배워왔던 이론들이 이들에 대한 시각을 현혹시키고 있기 때문에, 우리 역시 경제적 사회 기업가들에게 아무런 관심을 보이지 않고 있다.

경제적 사회 기업가들이 실제로 존재하는데, 이들을 인정하지 않고 시회의 기본 시스템에 수용하지 않는 것은 의미가 없다. 우리가 이들을 인정하는 순간, 이들을 안정된 경제활동 영역으로 접근하도록 지원하는 각종 제도와 정치 전략, 법률 및 기타 규정들이 만들어질 것이다.

시장은 전체적인 의미에서 사회적 문제를 풀어 나가기 위해 필요한 기구가 아니다. 근본적으로 시장은 환경훼손, 불평등, 실업, 빈민촌, 폭력과 같은 사회적 문제를 양산하는 기구로 이해된다. 시장이 사회적 문제를 해결할 능력이 없기 때문에, 문제 해결을 위한 책임은 국가에게 넘겨진다. 이러한 규정 아닌 규정은 국가가 모든 책임을 넘겨받고 시장을 폐쇄하는 계획경제 시스템이 만들어지기까지 문제해결을 위한 유일한 방안으로 여겨졌다.

하지만 이러한 상황은 오래가지 못했다. 계획경제가 사라지면서 시장과 국가 사이에는 다시 인공적인 분업이 이루어졌다. 이 같은 규칙 속에서 시장은 자신의 개인적인 이익을 추구하면서 지역사회나 지구촌 전체의 공동 이익은 일방적으로 무시해 버리는 사람들을 위한 독점적인 놀이터로 바뀌게 된다.

급속도로 팽창하는 경제, 상상할 수 없을 정도로 축적 가능한 개인의 재산, 그 발전 속도가 점점 빨라지는 기술 혁신, 취약한 민족 경제와 빈자들을 경제지도에서 지워 나가는 세계화 등과 같은 최근의 상황에서는 여태까지와 달리 좀 더 진지하게 경제적 사회 기업가들을 고려해 볼 필요가 있다. 시장을 개인적 이익을 추구하는 사람들에게만 전적으로 맡기는 것은 반드시 필요한 것도 아닐뿐더러, 오히려 인류사 전체적인 의미에서도 굉장한 해악이기 때문이다. 이제 자본주의를 편협하게 해석하는 자세에서 벗어나, 경제적 사회 기업가를 인정하여 시장의 개념을 폭넓게 확장시킬 시간이 됐다. 만약 그렇게 되어 시장에 경제적 사회 기업가들이 넘쳐나게 되면, 시장은 개인적 목적과 마찬가지로 사회적 목적을 위해서도 효과적으로 사용되는 공간이 될 것이다.

사회적 증권거래소

경제적 사회 기업가들을 양성하기 위해서 어떠한 지원이 필요한가? 이들이 시장에서 차지하는 비중을 점차적으로 높이기 위해서는 어떤 조치들을 취해야 하는가?

첫 번째로 경제적 사회 기업가들이 경제 이론의 틀 안에서 인정받아야 한다. 사업에는 두 가지 종류의 사업, 즉 돈을 벌기 위한 사업과 다른 사람에게 좋은 일을 하기 위한 사업이 있다는 점을 학생들이 배워야 한다. 자신이 앞으로 어떤 타입의 기업가가 될지를 스스로 결정할 수 있도록 젊은이들을 교육해야 한다. 우리가 자본주의에 대한 개념을 폭넓게 해석하기만 한다면, 이들에게 그 두 가지 종류의 사업을 올바른 관계 속에서 서로 결합시키도록 하는 좀 더 큰 가능성을 제공할 수 있을 것이다.

두 번째로 경제적 사회 기업가들과 사회적 투자가들의 활동이 좀 더 활발해져야 한다. 하지만 현재와 같은 증권거래소 시스템의 문화적 환경에서 경제적 사회 기업가들의 활동은 관례적인 규정과 상업적 비속어의 사용 등으로 인해 제한적일 수밖에 없다. 독자적인 규정, 규범, 평가기준 및 가치기준이 있어야 하고, 독자적인 용어가 개발되어야 한다. 이것은 경제적 사회 기업가들과 투자가들을 위한 별도의 증권거래소가 만들어지면 가능하다. 이곳을 '사회적 증권거래소' 정도로 부를 수 있을 것이다. 이곳에서 투자가들은 자신이 신뢰하는 사업, 자신의 특별한 목적을 성취하기 위해 가장 적합하다고 생각되는 기업에 돈을 투자할 수 있다. 목표를 충분히 달성하고 동시에 상당한 이익을 낸 몇몇 기업들은 상황에 따라 사회적 증권거래소에 상장될 수 있다. 이 같은 기업들이 사회적 문제와 관련된 사업목표를 가지고 있으면서 동시에 개인적으로도 수익을 얻고자 하는 투자가들에게 분명 인기를 얻게 될 것이다.

수익을 창출하는 기업은 경제적 사회 기업으로서 사회적 증권거래소에 계속 남게 된다. 하지만 그 판단을 위한 결정적인 요소는, 사회적 목표가 기업의 가장 중요한 목표인가 하는 점과 그 목표가 기업의 의사결정 과정에 명확히 반영되어 있는가 하는 점이다. 이 것은 한 기업을 사회적 증권거래소에 상장시키거나 퇴출시키는 과정에 있어 그 자격을 논하는 매우 엄격하고 명확한 기준이 된다. 이

기준에 따라 사회적 목표와 개인적 이익을 성공적으로 결합시키는 기업들은 곧 주목을 받게 될 것이다. 사회적 증권거래소의 상장과 퇴출을 판단하는 기준이 점수와 같은 방식으로 구체적으로 제시될 수 있는 중요한 규칙들도 만들어질 것이다. 그렇게 되면 투자가들은 사회적 증권거래소에 상장된 기업들을 진짜 경제적 사회 기업으로 확신할 수 있게 될 것이다.

사회적 증권거래소의 설립과 함께 적절한 사정기관이나 평가기관을 세우고 어떤 경제적 사회 기업이 다른 기업들보다 훨씬 더 많은 혹은 훨씬 좋은 성과를 거두고 있는지를 알 수 있는 인덱스가 마련되어야 한다. 이를 통해 사회적 투자가들에게 정확한 정보를 제공할 수 있어야 한다. 독자적인 정보지, 예를 들면《사회적 월 스트리트 저널Social Wall Street Journal》,《사회적 파이낸셜 타임스Social Financial Times》같은 소식지들도 만들어 사회적 증권거래소와 관련된 긍정적인 혹은 부정적인 모든 소식과 분석을 전달하고, 이를 통해 사회적 기업가들과 사회적 투자가들에게 정확한 정보와 새로운 정보가 끊임없이 제공되어야 한다.

대학의 경영학부는 '사회적 경영학 석사과정Social-MBA'을 도입해 경제적 사회 기업가들에 대한 사회적 수요를 충당하고, 경제적 사회 기업가로서 경력을 쌓을 수 있도록 젊은이들을 준비시킬 수 있을 것이다. 젊은이들은 좀 더 나은 세상을 만드는 일에 열정적으로 도전하면서 경제적 사회 기업가로 성장할 수 있을 것으로 보인다.

경제적 사회 기업가들을 위한 재정적 지원 방안 역시 마련되어야 한다. 사회적 기업가들의 프로젝트를 지원하는 데 있어 전문화된 새로운 은행 지점이 설립될 것이다. 새로운 '천사'들이 나타나 경제적 사회 기업가들의 손에 사회적 모험 자본Social Risk Capital을 건네주어야 한다.

생각해볼 수 있는 시작

경제적 사회 기업을 만들기 시작하는 한 가지 좋은 방법으로 '사회적 기업 만들기 대회'를 생각해볼 수 있다. 소규모 단위의 지역 대회에서부터 국가적 혹은 국제 대회로 개최할 수 있을 것이다. 수상자에게는 부상으로 자신이 기획한 기업에 대해 일정부분 재정 지원을 하거나 제시된 프로젝트가 현실화될 수 있도록 파트너십을 연결시켜 줄 수 있다.

대회에 제출된 사회적 기업 모형에 대한 모든 제안들을 책으로 출간하면, 이를 통해 다음 참가자들이나 경제적 사회 기업을 설립하고자 하는 사람들에게 실제적인 사례로서 아이디어를 제공할 수 있다.

사회적 증권거래소는 경제적 사회 기업으로서 경제적 사회 기업가에 의해 설립될 수 있다. 이러한 계획을 프로젝트 성격으로 대학의 경제학부 한두 곳 이상이 함께 모여 공동으로 추진할 수도 있을 것이다.

경제적 사회 기업이 처음부터 사회적 문제의 모든 해답이 되기를 기대할 수는 없다. 경제적 사회 기업은 단계적으로 발전해나간다. 하지만 앞으로 내딛는 한 걸음 한 걸음은 성공적인 결과를 가져오는 밑거름으로 기능한다. 그라민 은행Grameen Bank이 이에 대한 좋은 사례다. 그라민 은행을 설립할 당시에는 순차적으로 진행시킬 수 있는 어떤 특별한 계획이라는 것이 없었다. 항상 이것이 마지막 단계라는 생각으로 한 걸음 한 걸음 나아가기만 했다. 하지만 새롭게 내디딘 한 걸음이 다시금 다음 단계로 이어지도록 나 스스로를 이끌었고, 그렇게 시작된 단계는 늘 새로운 자극과 용기를 주어 도전을 피하지 않게 해주었다. 그리고 그러한 상황에서 매번 새로운 아이디어를 발견해 나갔다.

초기에 내가 했던 것은 몇몇 사람들에게 별다른 안전장치 없이 얼마 되지 않는 금액을 대출해 주는 일이었다. 대출받은 사람들의 반응은 굉장히 긍정적이었다. 그러나 이러한 프로그램을 계속 확대해 나가기 위해서는 돈이 더 필요했다. 내 자신을 보증인으로 세우고 은행에서 돈을 더 얻기도 했다. 은행으로부터 계속적인 지원을 받기 위해 이러한 프로젝트를 은행 프로젝트로 바꾸고, 이후 이것을 중앙은행의 프로젝트로 전환시켰다.

시간이 지나면서 우리의 프로젝트를 가장 잘 수행하기 위해서는 독립적인 은행의 설립이 최상의 전략이라는 확신이 들기 시작했다. 그래서 우리는 그렇게 했고, 중앙은행으로부터 돈을 빌려 돈이 필요한 사람들에게 돈을 빌려주었다. 몇몇 자선 사업가들이 우리의 활동에 대해 관심을 보이고 지원을 약속한 이후, 국제사회로부터 대출을 받고 보조금도 지원받았다. 그러자 우리는 독자적인 경영을 하기로 결정을 내렸다. 이러한 결정은 우리로 하여금 예금 수신을 통해 독립적인 회사채를 발행하는 데 집중하도록 했다. 결과적으로 그라민 은행은 현재 대출 금액보다 예금 수신이 훨씬 많게 되었다. 450만 명에게 평균 200달러 이하를 대출해 주고 있는 그라민 은행의 총 대출 규모는 매년 5억 달러에 이르고 있으며, 대출금의 상환율은 99%에 달한다.

그 밖에 주택대출, 학자금 대출, 연금 펀드, 시골 마을 폰 레이디Telephone Ladies의 휴대전화 구입을 위한 대출, 거지에게 위탁상인으로 활동할 수 있는 기반을 마련해 주는 대출 등 우리는 여러 가지 프로그램들을 은행에 도입했고, 차례차례 활동 분야를 넓혀 가고 있다.

우리가 제대로 된 환경만 잘 마련한다면, 경제적 사회 기업가들이 시장에서 차지하는 비중은 높아질 것이고, 혁신적이고 효율적인 방식을 통해 시장을 사회적 문제를 해결하는 공공의 장으로 만들 수 있을 것이다.

경제적 사회 기업가들에 대해 진지하게 생각해 보자. 여러분도 우울한 세상을 좀 더 살 만한 세상으로 만들 수 있다.

✈ 옮긴이의 글

내가 잘 하는 일, 그리고 하고 싶은 일을 하면서 살 수는 없을까? 내가 하는 일에 만족과 행복을 느끼며 의미 있는 일을 하고 있다는 생각도 하고 말이다. 그러면서 더불어 사는 사람들과 세상을 좀 더 살 만한 세상으로 만드는 그런 일을 직업으로 가질 수는 없을까? 그런 일이 일회성에 그치지 않고 지속가능한 형태로 나 자신의 행복과 함께 다른 사람의 행복을 모두 가져올 수 있다면?

청년실업, 88만원 세대가 늘고 있는 상황에서 위와 같은 질문을 던진다면 배부른 소리 하고 있다는 핀잔을 들을까? 하지만 본질적인 문제로 들어간다면, 그리고 좀 더 장기적인 시각에서 직업을 찾고자 한다면, 한번쯤 생각해 보아야 하는 문제들이 아닐까? 만약 그렇다면 이런 일은 어떻게 찾을 수 있고, 어떻게 준비해야 할까?

사람은 누구나가 자신이 하는 일을 통해 사회적, 경제적으로 성공하고 싶어 한다. 그러나 '왜', '어떻게', 그리고 '무엇을 위해서'에 대해서는 깊이 생각하지 않는다. 성공이 모든 것을 보상해 주기 때문일까, 아니면 성공만 하면 그 나머지는 아무렇게나 되도 상관없는 것일까? 도대체 성공이란 무엇일까? 성공만 할 수 있다면 아무 직업이라도 괜찮은 걸까? 전제가 잘못된 것은 아닐까? 우선 내가 하는 일을 잘 선택해야 하는 것은 아닐까? 혹시 선택이 잘못되었다면, 지금도 늦지 않았다면, 새롭게 정말 내가 하고자 하는 일을 다시 시작해야 하는 것은 아닐까?

이 책은 독자에게 여러 가지 불편한 질문들을 던진다. 하지만 이러한 불편함이 불쾌하지만은 않다. 이 책은 앞으로 직업을 갖고자 하는 사람들, 이미 직업을 가지고 있는 사람들, 그리고 성공했거나 성공하고자 하는 사람들에게 성공의 의미를 다시 생각하게 해준다. 혼자가 아니라 공동체 속에서 살아가는 자신을 발견하게 해주고, 내가 하는 일에 대한 의미와 가치를 발견하도록 요구한다. 어떻게? 방법은 간단하다. 스스로에게 위와 같은 질문들을 던져 보는 것이다.

이 책의 원래 제목은 '미래를 만드는 사람들'이다. 미래를 만드는 사람들에겐 공통적인 특징이 있다. 변화와 도전을 두려워하지 않는다. 나를 포함한 공동체의 삶의 질을 우선적으로 생각한다. 지구의 생존과 생태를 지속가능한 형태로 발전시키려 노력한다. 세상에 긍정의 임팩트를 미치려 한다. 이들의 실천방법은 간단하다. 세상을 살 만하게 만드는 분야에서 자신이 가장 잘할 수 있는 일을 통해 자신의 능력을 적극적으로 실천하는 것이다. 어떻게 그것이 가능할까? 이 책은 그 방법을 이론으로서가 아니라 구체적인 사례를 통해 우리에게 제시해 준다.

초등학교에 다니는 아들이 한 명 있다. 한빛. 한빛에게 장차 뭐가 되고 싶으냐고 물으면, 빌 게이츠처럼 유명한 컴퓨터 사업가가 되고 싶다고 말한다. 그래

서 엄마 아빠에게 멋진 집과 멋진 자동차를 사주고 멋진 여행을 보내 줄 테니 조금만 기다리라고 한다. 듣기만 해도 기분이 좋아진다. 한빛에게 빌 게이츠는 닮고 싶은 성공한 사람의 롤모델이다. 그런 한빛에게 빌 게이츠는 단지 컴퓨터 사업가일 뿐 아니라, 공동체 사회와 특히 아이들을 위한 기술개발과 교육, 의학 연구, 사회보장 서비스 같은 일에 자신이 가진 모든 것을 기꺼이 바치는 사람이 라는 얘기를 해준다. 한빛이 미래에 어떤 일을 하게 될지는 모르겠지만, 세상에 긍정의 임팩트를 미치는 '미래를 만들어 가는 사람'이 되었으면 한다.

감사의 인사를 드려야 할 사람들이 있다. 먼저 항상 내 편이 되어 주겠다고 말하는 원익 형님, 이 책을 번역하도록 소개해 주었다. 좋은 책은 좋은 사람과의 만남에서 더불어 만나게 됨을 다시 한번 경험한다. 평생을 종교적 신념을 위해 일하시다 현재 몹쓸 병마와 싸우고 계신 아버지, 그 아버지 곁을 묵묵히 지키고 계시는 어머니, 그리고 집사람과 아들에게는 늘 고마운 마음과 함께 미안한 마음이다. 이 책을 만드는 데 수고한 바다출판사 식구들에게는 감사의 마음을 몇 배로 전한다. 이들 모두가 가슴 뛰는 삶의 이력서를 쓰는 사람이 아닌가 생각한다. 세상의 의미 있는 변화가 좋은 책을 만드는 이들의 작은 노력에서부터 시작될 수 있기를 기대한다.

김요한

가슴 뛰는 삶의 이력서로 다시 써라

인생의 롤모델을 찾아 떠난 인터뷰 세계여행

초판 1쇄 발행   2009년 10월 1일
개정판 1쇄 발행   2017년 3월 15일
개정판 9쇄 발행   2024년 10월 30일

지은이   요안나 슈테판스카, 볼프강 하펜마이어
옮긴이   김요한

펴낸곳   ㈜바다출판사
주소   서울시 마포구 성지1길 30 3층
전화   322-3675(편집), 322-3575(마케팅)
팩스   322-3858
이메일   badabooks@daum.net
홈페이지   www.badabooks.co.kr

ISBN   978-89-5561-918-8   03300